国民健康保険の保険者

新田秀樹

国民健康保険の保険者

― 制度創設から市町村公営までの制度論的考察 ―

❀❀❀

学術選書
26
社会保障法

信山社

　　　　　　は　し　が　き

　国民健康保険制度（国保）は、昨年、制度創設から70年、市町村公営原則の採用から60年、現行国保法制定から50年という節目の年を迎えた。人間で言えば、それぞれ古希、還暦、知命に当たる。昭和10年代は国保組合による運営の下第1次国民皆保険が推進され、20年代から30年代前半にかけては市町村保険者となって第2次国民皆保険への途を歩み、30年代後半から40年代の高度経済成長期を経て、50年代の終わりに老人保健法が施行され、そして平成に入ると数年おきに改正を繰り返して、昨年4月には、国保に次ぐ第2の地域医療保険と言える後期高齢者医療制度がスタートした。
　この間の国保の歴史は平坦なものであったとは言い難い。むしろ、常に制度破綻の危機に瀕しながらも、先人たちの涙ぐましい努力により何とか今日に至っているとの感が強い。特に、国保の運営主体である市町村関係者の努力には頭が下がるが、近年、その国保も含めた医療保険制度の運営を都道府県単位に移行させようとの動きが急である。
　しかし、国保の運営主体を市町村から都道府県単位の何かに切り替えるというのであるならば、その前に、温故知新の故事に倣い、市町村中心で行われてきたこれまでの国保の歩みを総括する作業が必要ではないか。
　本書は、そうした作業の端緒として、草創期の10年余りの国保の歩みを、保険者と加入者の在り方に焦点を絞り、制度論的な観点から辿り直そうとしたものである。そうした試みがどこまで成功したかは甚だ心許ないところもあるが、本書が、現在活発に行われている医療保険の保険者の再編論議に一石を投じることができれば幸いと考えている。

　本書の出版にあたっては、信山社の袖山貴氏並びに稲葉文子氏に何から何までお世話になった。厚く御礼申し上げる。

また、本書は大正大学研究出版助成金の助成を受けた。ここに記して深謝する。

　最後に私事に渉るが、3冊目の単著となる本書は、老いて病と闘いながらなお折りに触れて筆者の身を案じてくれる両親に献じたい。

　平成21年3月

　　　　　　　　　　　　　　　　　　　　　　　　　新　田　秀　樹

目　次

はしがき

第1章　医療制度改革と国保──研究の視座── ……………………… *1*
　第1節　最近の医療制度改革の動向 …………………………………… *3*
　　1　改革の経緯とポイント ……………………………………………… *3*
　　2　現在の国保制度の概要 ……………………………………………… *4*
　第2節　研究の目的・方法・意義 ……………………………………… *6*
　　1　2006年改革の評価 …………………………………………………… *6*
　　2　研究の目的及び方法 ………………………………………………… *7*
　　3　本研究の意義 ………………………………………………………… *9*

第2章　国保制度の創設（1938年） ………………………………………… *11*
　第1節　制度創設の目的及び経緯 ……………………………………… *13*
　　1　制度創設の目的 ……………………………………………………… *13*
　　2　制度創設までの検討経緯 …………………………………………… *15*
　第2節　検討開始から制度創設に至るまでの要綱案・法案の推移… *16*
　　1　任意国民健康保険制度要綱案 ……………………………………… *17*
　　　（昭和8（1933）年6月27日付社会局事務当局私案）〔要綱案①〕
　　2　国民健康保険制度要綱案（未定稿） ……………………………… *20*
　　　（昭和9（1934）年7月20日非公式発表版）〔要綱案②〕
　　3　国民健康保険制度要綱案（未定稿） ……………………………… *24*
　　　（昭和9（1934）年8月18日内務省省議附議版）〔要綱案③〕
　　4　国民健康保険制度要綱案 …………………………………………… *26*
　　　（昭和9（1934）年11月2日版）〔要綱案④〕
　　5　国民健康保険制度要綱案 …………………………………………… *27*
　　　（昭和10（1935）年5月31日刷版）〔要綱案⑤〕

6　国民健康保険制度案要綱 ·· 28
　　　　（昭和10（1935）年10月24日社会保険調査会諮問版）〔要綱 A〕
　　　7　修正後の国民健康保険制度案要綱 ·· 31
　　　　（昭和10（1935）年12月10日社会保険調査会答申による修正版）
　　　　〔要綱 B〕
　　　8　国民健康保険法案（未定稿）·· 34
　　　　（昭和11（1936）年12月上旬各省配付版）〔法案①〕
　　　9　国民健康保険法案 ·· 36
　　　　（昭和12（1937）年3月9日第70回帝国議会提出版）〔法案②〕
　　　10　国民健康保険法案 ·· 39
　　　　（昭和13（1938）年1月20日第73回帝国議会提出版）〔法案③〕
　　　11　旧国保法の概要 ·· 42

第3章　旧国保法を巡る論点 ··· 51
　第1節　保険者を原則として市町村単位の組合とした理由 ·················· 53
　　　1　保険者の決定時期 ·· 53
　　　2　社会保険方式を採用した理由 ·· 53
　　　3　保険者を組合とした理由 ·· 57
　　　4　一般国保組合（後の普通国保組合）の区域を原則として
　　　　市町村単位とした理由 ·· 59
　　　5　市町村を保険者としなかった理由 ·· 64
　　　　(1)　朝倉氏資料に見る理由（64）
　　　　(2)　当時の市町村の所掌事務と政治状況（71）
　　　6　保険者の決定に影響を及ぼした可能性のある要素 ············ 73
　　　(1)　要綱案②の作成時までに把握されていた情報（74）
　　　(2)　要綱案②の作成後に把握された情報（81）
　第2節　加入者の範囲と加入の強制性の変化 ·· 92
　　　1　要綱案②における加入者 ·· 92
　　　2　旧国保法における加入者 ·· 95
　　　3　評　　価 ·· 100

第 3 節　国保組合の性格 …………………………………… 104
　　1　国保制度の位置づけ …………………………………… 105
　　2　国保組合の性格 ………………………………………… 108
第 4 節　残された若干の論点 ……………………………… 110
　　1　国保組合における「自治」の実際 ………………… 110
　　2　「相扶共済ノ精神」の意味 ………………………… 115
　　3　国保の運営主体としての医療利用組合の評価 ……… 122

第 4 章　旧国保法の第 2 次改正（1942年）と第 1 次国民皆保険の
　　　　達成 …………………………………………………… 129
第 1 節　制度創設から第 2 次改正までの展開 ……………… 131
　　1　制度の普及状況（昭和13(1938)年度～昭和16(1941)年度）…… 131
　　2　社会保険制度拡充の動き ……………………………… 133
第 2 節　旧国保法の第 2 次改正 …………………………… 136
　　1　改正の経緯 ……………………………………………… 136
　　2　改正の概要 ……………………………………………… 138
　　　(1)　改正の目的（138）／(2)　保険者に係る改正（139）
　　　(3)　加入者に係る改正（140）／(4)　その他の主な改正（141）
第 3 節　第 2 次改正後の展開 ……………………………… 142
　　1　第 1 次国民皆保険の達成 …………………………… 142
　　　（昭和17(1942)年度～昭和18(1943)年度）
　　2　終戦までの動き（昭和19(1944)年度～昭和20(1945)年度）…… 146
第 4 節　第 2 次改正を巡る論点 …………………………… 147
　　1　健兵健民と国民皆保険 ………………………………… 147
　　　(1)　小泉厚相と健兵健民政策（147）
　　　(2)　健兵健民と皆保険及び第 2 次改正との関係（151）
　　2　第 2 次改正法の主要論点 …………………………… 156
　　　(1)　強制設立及び強制加入の規定の強化（156）
　　　(2)　保健事業の強化（159）／(3)　国保と健保の調整問題（161）

第5章　旧国保法の第3次改正（1948年）による市町村公営原則の採用 …………………………………………………… 163

第1節　第3次改正に至るまでの経緯 …………………………… 165
1　終戦後の国保の状況 ………………………………… 165
2　国保再建への始動 …………………………………… 167
3　第3次改正の経緯 …………………………………… 169
　(1)　社会保険制度調査会答申から国保の単独改正へ（*169*）
　(2)　第3次改正の検討経緯（*173*）／(3)　第3次改正後の展開（*176*）

第2節　第3次改正の概要 ………………………………………… 179
1　改正の全体概要 ……………………………………… 179
2　市町村公営原則の採用 ……………………………… 181
　(1)　改正経緯とその内容（*181*）／(2)　論　点（*187*）
3　強制加入制の強化 …………………………………… 194
　(1)　改正経緯とその内容（*194*）／(2)　論　点（*197*）

第3節　国保税の創設（1951年） ………………………………… 201
1　背　　景 ……………………………………………… 201
2　内　　容 ……………………………………………… 203
3　論　　点――税と料の異同―― ……………………… 205

第6章　これからの国保――歴史に学ぶ―― ……………………… 209
第1節　研究結果の要約 …………………………………………… 211
第2節　保険者の在り方及び被保険者の範囲を巡る論点 ……… 213
1　保険者の在り方についての論点 …………………… 214
　(1)　保険者の規模についての論点（*214*）
　(2)　保険の運営主体についての論点（*219*）
2　被保険者の範囲についての論点 …………………… 220
第3節　国保の歴史からの示唆 …………………………………… 224
1　保険運営実務のフィージビリティ ………………… 224

2　相扶共済ノ精神と社会連帯の連続性の有無 …………………… *226*
　3　現在の我が国における社会連帯の評価と保険者の在り方 … *228*
　4　皆保険体制の是非 …………………………………………………… *229*
　5　残された課題 ………………………………………………………… *233*

資料編

資料 1：任意国民健康保険制度要綱 ……………………………………… *237*
　　　　（昭和 8（1933）年 6 月18日東京朝日新聞朝刊掲載版）
資料 2：任意国民健康保険制度要綱案 ………………………………… *237*
　　　　（昭和 8（1933）年 6 月27日付社会局事務当局私案）（要綱案①）
資料 3：国民健康保険制度要綱案（未定稿）…………………………… *241*
　　　　（昭和 9（1934）年 7 月20日非公式発表版）（要綱案②）
資料 4：国民健康保険制度要綱案（未定稿）…………………………… *244*
　　　　（昭和 9（1934）年 8 月18日内務省省議附議版）（要綱案③）
資料 5：国民健康保険制度要綱案 ……………………………………… *247*
　　　　（昭和 9（1934）年11月 2 日版）（要綱案④）
資料 6：国民健康保険制度要綱案 ……………………………………… *250*
　　　　（昭和10（1935）年 5 月31日刷版）（要綱案⑤）
資料 7：国民健康保険制度案要綱 ……………………………………… *254*
　　　　（昭和10（1935）年10月24日社会保険調査会諮問版）（要綱 A）
資料 8：修正後の国民健康保険制度案要綱 …………………………… *257*
　　　　（昭和10（1935）年12月10日社会保険調査会答申による修正版）（要綱 B）
資料 9：国民健康保険法案（未定稿）…………………………………… *260*
　　　　（昭和11（1936）年12月上旬各省配付版）（法案①）
資料10：国民健康保険法案要綱 ………………………………………… *267*
　　　　（昭和11（1936）年12月24日刷版）（要綱 C）
資料11：国民健康保険法案 ……………………………………………… *271*
　　　　（昭和12（1937）年 3 月 9 日第70回帝国議会提出版）（法案②）

資料12：国民健康保険法案 …………………………………………278
　　　　　（昭和13(1938)年1月20日第73回帝国議会提出版）（法案③）
　　資料13：国保法改正案 ………………………………………………285
　　　　　（医事新報1000号（昭和16年11月1日）掲載版）
　　資料14：国民健康保険法中改正法律案 ……………………………286
　　　　　（昭和17(1942)年1月19日第79回帝国議会提出版）
　　資料15：国民健康保険法の「改正の要点」………………………288
　　　　　（昭和23年2月12日保発第183号都道府県民生部長宛
　　　　　厚生省保険局国民健康保険課長通牒）（2/12要点）
　　資料16：国民健康保険法改正案要綱案 ……………………………289
　　　　　（昭和23(1948)年2月19日社会保険制度調査会諮問版）（2/19要綱案）
　　資料17：国民健康保険法改正案要綱 ………………………………290
　　　　　（昭和23(1948)年4月26日局議附議版）（4/26要綱）

参考文献（292）
事項索引（305）

【凡　例】

法令等の略称　　原則として、引用部分を除き、「国民健康保険」は「国保」、「健康保険」は「健保」と略記した。また、医療保険関係の法令を以下のように略すことがある。
・国民健康保険法（昭和13年法律第60号）：旧国保法
・国民健康保険法施行規則（昭和13年厚生省令第10号）：旧国保法施行規則
・国民健康保険法（昭和33年法律第192号）：「現行国保法」又は単に「国保法」
・健康保険法（大正11年法律第70号）：健保法
・高齢者の医療の確保に関する法律（昭和57年法律第80号）：高齢者医療確保法

文献・資料の名称　　本書で引用・紹介した文献・資料の名称は原則として略称又は著者の姓で表記し、正式名称等は巻末の参考文献中に記載した。

引用の仕方　　引用部分中の旧字体は適宜新字体に改めた。また、引用部分中その他で筆者が補足や説明を行った場合には、その部分に［　］を付した。

国民健康保険の保険者

第1章　医療制度改革と国保
──研究の視座──

第1節　最近の医療制度改革の動向

1　改革の経緯とポイント

　高齢化の進行に伴う老人医療費の増大、国や地方公共団体の厳しい財政状況、企業の競争力強化の観点からの社会保障負担抑制の動き等を背景として、近年医療保険制度改革が繰り返されている。

　直近の改革は、「国民皆保険[1]を堅持し、医療保険制度を将来にわたり持続可能なものとしていくこと」を目的として、平成18(2006)年の「健康保険法等の一部を改正する法律」（平成18年法律第83号）により行われた（以下「2006年改革」という）。同法においては、保険者の再編・統合が改正の柱の一つとされ、その方向性としては、都道府県単位を軸とする保険運営を目指すこととされた。具体的には、

① 　政府管掌健康保険（以下「政管健保」という）については、全国健康保険協会の設立という形で保険者を公法人化した上で、基本的に都道府県支部単位の財政運営（地域の医療費を反映した支部単位の保険料率の設定等）を行い、加入者の年齢構成及び所得構成の違いに基づく支部間の財政格差については、協会が調整を行う（平成20(2008)年10月施行）、

② 　組合管掌健康保険（以下「組合健保」という）については、同一都道府県内の健康保険組合（以下「健保組合」という）の再編・統合の受け皿として、企業や業種の枠を超えた地域型健保組合の設立を認める、

③ 　市町村国民健康保険（以下「市町村国保」という）については、市町村保険者は維持するが、高額医療費共同事業[2]の継続、新たな保険財政

---

[1]　ここでは取りあえず、国民皆保険の意味を「原則としてすべての国民が何らかの公的医療保険に強制加入していること」と理解しておく。

[2]　1件80万円を超える医療費について、80万円超の部分を、国1／4・都道府

第1章 医療制度改革と国保——研究の視座——

共同安定化事業[3]）の創設（平成18(2006)年10月施行）といった財政調整の拡大により、都道府県単位での財政運営を実質的に強めていくこととされている[4]）。

また、新たに創設される後期高齢者医療制度[5]）の運営主体も、都道府県単位に設立される当該区域内の全市町村が加入する広域連合（後期高齢者医療広域連合）とされた（平成20(2008)年4月施行）。ただし、後期高齢者からの保険料の徴収は、原則として市町村が行うこととされている。

2　現在の国保制度の概要

こうした改革を経た現在（平成21(2009)年1月時点）の国保制度の概要は次のとおりとなっている。

【制度の目的】
　国保事業の健全な運営を確保し、もって社会保障及び国民保健の向上に寄与すること。

【保険者】
　保険者は、原則として市町村（特別区を含む。以下同じ）とする（事業実施は義務的）。国保組合は、市町村の国保事業の運営に支障を及ぼさないと認められるときは、都道府県知事の認可を受けて国保事業を行うことができる（事業

　　県1/4・当該都道府県内の市町村国保1/2の負担割合で、共同で負担する事業（各都道府県単位で実施）。
3）　1件30万円を超える医療費について、その給付費すべてを、当該都道府県内の市町村国保の拠出金により共同で負担する事業（各都道府県単位で実施）。
4）　2006年改革の詳細については栄畑45頁以下を参照。
5）　政府当局の説明によれば、75歳以上の後期高齢者について、その心身の特性や生活実態等を踏まえ、一般の医療保険制度から切り離した独立した制度を創設し、患者負担を除いた部分の費用（給付費）については、公費（約5割）・後期高齢者の保険料（1割）・現役世代の支援（後期高齢者支援金・約4割）で賄うこととしたものとされている。

実施は任意的かつ補完的)。

市町村国保の保険者(市町村)は、高額医療費共同事業、保険財政共同安定化事業等の都道府県単位の財政調整を行っている。

【被保険者】

市町村国保の被保険者は、当該市町村の区域内に住所を有する者(有資格者強制加入)だが、被用者保険(健康保険、船員保険、各種共済組合)の被保険者及び被扶養者、後期高齢者医療制度の被保険者、生活保護受給世帯に属する者、国保組合の被保険者等については、適用が除外される。

国保組合は、同種の事業又は業務に従事する者で当該組合の地区内に住所を有する者を組合員として組織し、組合員及び組合員の世帯に属する者を被保険者とする(市町村国保と同様の適用除外あり)。

【保険事故と保険給付】

(被保険者の)疾病及び負傷(以下「傷病」という)に関し原則として療養の給付(患者一部負担あり)等を、出産に関し出産育児一時金の支給を、死亡に関し葬祭費の支給又は葬祭の給付を行う。

ただし、特別の理由があるときは、保険者は、出産・死亡に関する給付の一部又は全部を行わないことができる。

なお、保険者が任意に決定できる部分は、一部負担割合の引下げ、傷病手当金の支給などさほど多くはない。

【費　用】

保険給付に要する費用は、国保料又は国保税と公費負担(国・都道府県・市町村)により賄われる。

国保料に関する事項は、国保法に規定するもののほか、政令で定める基準に従って条例(市町村国保の場合)又は規約(国保組合の場合)で定める(国保法第81条)。実際には、国民健康保険法施行令(昭和33年政令第362号)でかなり詳細に具体的内容が規定され、保険者の決定に枠をはめている。

第1章　医療制度改革と国保——研究の視座——

第2節　研究の目的・方法・意義

1　2006年改革の評価

　地方分権と絡めた近年の社会保障システムの再編の過程では、「福祉は市町村単位で、医療は都道府県単位で」という流れが定着しつつあるが、2006年改革もそうした流れをさらに一歩推し進めるものと評価できる。特に、政管健保及び後期高齢者医療制度については、都道府県単位の運営に移行するとの方向性がきわめて明確に示されたといえよう。

　他方、国保については、共同事業を拡大しつつも市町村保険者を維持した。しかし、2006年改革を主導した厚生労働省の担当者の一人が、この共同事業の拡大により国保も「言わば都道府県単位の財政運営に移行したと言え…［中略］…今回の改革は永年の懸案であった市町村国保の広域運営に、形を変えて大きく踏み出した」、そして「市町村国保の運営の都道府県単位化の流れは強まるこそすれ、弱まることはない」と述べている[6]ことからすれば、市町村国保も、早晩都道府県単位の運営主体に踏み切るのか否かの決断を迫られることになるのは間違いあるまい。その意味では、市町村国保の動向如何が今後の保険者再編の鍵を握ることになる。

　また、2006年改革においても国民皆保険を将来とも堅持することが大目標とされたが、その土台である国保の加入者の設定の仕方及びその加入者の保険者による把握の仕方如何が、将来の皆保険の成否を左右するという意味でも、国保の保険者及び被保険者の在り方がどうあるべきかを考えることは重要な課題といえる。

　そこで、医療保険において都道府県単位を軸とした保険運営を目指す理由について改めて見てみると、2006年改革の基本的考え方を示し、その検討の

6）　栄畑65頁。

第2節　研究の目的・方法・意義

出発点となった「医療保険制度体系及び診療報酬体系に関する基本方針」(平成15年3月28日閣議決定。以下「基本方針」という)において、①保険の安定的運営の必要、②都道府県医療計画の存在、③都道府県を単位とした医療提供の実態といった保険運営面及び医療供給面の理由が挙げられていることがわかる。

しかし、本来は、保険者の規模や保険の運営主体[7]を見直すに当たっては、見直しが適切なものとなるよう、保険財政の安定性、医療供給面との関連性、保険者自治の強度などの種々の要素について、その長短を総合的に検討すべきであろう。具体的には、見直しにより、①保険財政は安定化するか、また、財政は黒字基調を維持できるようになるか、②保険者間の競争による保険運営効率化へのインセンティブは高まるか、③当該保険者の加入者の居住地域と加入者に医療サービスを提供する施設(病院、診療所等)の所在地域との対応関係は、より明確になるか、④いわゆる保険者機能は強化されるか、⑤保険者自治は確立されるか、⑥加入者の(社会)連帯は強まるか、といった点を考慮する必要がある。しかし、2006年改革において、そうした点についての丁寧な総合的検討が行われた形跡は窺えない[8]。それが、改正の柱の一つとして保険者の再編・統合を掲げた2006年改革が有する問題点の一つといえよう。

2　研究の目的及び方法

1で述べたような観点からは、国保の保険者規模を(将来的に)都道府県

---

7) 国保の保険者或いはその候補としては、これまで、国、都道府県、市町村、地方公共団体の組合(一部事務組合、広域連合等)、いわゆる公法人(典型は公共組合)等が挙げられてきた。
8) 2006年改革における保険者の再編・統合を巡る議論を見ると、議論の重点が保険財政面と医療供給面に偏りすぎていて、あるべき保険者自治或いは加入者の(社会)連帯の醸成という観点からの検討は特に乏しかったように思われる。

第1章 医療制度改革と国保 ――研究の視座――

単位に変えるというのであれば、その妥当性の検討の一環として、現在の国保の保険者が原則として市町村となっている理由を改めて確認しておくことにも一定の意義があろう。保険者の変更が妥当性を持つためには、現行の保険者とされた理由がもはや説得的ではなくなったことを示す必要もあると思われるが、そのためには、当該理由が明らかになっていなければならないからである。

そこで、本研究では、そうした確認作業の端緒として、昭和13(1938)年の制度創設から昭和23(1948)年の市町村公営に至るまでの間の国保制度（旧国保法）における保険者設定の経緯及び考え方並びにそれと密接に関連する加入者（組合員、被保険者）の要件設定の経緯及び考え方を明らかにすることで、現在の保険者再編の方向性が妥当かどうかを判断する上で参考となる知見を得ることとしたい。具体的には、①当初の保険者を原則として市町村単位の組合とした理由及びそれを後に市町村保険者へと変更した理由と、②国保の加入者（組合員、被保険者）の範囲と加入強制の程度についての考え方の時期的な変化の2点を中心に分析・検討を行っていくこととする。

なお、分析にあたっては、政治学や社会学分野の先行研究の成果も活用することを考えているが、本研究自体は、あくまでも法制度論としての市町村保険者論、すなわち、当初の国保制度が市町村単位・組合主義・任意加入保険でスタートし、それが市町村公営へと変化するとともに加入強制の度合いが強まっていった法制度上の理由は何かという点に焦点を当てることとしたい。

また、本研究は、文献・資料に基づく歴史（制度史）研究を基本とする。具体的には、旧国保法の検討開始から成立・施行、さらにその後3次の改正を経て市町村公営に至るまでの経緯を、できる限り当時の資料や関係者の記述・発言に基づきながら、法の内容及び背景となる考え方の変化にも注意しつつ整理し、その上で、先行研究にも拠りながら、上記課題についての解明に努めることとしたい。研究対象期間は、国保制度検討開始から市町村公営に至るまでの間（昭和8(1933)年頃から昭和23(1948)年頃）が中心となる。

3　本研究の意義

　国保制度については、その歴史を通史的に述べた半ば公式的な資料として、『国保小史』、『国保二十年史』、『国保三十年史』といった文献があり、また、制度の立案や改正を理解する便としては、それに携わった官僚による制度の解説書が何冊か存在する[9]。しかし、それらは、いずれも制度創設や改正に係る背景や内容全般についてのいわゆる通り一遍の公式的説明であって、制度（特に保険者及び加入者に係る規定）の制定・改正過程に焦点を絞りそれを詳細に分析したものではない。

　また、研究者等による国保の歴史についてのある程度まとまった論述としては、国保全般について論じた佐口卓、保険集団論の観点から考察を加えた島崎謙治、制度の形成・改正の政治史的側面に焦点を当てた中静未知、社会学的な観点から分析を行った鍾家新や西村万里子、資料的価値の高い蓮田茂などの研究があり[10]、それぞれ優れた成果を上げているが、島崎のものを別にすれば必ずしも国保制度そのものに焦点を当てたものではない。

　そうであるとすれば、本研究のように、国保の保険者及び加入者がどのように決定されたかの制度論的理由に焦点を当て、国保制度創設[11]から市町村公営までの期間について、後述する朝倉氏資料などこれまであまり注目されなかった文献や資料も紹介しながら、通時的に分析・検討する研究も、国保制度をより深く理解しその将来の在り方を考えるにあたっては、多少は裨益するところがあるものと思われる。

9）　代表的なものとして、清水(1938)、川村・石原・簗、小島(1948a) 等。
10）　文献としては、佐口(1995)、島崎(1994)、中静、鍾、西村、蓮田を参照。
11）　制度創設時の国保の保険者についてのラフなデッサン（本書第2章及び第3章の雛型となったもの）として新田(2006)を参照。

第2章　国保制度の創設（1938年）

第1節　制度創設の目的及び経緯

1　制度創設の目的

　昭和13(1938)年の国民健康保険法（昭和13年法律第60号。以下「旧国保法」という[1]）制定の主目的については、論者によりニュアンスに差があるものの、基本的には、当初（昭和8(1933)年頃）は農山漁村地区の住民の医療費負担の軽減による農山漁村救済を目的として構想されたものが、次第に戦時色が強まる中で国民体位の向上によるいわゆる健兵健民の育成という目的も付加されていったと見るのが妥当であろう[2]。そうした変化が顕著になったのは、昭和11(1936)年の2・26事件後に成立した広田（弘毅）内閣においていわゆる保健国策が提唱されるようになってからと考えられる[3]。そして、第4章

---

[1]　「国民健康保険法」という名称は、当時社会局保険部で同法の企画立案に携わった一人である花澤武夫が英国の制度からヒントを得て付けたものだという〔丹木(1953) 2頁、座談会11頁〕。

[2]　国保二十年史121-122頁、改訂詳解国保12頁、厚生省五十年史330頁及び524頁、吉田83頁、佐口(1995)55頁、江口(1996)61頁、鍾84-85頁及び93頁、相澤15頁等。ただし、「健兵健民」という言葉自体が生まれ多用されるようになったのは、後述（第4章第4節参照）のとおり昭和16(1941)年の後半以降のことである点には十分留意する必要がある。

[3]　広田内閣が組閣直後の昭和11(1936)年3月17日に公表したいわゆる「庶政一新の大政綱」の中には「国民生活のあらゆる分野に於て其の安定向上を目途として施設経営の徹底を図」る旨が謳われていたが〔同月18日の東京朝日新聞朝刊2頁、広田伝記192-193頁、衆69本3号（昭和11年5月7日）12-13頁等〕、保健国策提唱の直接的な契機は、昭和11(1936)年6月19日の閣議において、寺内寿一陸軍大臣が徴兵検査成績の悪化を示して国民の体位・体力の低下を指摘し、国家の衛生施設改善の必要を主張した〔同月20日の東京朝日新聞夕刊1頁及び同日の朝刊2頁〕ことに始まる。広田内閣の七大国策が決定されたのは同年8月25日の閣議においてであり、その具体的計画の一つとして保健国策も決定された〔広田伝記201-202頁〕。その中には、「無医町村に対する医療機関普及」、「中産階級に対する医療普及」等が含まれていたとされる〔国保法案経緯

第2章　国保制度の創設（1938年）

で述べるとおり、後者の目的への傾斜は制度成立後さらに強まっていく。

　この間の消息を、国保小史の記述に拠りつつ述べれば、次のようになる。
・「内務省社会局では、医療費の負担が農山漁村の生活に、大きな圧迫を加えている事実に着眼し、保険制度の形式で、その重圧を緩和しようと企てたのが、この制度の発端であ」り[4)5)]、したがって、「国民健康保険制度の第一の目的は、医療費負担問題の解決であつて、この主目的を達成することができれば、ある程度の国民生活の安定をもたらし、医療機関の偏在を是正し、ひいては国民の保健状態を改善することができる」[6)]と考えられた。「しかしこの制度が創設せられた昭和十三年は、支那事変発生の翌年であり、わが国が非常時の態勢または準戦時の態勢に

20-21頁〕。この保健国策は旧国保法の成立や厚生省の創設に大きな影響を及ぼしたが、その保健国策の「いわば震源であった」のが、後に厚生大臣として健兵健民政策を主導した小泉親彦軍医総監兼陸軍省医務局長であった〔西村426頁、中静217-228頁を参照〕。なお、寺内陸相が徴兵検査成績の悪化（不合格者の増加）を国民の体位・体力の低下の表れとしたことについては、成績が悪化したのは国民の体位が低下したからではなく、徴兵検査の基準が引き上げられたことによる影響が大きく〔副田他57-63頁（樫田美雄稿）〕、したがって、寺内陸相は国民の体位の低下という誤った情報を基に保健国策を主張したことになるとする見解〔副田546頁及び551-552頁〕、或いは、体位低下の主張は陸軍の政治宣伝のための戦略であった可能性があるとする見解〔鍾52頁〕があることに注意する必要がある。
4)　国保小史7頁。
5)　ただし、この点については、「もっとも、この段階で農村向けの医療保険が特に優先して検討されたわけではない。…〔中略〕…〔社会局〕保険部の政策立案の主眼は医療保険適用対象の全般的拡大にあって、国保制度案はその一部であったにすぎない」〔中静202-203頁〕との指摘や、「社会局は、被用者のための健康保険を優先し、被用者以外の者のための健康保険は後回しとする考えであった。しかし、農家の負担軽減策として最も効果のある税制改革や教育費負担の軽減が、当時の財政事情のために実施できなかったために、当初後回しとされていた国民健康保険制度が農家の医療費軽減策として一転して優先されて創設されることとなったのである」〔北場26頁及び36頁〕との指摘に留意する必要がある。
6)　国保小史31頁。

第1節　制度創設の目的及び経緯

はいつていたため、社会政策的な制度は、すべて戦時政策的な方向にきりかえられようとしていた時代であつた。…〔中略〕…従つて、農村における保健状態の改善から農村経済の更生という筋道は一応うちきりとなり、兵力及び労働力の貯水池としての農村の保健状態の改善ということが、だんだん強調せられるようになつた」7)のである8)。

2　制度創設までの検討経緯

旧国保法成立に至るまでの検討経緯の概略は次のとおりである。

まず、法案作成に当たった社会局保険部内9)において昭和8(1933)年6月27日付の事務当局私案として「任意国民健康保険制度要綱案」が作成された10)。その後1年余りの検討を経て、昭和9(1934)年7月20日に「国民健康保険制度要綱案（未定稿）」が非公式発表され、若干の修正を経て同年8月18日には内務省の省議に附されている。その後、保険部は、この未定稿に対する各方面の反応を踏まえながら昭和10(1935)年5月に国民健康保険制度要綱案を作成した。同案は、同年6月24日及び7月1日の社会局参与会議を経て

---

7)　国保小史36頁。なお、木戸幸一厚生大臣は、第73回帝国議会における旧国保法案の審議において「此国民健康保険法案ハ、直接支那事変ニ関係ハアリマセヌノデアリマス、併ナガラ支那事変即チ非常時局…〔中略〕…ニ於テ、更ニ一層其必要ヲ痛感シテ居ル次第デアリマス」〔衆73委4回（昭和13年2月1日）23頁〕というように法案と戦局の微妙な関係を述べている。

8)　旧国保法制定直後に出された制度立案担当者による解説書においても、同法成立の時代状況を反映して複数の目的が記載されているが、その優先順位は、傷病費用の軽減による国民生活の安定〔清水(1938)69-70頁〕、或いは、少額所得国民の傷病等の際における経済的困難の救済によるその経済生活の保全〔川村・石原・簗8頁〕が、一応第一順位とされている。

9)　社会局は大正9(1920)年8月に内務省に設置され、大正11(1922)年11月にその外局となり、昭和13(1938)年1月の厚生省設置まで存続した。国保制度の検討が始められた昭和8(1933)年当時は、長官の下に労働部、社会部、保険部の3部が置かれていた。

10)　国保小史139-140頁。

内務省法令審査会の審議に附されたが、審査会において衛生局から意見が出され、後述のとおり組合員の強制加入を原則任意加入とする修正がなされた[11]。そして、昭和10(1935)年10月24日に国民健康保険制度案要綱が社会保険調査会に諮問され[12]、12項目の修正の後、同年12月10日に内務大臣に答申された。その後は、保険部が中心となって法案作成作業を進め、各省協議、さらに閣議決定を経て、昭和12(1937)年3月9日に第70回帝国議会に旧国保法案が提出された。議会における審議では医療利用組合の代行規定を巡って議論が紛糾し、また衆議院解散のためいったんは法案が廃案となるなどの紆余曲折があったが、第73回帝国議会においてようやく旧国保法は成立（昭和13(1938)年3月2日に貴族院で可決）し、昭和13(1938)年4月1日に公布され、同年7月1日から施行された[13]。

第2節　検討開始から制度創設に至るまでの要綱案・法案の推移

旧国保法の内容は、法案検討・作成のどの段階で形作られていったのであろうか。以下では、旧国保法の検討が開始されてから法律の成立に至るまでの各段階における要綱案、法律案等の規定の推移を見ていくこととする[14]。その際は、本書の問題意識に沿って、制度の目的、保険者及び加入者（組合

---

11) 国保小史147-148頁、国保二十年史157頁。
12) 清水43頁、国保小史149頁及び154-155頁、国保二十年史158頁等。なお、要綱が調査会の総会に附議されたのは、昭和10(1935)年10月28日である。
13) 全国厚生連340-341頁に旧国保法の制定経緯が記載されており参考になる。
14) もちろん、これらの多くは、公表案、社会保険調査会への諮問案、議会提出法案といった、いわば節目節目の案として資料が残されているものに限られていることに留意する必要がある。例えば、立案に携わった川村秀文は、後述する要綱案②の発表までの間にも要綱［案］を何十遍となく書き直し、制度の名称についても随分いろんな意見があったと後日回顧しているし〔座談会11頁〕、制度案が何回も変更され社会局保険部規画課は朝から晩まで輪転機が鳴り続けたとの記述もある〔丹木(1953)2頁〕。

第2節　検討開始から制度創設に至るまでの要綱案・法案の推移

員、被保険者）に係る規定の検討に重点を置くこととしたい。なお、検討の各段階で作成された制度要綱案、制度案要綱、及び法案には、それぞれ便宜的に要綱案①〜⑤、要綱A〜C、法案①〜③という番号を付した。

1　任意国民健康保険制度要綱案
（昭和8(1933)年6月27日付社会局事務当局私案）〔要綱案①〕

　国保小史によれば、国保制度については昭和8(1933)年頃から内務省社会局において調査に着手し、保険機関の如何により、①民間営利会社の経営に委ねる制度、②互助的或いは協同的の団体をして経営させる制度、③市町村をして経営させる制度、④国が経営する制度、⑤健康保険を目的として特別に設立された団体をして経営させる制度、⑥各種の混合した制度が考えられたが、昭和8(1933)年6月27日の事務当局の私案としては、任意保険制を建前として、政府を保険者とする案も一応作成したとされる[15]。

　この事務当局私案自体は、公刊資料には見当たらない[16]が、当時社会局保険部に属として勤務していた朝倉幸治が後に社会保険大学校社会保険文庫に寄贈した資料（以下「朝倉氏資料」という）の中に、「任意国民健康保険制

---

15)　国保小史139-140頁。
16)　全国厚生連303頁には社会局が試案を「発表」したとの記述があり、また、「社会局ノ案トシテ既ニ約四年位前カラ発表致シマシタ」との政府答弁〔衆70委4回（昭和12年3月16日）1-2頁〕もあるが、管見の限りでは、昭和8(1933)年6月18日の東京朝日新聞朝刊2頁に「二千万大衆を的に新保険三つ　健保拡張、俸給者保険、国民保険　内務省が大童の努力」という見出しの下に、「健康保険法の範囲拡張及び改正要綱」「職員健康保険制度要綱」と並んで6項目からなる簡単な「任意国民健康保険制度要綱」が掲載（続いて医事新報566号（昭和8年6月24日）29頁や『社会政策時報』155号（昭和8年8月号）195-196頁にも掲載）されているのみであった（巻末資料1を参照）。そして、医事新報の記事によれば、この案は昭和8(1933)年6月14日に極秘裡に開かれた社会局健康保険部〔「保険部」の誤りと思われる〕の部内会議において大体承認されるに至った案だとされている。なお、東京朝日新聞の記事の概要は北場29-30頁にも掲げられている。

第2章　国保制度の創設（1938年）

度要綱案（昭、八・六・二七）」という表題の資料（朝倉氏資料5[17]）。以下「要綱案①」という）が含まれており、これが当該資料と思われる。

これまで同資料が公刊されていないので少し詳しく述べると、その概要は次のようなものであった[18]。

【保険の性質】
・要綱案①には目的規定がなく、「第一　保険ノ性質」で「本保険ハ任意保険トスルコト」と規定されている。

【保険事故】
・被保険者の疾病及び負傷。

【保険者】
・政府。
・社会局が保険特別会計を経理し、保険事務は当分の間健康保険課[19]が行う。

【被保険者】
・健康保険又は職員健康保険[20]の被保険者、法令による共済組合の組合員でない者は、男女、国籍を問わず加入し被保険者となることができる。
・ただし、①満3歳未満の者、②加入しようとする時点で罹病・負傷している者、③直接国税10円以上を納めている者（被保険者の属する世帯の世帯主が直接国税10円以上を納めている場合も含む。）は除かれる。
・被保険者資格は、第1回目の保険料払込時点（これが契約成立時点とされた）で発生する。

【保険給付】
・被保険者の疾病又は負傷に対して原則として療養の給付（現物給付、患者一部負担あり）を行う。ただし、契約成立（保険加入）後3か月間は保険給付を行わない。
・療養の給付の範囲は、大体健康保険法におけるものと同範囲とされたが、歯科補綴は除かれた。

---

17)　朝倉氏資料に綴り込まれた個々の資料には、受贈した社会保険文庫側が便宜的に通しの整理番号を付しているので、資料番号はそれに従った（以下同様）。
18)　なお、巻末に要綱案①の全文を資料2として掲載したので参照されたい。
19)　昭和8（1933）年当時、健康保険課は各府県の警察部に設置されていた。
20)　当時社会局においては、会社・商店等の事業所に使用される職員等を対象と

第2節　検討開始から制度創設に至るまでの要綱案・法案の推移

【医療組織】
・保険者たる政府が、医師会・歯科医師会・薬剤師会と契約を締結する。
【財源】
・保険料及び国庫補助金。
・保険料は、被保険者の年齢階級に応じて設定する。
・国庫補助金は、被保険者1人当たり年額50銭とする（総額で年額200万円を上限）。
・1事業年度内に1度も保険給付を受けない者については、原則として、当該年度の保険料の4分の1程度を払い戻すこととされた（保険料払戻制）。
【その他】
・本保険に関し紛争がある場合は、裁判所への出訴前に国民健康保険審査会の裁決を経ることとされた。

　以上のとおり、要綱案①における国保制度案は、保険者こそ政府であったものの、その基本的な制度設計は、任意加入、罹病者・負傷者の加入拒否、年齢（すなわち疾病リスク）に応じた保険料設定など、民間の私保険に極めて近いものであったと言える。ただ、直接国税10円以上を納めている高所得者を除いている点に、多少民間保険とは異なる「社会」保険らしさが窺える。また、被保険者については、制度の建前としては、世帯主義を採らず、各個人が保険料を支払って個別に加入する仕組みとなっていた点が注目されよう[21]。

　　した職員健康保険法も並行的に検討されていたが、その成立は旧国保法よりも遅れ、昭和14(1939)年に昭和14年法律第72号として成立した。
21)　こうした案が何時頃からどのような検討経緯を経て作成されたかについては、現在のところ国保小史の記述以上のものは見当たらない。中静201-202頁が指摘するように、丹羽七郎社会局長官が思想対策協議委員（思対協）に提出する政策案を必要としたことが国保制度立案着手のきっかけであったとすると、思対協の設置は昭和8(1933)年4月14日であるから、国保制度の検討が開始されたのもその頃ということになる。これに関しては、当時保険部長であった川西實三が「［丹羽長官は］当時国家の重要施策であつた思想対策として国保を制定すべしとの自分の献策を全幅の同感共鳴を以て採用され（昭和八年四月十二日提唱翌十三日局議決定）」〔国保二十年史19頁〕と述べていることからも、お

第 2 章　国保制度の創設（1938年）

2　国民健康保険制度要綱案（未定稿）
（昭和 9（1934）年 7 月20日非公式発表版）〔要綱案②〕

　要綱案①は社会局内部の検討資料に留まり公表はされなかった[22]。国保制度要綱案が、世論に問うため非公式発表という形[23]で公表されたのは、要綱案①作成からほぼ 1 年後の昭和 9（1934）年 7 月20日のことであり、その全文（以下「要綱案②」という）は、当時の医事専門紙である『医海時報』や『日

　　そらく妥当であろう。この時点から要綱案①の作成（昭和 8（1933）年 6 月27日）までの期間が短いこと等を考えると、直感的な印象であるが、要綱案①は、国保制度の検討に着手するに当たり取り敢えず何か案がないと検討が進まないということで、先行保険制度である健康保険や簡易生命保険を参照しつつ、内容をあまり詰めずに作られた「たたき台」という感じがしないでもない。なお、この点については、当時の東京朝日新聞（昭和 8 年 6 月21日朝刊） 3 頁の論説（表題は「健康保険制度の大拡張」）が「大規模な国民健康保険制度の今回のこの頓狂な提唱」と述べ、また、北場勉も「この段階の国民健康保険制度案は、いまだ十分な検討を経たものではなかったと言わざるを得ない」と評している〔北場32頁〕。ただ、一方で、その川西が昭和 9（1934）年10月に発表した、要綱案③（後述）についての解説の中では「社会局保険部に於ては一昨年〔すなわち昭和 7（1932）年〕あたりから具体的に此の問題〔一般国民に達する疾病保険制度〕に関する研究を始めた」とも述べ〔川西 5 頁〕、また、昭和 7（1932）年 9 月 3 日付で「健康保険ヲ農漁山村小額所得者又ハ小商工業者ニ及ボスコトハ技術上其ノ他考慮ヲ要スル点アルヲ以テ目下研究中ナリ」との政府の答弁書（清水留三郎衆議院議員提出の「非常時匡救医療制度ニ関スル質問趣意書」に対するもの）が出されている〔衆63本11号（昭和 7 年 9 月 4 日）279頁、医事新報526号（昭和 7 年 9 月10日）35頁〕ことからすると、国保制度の具体案についての検討開始時期を昭和 8（1933）年 4 月頃と断定するのにはなお多少躊躇を感じる。昭和 7（1932）年頃から、国保制度の創設自体の検討ではないにせよ、農山漁村民等への社会保険の適用拡大につき非公式の予備的検討（下準備的なもの）が行われていた可能性を否定しきれないからである〔この他、丹木（1952）10頁の清水玄の回顧や中静252頁の注（32）も参照〕。したがって、この点についてはもう少し精査することとしたい。

22)　なお、前掲注16)で述べた「任意国民健康保険制度」については、医事新報569号（昭和 8 年 7 月15日）25頁に「時期尚早として当分社会局に於て研究する事に決定した」との記事が、また、昭和 8（1933）年 7 月17日の東京朝日新聞

本医事新報』等で見ることができる[24])。それによると、要綱案②の概要は次のようなものであった。

> 【制度の目的】
> ・多額の収入ある者及び出捐能力なき者を除き、原則として一般国民の健康を保険すること。
> 【保険事故】
> ・被保険者の疾病及び負傷。その他、被保険者の分娩及び死亡も保険事故とすることができる。
> 【保険者及び組合員】
> ・保険者は国民健康保険組合（以下「国保組合」という）とする。国保組合は法人とし、一般国保組合と特別国保組合の2種類とする。国保組合の設立は任意であるが、設立しようとするときは、発起人は、規約を作成し、組合員となるべき者の一定数以上の同意を得て、行政官庁の認可を受けなければならない。なお、一般国保組合を設立しようとする場合の発起人の中には、関係市町村長又はその指定した者を加えることとされた。
> ・一般国保組合は、その地区（原則として市町村の区域とするが、特別の事由があるときはこれによらないことができる）内にある世帯の世帯主又は世帯の管理者をもって、組合員とする。一般国保組合が設立されたときは、その地区内の組合員たる資格を有する者は、全員組合員にならなければならない（全有資格者強制加入）。
> ・特別国保組合は、同一道府県内において同種の業務に従事する者その他利害関係を同じくする者をもって、組合員とする。一般国保組合と異なり、組合を設立した場合の全有資格者強制加入の規定はない（任意加入）。また、特別国保組合の設立は、一般国保組合の設立・存立を妨げない範囲で認めるこ

　　朝刊2頁の「思想取締に関する内務省原案成る」との記事中に「社会政策的対策案」の1項目として「任意国民健康保険制度を創設し農民並に中小商工業主等雇傭関係にあらざる国民の健康保険制度確立につき調査研究をなすこと」という表現が見える。
23)　国保小史140頁。
24)　医海時報2083号（昭和9年7月28日）14頁、医事新報622号（昭和9年7月28日）30頁の他、国保法案経緯1-4頁にも所収。なお、要綱案②の全文も巻末資料3として掲げた。

第2章　国保制度の創設（1938年）

　ととされた。
・なお、次に述べる被保険者となることができない者は、組合員にもなれないとされた。ただし、その場合でも、その世帯の世帯員のために組合員となることは認められた。

【被保険者】
・一般国保組合、特別国保組合とも、組合員は同時に被保険者となる。
・さらに、一般国保組合については、組合員は、その属する世帯の世帯員を包括して被保険者とすることができるものとされた。
・特別国保組合については、世帯員を被保険者とすることについては別段の定めをすることができるとして、組合の任意に委ねることとされた。
・ただし、以上に拘らず、①多額の収入ある者及びその同居家族、②法令の規定により公の扶助を受ける者、③下士官以下の現役軍人、④健康保険の被保険者、⑤法令による共済組合の組合員、⑥その他組合規約により定めた者は、国保組合の被保険者となることができない。

【保険給付】
・被保険者の疾病及び負傷に対して療養の給付（現物給付、原則として患者一部負担あり）を行う。また、療養の給付の他に、被保険者の分娩に対し助産の給付を、死亡に対し埋葬の給付を行うことができる。なお、組合は、療養の給付・助産の給付・埋葬の給付に代えて、療養費・助産費・埋葬費を支給すること（現金給付）もできることとされた。さらに、監督官庁の認可を得た場合には、それ以外の給付を行うこともできる。そして、こうした保険給付の範囲、期間、程度及び受給条件については、各国保組合が定めることとされた。

【保健施設】
・国保組合は、被保険者の健康を保持するため必要な施設［「事業」の意味］を行うことができる。

【費　用】
・国保組合は組合員より保険料を徴収（強制徴収権あり）することができ、その算定及び徴収の方法については、各組合が定めることとされた。なお、保険料払戻制を導入することも認められた。
・以上の他、国、道府県、市町村は、予算の範囲内において国保組合に対し補助金を交付することができる旨の規定が置かれている。

第2節　検討開始から制度創設に至るまでの要綱案・法案の推移

【その他】
・①一般国保組合においては、理事中に関係市町村長又はその指定した者を加え、特別の事情がない限りその者を理事長とすること、②同一道府県内の国保組合は、国民健康保険組合連合会（以下「国保組合連合会」という）を組織できること、③国保組合及び国保組合連合会は、第一次に地方長官が監督し、第二次に内務大臣が監督すること、④保険給付・被保険者資格に係る決定への不服審査機関や国保組合と医療機関との間に生じた紛争の調停機関を設置することの他、組合の管理、組合の分合解散、訴願・行政訴訟に関する規定等が置かれている。

　要綱案①と要綱案②を比べれば、両者が全く別個の案であることは一目瞭然であるが、特に次のような相違点に注意しておきたい。
　第一に、要綱案②では、要綱案①にはなかった制度の目的が、「多額の収入ある者及出捐能力なき者を除き原則として一般国民の健康を保険すること」という形で明記された。第二に、保険者については、政府から、原則として市町村を区域とする一般国保組合へと変化したこと（特別国保組合は補完的位置づけ）が特筆される。第三に、加入者については、要綱案①においては、各個人が任意加入の形で（保険料納付義務を負い保険給付を受けることができる資格という意味での）被保険者資格を取得することとされていたが、要綱案②における一般国保組合の加入者に関しては、保険料納付義務を負う資格である組合員資格と保険給付を受ける資格である被保険者資格とを分け、組合が設立された場合、組合員（原則世帯主）については有資格者全員を強制加入とする一方、組合員以外の世帯員を被保険者とするかどうかについては原則として任意加入主義を採ったことが、違いとして挙げられる。第四に、保険給付や保険料の内容に関しては、要綱案の規定の上では国保組合の裁量が大幅に認められた。もっとも、それは、国（社会局）の「周到なる指導及監督」[25]を前提とするものであった。

---

[25]　要綱案②と同時に社会局から公表された「国民健康保険制度案の概要」〔医海時報2083号（昭和9年7月28日）13頁〕（以下「社会局概要」という）中の表現。

第 2 章　国保制度の創設（1938年）

以上のとおり、要綱案①から要綱案②へと国保制度の内容は大きく変化した。そして、後述の旧国保法の内容と比較してみれば明らかなように、この要綱案②が、法案作成の実質的な出発点となったのである。

3　国民健康保険制度要綱案（未定稿）
（昭和 9 (1934) 年 8 月18日内務省省議附議版）〔要綱案③〕

　昭和 9 (1934) 年 7 月20日に非公式発表された要綱案②は、その後若干の修正を経て同年 8 月18日の内務省の省議（予算省議）[26]に附されている[27]（以下省議に附された要綱案を「要綱案③」という[28]）。

　この要綱案③では、保険の目的は、「原則トシテ多額ノ収入アル者及保険料負担能力ナキ者ヲ除キ一般国民ノ健康保険ヲ目的トスルコト」とされ、要綱案②の「出捐能力なき者」が「保険料負担能力ナキ者」に改められている。もっとも、これは実質的な変更とは言えないであろう。

26）　東京朝日新聞（昭和 9 年 8 月19日朝刊） 2 頁及び医事新報626号（昭和 9 年 8 月25日）25頁の記事を参照。なお、中静206頁では省議への附議・承認日を当時保険部長であった川西實三の回顧〔国保二十年史19頁〕を根拠に 8 月 1 日としているが、その年は昭和 9 年ではなく昭和 8 年となっているので、川西の回顧にある省議は要綱案①と②の間の出来事と思われる。
27）　この省議では国保制度創設・実施のための準備費を大蔵省に要求すること〔国保二十年史139-140頁〕が「さしたる論争もなく可決となつた」が、「具体的の問題が討議された訳ではなく［国保制度の］実施計画に就いては社会局案の決定を見た上で今後本格的に検討」を行うこととされた〔医事新報626号（昭和 9 年 8 月25日）25頁〕。
28）　要綱案③の全文は、医海時報2089号（昭和 9 年 9 月 8 日）17頁に掲載された（巻末資料 4 を参照）。この他、要綱案③は、国保小史140-144頁に抜粋が、国保二十年史126-129頁に全文が所収されている。すなわち、非公式発表された国民健康保険制度要綱（未定稿）として現在一般的に知られているのは、要綱案②ではなく要綱案③ということになる。なお、蓮田75-82頁にも同年 7 月に公表された案として付属説明付きで要綱案③が掲載されているが、これは医政調査資料 1 -11頁を転載したものと思われる（ただし多少誤記あり）。

第 2 節　検討開始から制度創設に至るまでの要綱案・法案の推移

　また、一般国保組合の組合員資格が、「世帯主又は世帯の管理者」から「世帯主」に改められたが、これも実質的修正とは言えまい29)。これに対し、一般国保組合の被保険者については、要綱案②では、組合員を被保険者とした上で、組合員は世帯員も包括して被保険者とすることができるとされていたが、要綱案③では、組合員及びその世帯に属する者を被保険者とすることを原則とした上で、但し書きで「組合は監督官庁の認可を得たときは組合規約で定めた者を被保険者としないことができる」旨の規定を置き、文理上は、世帯員を被保険者とすることについての原則と例外を入れ替えている。

　さらに、適用除外については、要綱案③では、国保の被保険者とすることができない者が、①多額ノ収入アル者及其ノ同居家族、②法令ニ依リ公ノ救護ヲ受クル者、③他ノ法令ニ依リ業務外ノ疾病及負傷ニ付療養ニ関スル給付ヲ受クル者の 3 項目に整理された。もっとも、この点については、被保険者の実質的な範囲の変更ということではなく、基本的に文言の整理として理解できよう30)。

---

29)　特別国保組合の組合員資格については、「同種の業務に従事する者其の他利害関係を同じくする者」が「同種ノ業務ニ従事スル者同一ノ事業ニ使用セラル者其ノ他利害関係ヲ同ジクスル者ニシテ組合ニ加入シタル者」に改められ、明示的な例が追加されるとともに、任意加入制を採ることがより明確にされた。なお、この点については、法律成立後の通牒（「国民健康保険組合ノ組合員及被保険者ノ取扱方ニ関スル件」（昭和13年 7 月 7 日社発第712号地方長官宛保険院社会保険局長通牒）〔国保法令と解説276-280頁〕）を踏まえたと思われる解説ではあるが、「『同一の事業に従事する者』とは、会社や商店の従業員、官庁の職員など一定の仕事を行うために組織された集合体の事務又は労務に従事する者（主として被傭給料生活者）をいい、『同種の業務に従事する者』とは、理容業同業組合の組合員、菓子商同業組合の組合員のような同職又は同業者（主として独立営業の中小商工業者）をいう。したがって、職員健康保険法が施行されると、前者は概ね同法の適用を受けるので、特別国保組合は主として後者により組織されることになる」という趣旨の説明がなされている〔川村・石原・築54-55頁〕。すなわち、被用者が加入する前者の特別国保組合は、職員健康保険法制定（或いは健康保険法の適用範囲拡大）までの過渡的な形態と考えられていた〔北場37頁も参照〕。
30)　要綱案②で明示されていた「下士官以下の現役軍人」が「他ノ法令ニ依リ業

第2章　国保制度の創設（1938年）

4　国民健康保険制度要綱案（昭和9（1934）年11月2日版）〔要綱案④〕

　社会局は、要綱案②及び要綱案③を発表した後「各方面の意見を聞くと同時に、あらゆる調査研究を遂げ、その結果を勘案して要綱案を脱稿したので、これを社会局参与会議に附することとなつた」[31]が、この脱稿したと思われる要綱案[32]及びその検討途中段階の内部案と思われる要綱案が朝倉氏資料の中に含まれている。

　後者は、「九、一一、二　国民健康保険制度要綱案」とされた資料（朝倉氏資料9。以下「要綱案④」という）であり、要綱案③から3か月程たった昭和9（1934）年11月段階での検討状況を窺うことができる。要綱案③からの変化は次のようなものであり、それほど大きな変化ではないが、この時点で「普通国民健康保険組合」という名称がほぼ固まったことが注目される（巻末資料5を参照）。

　　務外ノ疾病及負傷ニ付療養ニ関スル給付ヲ受クル者」に含まれることは、要綱案③に付されたという「説明」において「他ノ法令ニ依リ業務外ノ疾病及負傷ニ付療養ニ関スル給付ヲ受クル者（例ヘハ下士官以下ノ現役軍人、健康保険ノ被保険者、法令ニ依ル共済組合ノ組合員）ヲ除外スルハ是等ノ者ニ付テハ二重ノ医療給付ヲ為スノ必要ナキ為ナリ」とされていること〔医政調査資料6頁及び蓮田78-79頁、同旨・川西12頁〕や、（要綱案②についての説明であるが）制度立案担当者の一人であった社会局事務官川村秀文が昭和9（1934）年8月11日に日本医師会役員会で行った説明（表題は「国民健康保険制度に就て」）の中で、「多額の収入ある者及其の同居家族、法令に依り公の救護を受くる者、下士官以下の現役軍人、健康保険の被保険者、官業共済組合の組合員、斯ういふやうな者は本制度の性質上並に既に他の法令に依つて給付を受けて居りますので之等は除外する」と述べている〔川村（1934a）25頁、医政調査資料23頁、蓮田89-90頁〕ことからも明らかと思われる。なお、この川村の説明が要綱案②の段階のものであったことは、昭和9（1934）年8月11日という日付だけからでなく、説明中で保険の目的を「多額の収入ある者及出捐能力なき者を除き原則として一般国民の健康を保険すること」と紹介している〔川村（1934a）23頁、医政調査資料14頁、蓮田84頁〕ことからも推測できよう。

31）　国保小史147頁。
32）　中静211頁を参照。

第一に、保険の目的については、特に変更はない。第二に、保険者については、「一般国民健康保険組合」という名称が「普通国民［健康］保険組合」に変更されている。また、普通国保組合は、その地区内において「一戸ヲ構フル者」又は「一戸ヲ構ヘザルモ独立ノ生計ヲ営ム者」をもって組合員とすることとされたが、これは「世帯主」を言い換えたもので、実質的変更とは言えないであろう[33]。第三に、普通国保組合の被保険者が組合員とその世帯に属する者とされたことは変わらないが、但し書きが「組合ノ地区内ニ定住セザル者其ノ他特別ノ事由アル者」については規約の定めるところにより被保険者としないことができる旨に改められた（監督官庁の認可は明文の要件とはなっていないが、設立時に規約全体についての認可を受ける以上、認可が前提となっていたと思われる）。

5　国民健康保険制度要綱案（昭和10（1935）年5月31日刷版）〔要綱案⑤〕

　昭和10（1935）年6月24日及び7月1日の社会局参与会議に附されたとされる要綱案も、朝倉氏資料の中に含まれている。「国民健康保険制度要綱案一〇、五、三一刷」とされた資料（朝倉氏資料12。以下「要綱案⑤」という[34]））がそれで[35]、要綱案④からの変化は次のようなものであった。

　第一に、保険の目的が、要綱案③以来の「原則トシテ多額ノ収入アル者及保険料負担能力ナキ者ヲ除キ一般国民ノ健康保険ヲ目的トスルコト」から

---

33) 要綱案③に付されたという「説明」では「世帯主トハ一戸ヲ構フル者若ハ一戸ヲ構ヘザルモ独立ノ生計ヲ営ム者ヲ謂」うとの説明がなされている〔医政調査資料2頁及び蓮田76頁〕。また、川西8頁や、旧国保法制定後の解説であるが、清水（1938）74頁及び81頁、川村・石原・簗55-56頁も同旨を述べ、その旨は通牒（「国民健康保険組合ノ組合員及被保険者ノ取扱方ニ関スル件」（昭和13年7月7日社発第712号地方長官宛保険院社会保険局長通牒）〔国保法令と解説276-280頁〕）にも規定されている。
34) 要綱案⑤の全文は、巻末に資料6として掲載した。
35) なお、国保法案経緯13-17頁に、参与会議に附議された要綱案として、同一のものが所収されている。

第2章　国保制度の創設（1938年）

「庶民階級ニ属スル国民ノ健康保険ヲ目的トスルコト」に変更されている。しかし、この点については、要綱案②の説明段階で、制度立案担当者の一人である川村秀文が「言い換えれば、国保制度は、庶民階級、一般少額所得者階級を目標としている」旨の説明を既に行っている[36]ことからすると、少なくとも保険の目的という抽象的レベルにおいては、実質的な変更とまでは言えまい。第二に、保険者については、組合員の要件も含め、要綱案④からの変更は基本的にない。第三に、被保険者については、普通国保組合と特別国保組合の被保険者を一つの規定でまとめて述べるなどの形式的修正が行われている他、多額収入者・貧困者・他法令により療養の給付を受ける者の適用除外規定の文言が「できない」（被保険者タルコトヲ得ザル）規定から「しない」（被保険者ト為サザル）規定に変わっている。さらに、「多額ノ収入アル者及其ノ世帯ニ属スル者」という従前から規定されていた適用除外の例外として「特別ノ事情アル組合ニ於テハ之ヲ被保険者ト為スコトヲ得ルコト」という但し書きが追加されているが、これは、実質的な被保険者の範囲の変更（拡大）と言えるのではないか。

6　国民健康保険制度案要綱
（昭和10（1935）年10月24日社会保険調査会諮問版）〔要綱 A〕

要綱案⑤は、社会局参与会議では特段の修正もなく承認されたが[37]、その後の内務省法令審査会の審議において衛生局が普通国保組合の組合員資格を有する者の強制加入に反対し社会局と対立した結果、原則は任意加入としつつ、監督官庁において必要ありと認める場合は加入を強制し得るという形

---

[36]　川村（1934a）23頁、医政調査資料14頁、蓮田84頁を参照。
[37]　参与会議における質疑の概要については国保法案経緯17-18頁を参照。なお、この質疑において、「任意加入制にできないか」との質問に対し、川西實三社会局保険部長が「強制加入は確定的のものではない」と答弁したとされる点が注目される。

第2節　検討開始から制度創設に至るまでの要綱案・法案の推移

に修正され[38]、これが、昭和10（1935）年10月24日付けで、内務大臣より社会保険調査会[39]に諮問された[40]。したがって、諮問された「国民健康保険制度案要綱」（以下「要綱A」という[41]）は、要綱案⑤と比べると、表題の若干の変更の他、以下の点で大きな変更が加えられた[42]。

すなわち、普通国保組合について、「組合成立シタルトキハ其ノ地区内ノ組合員タル資格ヲ有スル者ハ総テ之ヲ組合員トスル」旨（全有資格者強制加入）の規定が削除され、新たに「監督官庁必要アリト認ムルトキハ普通国民健康保険組合ノ地区内ニ於テ組合員タル資格ヲ有スル者ヲ総テ組合員タラシムルコト」ができる旨の規定が置かれたのである。

衛生局が全有資格者強制加入に反対した表向きの理由は、国保事業に要する費用の半額程度を国庫補助とすることができないのならば強制加入とするのは不条理であるというものであったとされる[43]が、その真意は定かでは

---

[38]　衛生局は、強制加入反対の他に、国庫補助は従とし道府県補助を主とすべきとの主張も行ったが通らなかったとされる〔国保法案経緯18頁〕。

[39]　社会保険調査会は、内務大臣の諮問に応じて社会保険に関する事項を調査審議することを目的として、昭和10（1935）年7月27日の社会保険調査会官制（昭和10年勅令第218号）により設置され、これに伴いそれ以前の労働保険調査会は廃止された。「労働保険」を「社会保険」と改称したのは国保制度についての審議を行う必要が生じたためとされる〔経過記録・調査会議事録81-82頁、内務省史・3巻486-487頁〕。後藤文夫内務大臣を会長とし、内務省・大蔵省・商工省等の関係部局長の他、日本医師会その他の関係団体代表、学識経験者等で構成されていた。なお、設置当初の委員名等については、経過記録・調査会議事録84-88頁、国保小史158-159頁を参照。

[40]　国保小史147-149頁、国保二十年史157-158頁。

[41]　巻末資料7を参照。なお、要綱Aの全文は、経過記録・調査会議事録6-12頁、清水（1938）43-49頁、国保小史149-154頁、賀川・山崎54-60頁（賀川豊彦稿）に所収されている。

[42]　その他の実質的修正は特にない。

[43]　医事新報719号（昭和11年6月20日）35頁を参照。しかし、川西實三社会局保険部長は、昭和10（1935）年10月28日の社会保険調査会第1回総会における説明において、「［原則強制加入が原則任意加入になった理由は］有体ニ申シマスト別ニ国庫補助ト関連シテ補助ガ貰ヘヌカラ任意加入ニシタト云フコトハ全然

第2章　国保制度の創設（1938年）

ない[44]。

　これに対し、社会局は、以下のとおり、制度の趣旨、逆選択の危険、保険技術上の困難、制度普及の困難、保険運営の不安定性、公法人性の強さ、諸外国の例というように、網羅的に理由を列挙して、組合員有資格者全員の強制加入制を維持すべき旨を主張した[45]が、衛生局が最後まで譲らず、結局上述のような折衷案が社会保険調査会に諮問されることになったのである。

- 国保制度の趣旨からしても、医療費の負担が困難でない者及び他制度による医療（費）の給付を受けられる者以外は、一律に加入を強制して制度の利益を均霑させるべきである。
- 任意加入とした場合には、逆選択が行われ保険経済の維持が困難になる。
- 任意加入では危険率の算出その他保険技術上困難が多く、任意脱退が生

ゴザイマセン」と強く否定した上で、「保険理論からは強制加入が理想だと思うが、現実の問題を考えて漸進主義的に各地方に無理のないよう徐々にやっていくというふうに、いろいろ研究の結果態度を改めた」といった理由を述べている〔経過記録・調査会議事録24-25頁〕。もっとも、これは、衛生局が国庫補助に係る理由で強制加入に反対したが、任意加入としたのはそれが直接的な理由ではなく社会局保険部の独自の判断であった旨を主張しているとも解する余地があり、そうだとすると衛生局が反対した理由はやはり国庫補助に係るものであったことの傍証にはなろう。

44)　衛生局が医師会の意向を受けて反対したと推測する見解〔佐口(1995)22頁及び50頁〕と、これに疑問を呈し救療行政を巡る衛生局と社会局の権限争いを重視する見解〔島崎(1994)(第2回掲載〔国保新聞1367号（1994年2月1日）〕）2頁、中静211-212頁〕がある。当時の北島多一日本医師会長が任意加入への変更を「本案の弱点」と否定的に評価していること〔医事新報719号（昭和11年6月20日）35頁の他、経過記録・調査会議事録22頁も参照〕、日本医師会は後に強制加入とすべき旨の主張を行っていること〔医事新報744号（昭和11年12月12日）1頁及び69頁、国保法案経緯23頁〕、日本医師会は国保制度案自体に対しては好意的態度を示していたとの医師会サイドからの指摘があること〔国保法案経緯21頁〕、さらには川西保険部長が「一般国民の医療保健問題を主管する衛生局方面には保険部の僭越を快しとせぬ空気が濃いように見えた」という趣旨の回顧を後にしていること〔国保小史・序文4-5頁及び座談会11頁〕等から見て、後者の見解に分があるように思われる。

45)　国保小史38-39頁。

第 2 節　検討開始から制度創設に至るまでの要綱案・法案の推移

じてくれば保険経営の将来見通しが立たない。
・任意加入では組合の設立にも非常な手数と労力を要し、保険思想の低い農村の実状からして制度の普及が困難となる。
・任意加入では不純な動機によって、少数の者の策動により組合の設立が妨害されたり、設立後の存立が危うくなったりする虞が多い。
・任意加入では公法人的性格が弱くなる。費用の強制徴収権のようなものが認められなくなれば法律制定上も支障が生じる。
・外国の立法例を見ても概ね加入強制制である。

したがって、普通国保組合は、この段階で、原則として市町村区域を単位とする任意設立、かつ組合員も原則として任意加入の組合となり、この点は旧国保法成立まで変わらなかった。

7　修正後の国民健康保険制度案要綱
（昭和10(1935)年12月10日社会保険調査会答申による修正版）〔要綱B〕

　内務大臣の諮問を受けて昭和10(1935)年10月28日に社会保険調査会の第1回総会が開かれ、当局（川西實三保険部長）からの国民健康保険制度案要綱（要綱A）についての説明及びそれに対する質疑応答の後、15名の特別委員[46]が選任され同要綱の審議が付託された。その後、特別委員会では8回の審議を経て12項目の修正と4項目の希望決議が決議され、同年12月10日に開催された社会保険調査会の第2回総会で、それがそのまま可決されて内務大臣に答申が行われた[47]。

　12項目の修正[48]のうち、制度の目的、保険者及び加入者に係る主な修正

---

46)　特別委員の氏名については、経過記録・調査会議事録32頁、国保小史155頁及び158-159頁を参照。
47)　国保小史154-155頁。
48)　修正及び希望決議の全文は、経過記録・調査会議事録73-74頁、清水49-51頁、国保小史156-158頁、賀川・山崎60-62頁（賀川豊彦稿）、国保法案経緯19-20頁に所収されている。

第 2 章　国保制度の創設（1938年）

は次のとおりである（以下修正後の要綱を「要綱 B」という[49]）

　第一に、制度の目的が「庶民階級ニ属スル国民ノ健康保険」から「庶民ノ健康保険」に変更された[50]。特別委員会において「階級」という字句に対する反対意見（「庶民階級ト言フガ如キ字句ヲ使用致シマスルコトハ、面白クナイト言フ意見」）が出たためである[51]。第二に、普通国保組合及び特別国保組合の組合員につき「組合ハ規約ノ定ムル所ニ依リ其ノ事業ニ賛助スル者ヲ賛助組合員ト為スコトヲ得ルコト」という賛助組合員の規定が追加された。主として不在地主による国保への賛助を想定したものと説明された[52]。第三に、被保険者につき「多額ノ収入アル者及其ノ世帯ニ属スル者ハ被保険者ト為サザルコト但シ特別ノ事情アル組合ニ於テハ之ヲ被保険者ト為スコトヲ得ルコト」が「多額ノ収入アル者及其ノ世帯ニ属スル者ハ被保険者ト為サザルヲ例トスルコト」に改められた。「原則トシテ［自己の経済力で充分医療を受け得る］多額ノ収入アル者及其ノ世帯ニ属スル者ハ、被保険者ト為サナイ」が、町村の団結を破り平和を乱すおそれがあるとか、（もともと無医地区で）多額収入者やその世帯員が全く医療機関を利用できないとかいった「甚シク実情ニ副ハヌ場合…［中略］…ハ例外的ニ…［中略］…被保険者ト為リ得ル途ヲ

---

49) 巻末資料 8 を参照。なお、要綱 B の全文は、経過記録・調査会議事録75-80頁の他、時期的にはやや後になるが、社会局保険部17-20頁において見ることができる。

50) ちなみに、改訂詳解国保 6 頁及び厚生省五十年史331頁では「国民ノ健康保険」に変更されたとし、国民皆保険へのアプローチとして注目されてよいと評価しているが、誤りと思われる。また、同様の理由から、（国保制度が後述（第 3 章第 2 節を参照）するように皆保険への指向を有するようになっていったことは認められるにせよ、）「国民健康保険制度が国民皆保険をめざしたものであることは法の目的にも明らかである」〔副田他40頁（小林捷哉稿）〕とまで断言するのは言いすぎであろう。

51) 経過記録・調査会議事録44頁。なお、中静214頁も参照。

52) 経過記録・調査会議事録45-46頁及び56-57頁。この修正を強く主張したのは臨時委員の賀川豊彦であった。この賀川の意見については、賀川・山崎67-68頁及び80頁（賀川豊彦稿）も参照されたい。なお、賛助組合員規定追加の経緯については中静214頁が要領よくまとめている。

第2節　検討開始から制度創設に至るまでの要綱案・法案の推移

拓」くとの当局の説明に格別異論があったわけではないが、多額収入者の除外をあまり確然と言い表すことは思想上も運用上も好ましくない結果をもたらすおそれがあるので、「文句ハ成ル可ク柔カクスルト云フ趣旨カラ」そのような修正が行われるとともに、制度の実施に当たっては「多額ノ収入アル者及其ノ世帯ニ属スル者ノ取扱ヲ余リ厳ニセズ、自由ニ被保険者ト為リ又組合員ト為リ得ル様指導スルノガ、望マシイト云フコトニ意見ガ一致シタ」と説明されている[53]。そして、その背景には、多額収入者を除外すると「折角一致団結シテ円満ニ発達」してきた地方の「協同偕和ノ美風ヲ、傷フ」との考え方が強かったものと思われる[54]。この修正を提案した調査会委員の森山鋭一（法制局参事官）自身は修正で意味は特に変わっていないとも述べている[55]ものの、以上のような説明からすると、この修正により被保険者の範囲の限定がある程度緩和されたものと見てよいのではないか[56]。この他、「普通国保組合においては、理事中に関係市町村長又はその指定した者を加え、特別の事情がない限りその者を理事長とする」旨の規定の削除が行われていることが注目される[57]。

---

53) 経過記録・調査会議事録47頁。
54) 経過記録・調査会議事録44頁。また、社会局保険部11頁でも、「多額収入者は自力で十分な医療を受け得るので被保険者としないことを例とするが、特別の事情がある場合にはこれを被保険者とすることができることとして、従来一致団結せる農村等の平和を破壊せざらんことを期している」旨の説明がなされている。
55) 経過記録・調査会議事録52頁。
56) このことは、法案提出後の帝国議会における審議の際の政府側の答弁〔衆70本19号（昭和12年3月10日）455頁等〕からも推測できる。なお、中静213-214頁も参照。
57) その理由としては、現状から見ると、理事中に関係市町村長又はその指定した者を加え、特別の事情がない限りその者を理事長とする旨を明文で規定することは、却って国保制度の発達を阻害するおそれもあるように思われたので、規定を削除した上で、その点は運用で行うこととした旨の説明がなされている〔経過記録・調査会議事録46-47頁及び50頁〕。後述するような市町村の政治状況への懸念があったものと思われる。

第2章　国保制度の創設（1938年）

8　国民健康保険法案（未定稿）
（昭和11（1936）年12月上旬各省配付版）〔法案①〕

　社会保険調査会答申後は、保険部が中心となって法案作成作業を進め、昭和11（1936）年12月上旬には「国民健康保険法案（未定稿）」（以下「法案①」という）が関係各省に配付された[58)59)]。法案①は、要綱Bに比べれば、当然のことながら規定が詳細かつ具体的なものとなっているが、目的、保険者、加入者に関する主な変更点は次のとおりである。

　第一に、制度の目的が、「本保険ハ庶民ノ健康保険ヲ目的トスルコト」（要綱B）から「国民健康保険は互助共済の精神に則り国民の疾病、負傷、分娩又は死亡に関し本法の定むる所に依り保険給付を為すものとす。」（第1条）へと大きく変更された。すなわち、制度の対象たる「庶民」が規定の文言から削られ、その代わりに保険事故に関してであるが「国民の」が加えられるとともに、「互助共済の精神に則り」との文言が挿入された。そして、従来は別々に規定されていた制度の目的と保険事故とが一つの規定にまとめられたのである。第二に、保険者は原則として国保組合としつつも、第3条として「営利を目的とせざる社団法人は命令の定むる所に依り地方長官の許可を

---

58)　中静232頁を参照。配付された法案①の全文は、医事新報744号（昭和11年12月12日）67-68頁に掲載されたが、同法案は「社会局議を経て法令審査委員会の議を通過し、関係各省に配付された正文であ」り、「其の後一部修正されて法制局に廻つてゐる」ものとされる〔医事新報745号（昭和11年12月19日）27頁〕。なお、巻末に法案①の全文を資料9として掲載したので参照されたい。

59)　なお、その間、昭和11（1936）年6月13日付の「農村社会事業ノ振興方策ニ関スル件」についての内務大臣の諮問に対する社会事業調査会の答申（同年7月31日）においては、「一般庶民ノ医療費負担ヲ容易ナラシムルハ共済医療及軽費診療事業ノ拡充ニ俟ツ所多キヲ以テ」「㈠国民健康保険制度ニ関シテハ速ニ之ガ法制ヲ確立スルト共ニ特ニ農村ニ付テハ其ノ実情ニ応ジ適切ナル計画ニ依リ国民健康保険組合ノ普及発達ヲ図ルコト㈡医療利用組合ノ整備普及ヲ図ルコト」といった方法を講ずる旨が謳われている〔戦前期社会事業史料集成の他、清水（1938）51-52頁、国保小史159-160頁を参照〕。

第2節　検討開始から制度創設に至るまでの要綱案・法案の推移

受け国民健康保険組合の事業を行ふことを得」との規定を設け、当時活発な活動を展開していた産業組合法（明治33年法律第34号）に基づく医療利用組合[60]が国保事業を行うこと（いわゆる「代行」）を認めた[61]。第三に、被保険者については、第19条第1項で原則として組合員[62]及び「規約の定むる所に依り組合員の世帯に属する者」とした上で、①健康保険の被保険者、②他の国保組合又は組合の事業を行う法人（すなわち医療利用組合）の被保険者を適用除外とし、さらに、同条第2項で「第1項の規定にかかわらず、多額収入者及びその世帯に属する者その他特別の事由ある者は、組合規約の定めるところにより被保険者としないことができる」旨の規定を置いている。要綱Bと比べると、①適用除外の対象から貧困者（貧困ノ為法令ニ拠ル救護ヲ受クル者）が明文上は除かれたことと、②多額収入者とその世帯員につき「被保険者ト為サザルヲ例トスルコト」（要綱B）が「（加入を原則としつつ）被保険者と為さゞることを得」（法案①）に改められたことが注目される。すなわち、（少なくとも法律の文言上は）低所得者についても高所得者についても経済的要

---

60) 法案の規定上は「営利を目的とせざる社団法人」となっているが、清水玄保険部長は「営業に非ざる社団法人とは産業組合法に依る医療利用組合であります」〔医事新報744号（昭和11年12月12日）68頁〕と、それが医療利用組合に限定されることを明言している〔国保法案経緯33頁にも同旨の発言あり〕。また、昭和11(1936)年12月下旬に作成されたと思われる「国民健康保険法施行規則要綱（腹案）　昭一一、一二、三〇刷」（「秘」の押印あり。公文雑纂昭和12年に所収。以下「施行規則要綱（腹案）」という）においても「地方長官ハ医療設備ノ利用ヲ目的トスル産業組合ニ対シ国民健康保険法第三条ノ規定ニ依ル許可ヲ為スコトヲ得ルコト」と規定されている。なお、医療利用組合については第3章第4節の3で別途検討を行う。

61) これは、各省協議の段階で農林省からの要求により追加された〔国保小史168頁、国保二十年史158頁及び186頁、衆70委3回（昭和12年3月15日）12頁〕とされるが、（おそらくは正式に）各省配付版として作成された法案①の段階で既に規定されていたことになる。なお、中静232頁も参照。

62) なお、普通国保組合の組合員は、要綱Bの「一戸ヲ構フル者又ハ一戸ヲ構ヘザルモ独立ノ生計ヲ営ム者」から「世帯主」に戻されているが、これが実質的変更ではないことは既に述べた（前掲注33）を参照。

件による加入制限が緩和されているのである[63]。第四に、要綱Bにあった賛助組合員についての規定が削除された[64]。第五に、他方で、社会保険調査会の答申により削除された筈の「普通国保組合にあっては、特別の事由がない限り理事中に関係市町村長又はその指定した者を加え、特別の事情がない限りその者を理事長とする」旨の規定（第33条第3項、第34条第1項但し書き）が復活している。

9　国民健康保険法案

（昭和12(1937)年3月9日第70回帝国議会提出版）〔法案②〕

　旧国保法案は、各省協議及び法制局審査後、さらに閣議決定を経て、昭和12(1937)年3月9日に、国民健康保険法案（以下「法案②」という[65]）として第70回帝国議会に提出された[66]。法案②は議会提出法案であり、その意味では公式のものということになるが、目的、保険者、加入者に関する法案①からの主な変更点は次のようになっている[67]。

　第一に、制度の目的は「国民健康保険ハ相扶共済ノ精神ニ則リ疾病、負傷、

---

[63]　この点につき、清水保険部長は、昭和11(1936)年12月18日の日本医師会定時総会における説明の中で、被保険者の範囲については要綱段階の時と多少考えが変わり、救護法の対象となるような「下級者」も全部国保組合に加入させる方針とした旨を明言している〔国保法案経緯35頁〕。

[64]　この点につき国保法案経緯35頁も参照。

[65]　巻末資料11を参照。なお、同法案の全文は衆70本19号（昭和12年3月10日）445-447頁に掲載されている他、国保二十年史159-167頁に所収されている。

[66]　なお、法案①と法案②との間の資料として、公文雑編纂昭和12年中に「国民健康保険法案要綱　昭和一一、一二、二四刷」（「秘」の押印あり。以下「要綱C」という）が残されている。昭和11(1936)年12月24日という日付から見て、おそらくは各省協議や法制局審査が概ね終了し法案の内容がほぼ固まった段階における要綱と思われる。その全文は、巻末資料10を参照。

[67]　この他、商工省から国保は民営保険を圧迫する恐れがあるとの観点からの修正意見が出されたが、法案の修正までには至らなかったとの記述がある〔国保小史167-168頁、国保二十年史158-159頁〕。

分娩又ハ死亡ニ関シ保険給付ヲ為スヲ目的トスルモノトス」となり、「互助共済」が「相扶共済」に変更された[68]。また、法案①にあった「国民の」が削除されている。第二に、法案①の第3条にあった医療利用組合の代行に関する規定は、法案②では、第9条に「営利ヲ目的トセザル社団法人ハ命令ノ定ムル所ニ依リ地方長官ノ許可ヲ受ケ組合ノ事業ヲ行フコトヲ得」と規定された。第三に、被保険者については、第17条第1項で原則として組合員及びその世帯に属する者とした上で、①健康保険の被保険者、②他の国保組合又は組合の事業を行う法人（すなわち医療利用組合）の被保険者、③特別の事由のある者で組合規約で定めるもの[69]を適用除外とし、さらに、同条第2項で「第1項の規定にかかわらず、組合は組合規約の定めるところにより組合員の世帯に属する者を包括して被保険者としないことができる」旨の規定を置いている。法案①と比べると、①貧困者だけでなく多額収入者も適用除外の対象から除かれて、明文の適用除外対象者は健康保険の被保険者など他制度から療養に関する給付を受けられる者のみとなったことと、②組合員世帯に属する者につき、規約により包括除外することができる規定が設けられたことが注目される[70]。そして、第四に、普通国保組合においては被保険者資格のない者は組合員にもなれないことから、組合員についても経済的要件による除外の範囲が狭められたことになる。ただし、組合員有資格者の2/3以上が組合員である場合において地方長官が必要ありと認めて全組合員有資格者を強制加入させる場合（第16条）においては「特別ノ事由アル者ニ

---

68) これは要綱Cにおいて既に「相扶共済」に変更されていた。すなわち、変更は、昭和11(1936)年12月に法案①を各省に配付した後に、同月中に行われたということになる。なお、中静234頁も参照。
69) 法律成立後の解説であるが、官業共済組合等の組合員、組合の区域内に転入して一定期間を経過しない者、住所不定者、精神病者などが想定されていたと思われる〔清水(1938)86頁、古瀬20-21頁、長瀬(1938)42-43頁等〕。
70) ちなみに、要綱Cにおいては、多額収入者の適用除外は法案①と同様の規定振りとしたまま、組合員世帯に属する者を規約により除外できる旨が加えられており、過渡的な形となっている。

第 2 章　国保制度の創設（1938年）

シテ命令ヲ以テ定ムル者」が加入対象から除かれた[71]が、法律成立後の旧国保法施行規則第70条第1項によると、「命令ヲ以テ定ムル者」として具体的には、①多額収入者、②貧困のため法令による救護を受ける者、③その他地方長官において特別の事由ありと認めた者が規定されているので、強制加入の場合に多額収入者と貧困者を適用除外とするということは一見維持されているように見えるが、この点については後（第3章第2節）で検討したい。また、同条第2項には多額収入者の範囲は地方の事情を参酌して地方長官が定める旨の規定が置かれたことからすると、適用が除外される多額収入者の範囲が各地方で実際には狭められた可能性はある[72][73]。その他、組合の理事に関しては、「普通国保組合にあっては、特別の事由がない限り理事中に関係市町村長又はその委任を受けた吏員を加え、特別の事由がない限りその者を理事長とする」旨に若干表現が修正された上で、第31条第3項及び第32条第2項へと条文の位置が移動している。

　法案作成に携わった清水は「提出の法案［法案②］は前述の国民健康保険制度案要綱修正案［要綱Ｂ］に準拠したものであつたが、唯一つ異なつた点は医療利用組合をして本制度を代行せしめ得ることとした点であつ」たと述べる[74]が、実際には、それ以外にも制度の目的や加入者の範囲、さらには

---

71) これとほぼ同旨の規定は、要綱Ｃの段階で既に規定されていた。
72) 中静235頁を参照。しかし、企画立案担当者の方で考えていた標準は、所得税10円（乃至15円）以上を納める者を適用除外とすることが適当ということで要綱案②の段階から旧国保法まで一貫しており、それほど変わっていないようである〔朝倉氏資料8、蓮田78頁、清水(1938)83頁等を参照〕。そして、最終的には通牒（「国民健康保険法第十三条ノ規定ニ依ル普通国民健康保険組合ノ指定ニ関スル件」（昭和13年7月5日社発第713号地方長官宛社会保険部長［「局長」の誤りと思われる］通牒））により、多額収入者の範囲は第三種所得税を賦課される程度の収入ある者とするが、地方の実情を十分参酌して適当にこれを決定することとされ、例示として「例ヘバ所得税十円以上ヲ納ムル者等ノ如シ」が示された〔国保法令と解説281-282頁〕。
73) なお、旧国保法施行規則第70条第1項及び第2項とほぼ同旨の規定は、施行規則要綱（腹案）（前掲注60））の段階で既に規定されていた。
74) 清水(1938)52頁。

第 2 節　検討開始から制度創設に至るまでの要綱案・法案の推移

国保組合と市町村との関係といった点で実質的な修正が行われていることに留意すべきであろう。

10　国民健康保険法案

（昭和13(1938)年 1 月20日第73回帝国議会提出版）〔法案③〕

　第70回帝国議会に提出された法案②については、議会外での日本医師会を始めとする医療団体サイドと医療利用組合の属する産業組合サイドの対立[75]を背景に、いわゆる「代行問題」[76]、すなわち「医療利用組合はこの制度［国保制度］と、その目的及び性質を異にし且つ実績上遺憾とすべき点が多いから、之にこの制度における組合の事業を代行することを認めることは不適当ではないか」[77]という問題と、いわゆる「団体契約の法文化問題」[78]すなわち「この制度［国保制度］においては、被保険者の医療機関自由選択を確保する為に法律中に医療に関し組合が医師会、歯科医師会、薬剤師会等との間に団体契約を為すべき旨を明定する必要がないか」[79]という問題の二つが論議の中心となり、衆議院での審議の結果、法案②の第 9 条（代行規定）を削除し、これに代わって附則に「医療設備ノ利用ヲ目的トスル産業組合ニシテ昭和十二年三月三十一日ニ於テ現ニ医療事業ヲ行フモノハ命令ノ定ムル所ニ依リ地方長官ノ許可ヲ受ケ［国保］組合ノ事業ヲ行フコトヲ得」との規定を設けるという修正が行われて衆議院を通過し貴族院に送付された[80]。しかし、その後昭和12(1937)年 3 月31日に衆議院が解散されたため、法案②は不成立に終わったのである。

---

75)　国保小史170頁等を参照。
76)　川村・石原・簗30頁。
77)　国保小史170頁。
78)　川村・石原・簗30頁。
79)　国保小史169-170頁。
80)　修正後の法案の全文は、貴70本24号（昭和12年 3 月27日）292-296頁に掲載されている。

第2章 国保制度の創設 (1938年)

　その後、内務省は法案再提出の準備を進めようとしたが、代行問題についてはなお議論が残り、また、農林省や産業組合側からは修正前の原案の形での法案②の再提出を求める意見も出されたこと等から、この問題についての関係者の意見・利害の調整を図って医師会側と産業組合側の摩擦を解消するべく、昭和12(1937)年10月26日、内務大臣は「国民健康保険組合ノ事業ヲ国民健康保険組合以外ノ者ニ行ハシムルコトノ可否及其ノ範囲ニ関シ」改めて社会保険調査会の意見を求めることとなった。

　この諮問に対する昭和12(1937)年12月10日付けの社会保険調査会の答申の概要は次のとおりである[81]。

- 国保事業は国保組合が行うことを原則とすべきであるが、農山漁村においては例外として、非営利の社団法人で社員のための医療に関する施設に関し相当の経験・訓練を有し国保事業を完全に遂行し得る能力を有するものに対しては、次の条件に該当する場合には国保事業を行うことを許可することができることとする。
  - ＊原則として1町村の区域をその地区とする社団法人であること。
  - ＊当該町村に普通国保組合が設立されていないこと。
  - ＊当該法人と町村との関係が円満であること。
  - ＊当該法人に地区内の世帯主の大多数が加入していること。
  - ＊当該法人の財政基礎が強固で、事業成績が良好で、医療事業の内容が適当であること。
  - ＊医療機関を当該法人自体の開設するものに限定せず、広くその地方の医療機関を指定して、被保険者に医療機関選択の自由を与えるものであること。
- 国保制度における医療機関指定の公正及び被保険者の選択の自由を確保するため、国保組合・代行法人（医療利用組合）がその診療又は薬剤支給機関の種類・範囲に関する事項を定め又は変更しようとするときは、

---

81)　答申の全文は、清水(1938)54-56頁、国保小史177-178頁に所収されている。

第2節　検討開始から制度創設に至るまでの要綱案・法案の推移

監督官庁の認可を受けること。監督官庁は、関係各方面の代表者を加えた各道府県国民健康保険委員会の議を経てこれを認可すること。

政府はこの答申に基づき法案②を修正し新たな提出法案を作成した[82]。その作業途上の昭和13(1938)年1月11日に行政組織が改正されて厚生省及びその外局たる保険院が設置されたため、国民健康保険法案は、保険院の第一の法案として、昭和13(1938)年1月20日に第73回帝国議会に提出されたのである（以下提出された法案を「法案③」という[83]）。

法案③と法案②の相違点は、条文の位置の若干の移動及び条ずれを別にすると、実質的には、社会保険調査会の答申を受けた次の2点である。

第一に、代行問題への対応として、法案②の第9条が削除され、法案③の第54条として「営利ヲ目的トセザル社団法人ニシテ其ノ社員ノ為ニ医療ニ関スル施設ヲ為スモノハ命令ノ定ムル所ニ依リ地方長官ノ許可ヲ受ケ組合ノ事業ヲ行フコトヲ得」との規定が置かれた。法案②と比べると、「社員ノ為ニ医療ニ関スル施設ヲ為スモノ」という限定が明記されたことが注目される。

第二に、団体契約の法文化問題への対応として、法案③の第46条として「組合又ハ組合ノ事業ヲ行フ法人ノ被保険者ニ対シ診療又ハ薬剤ノ支給ヲ為ス医師、歯科医師又ハ薬剤師ノ範囲ハ地方長官ノ認可ヲ受クベシ」との規定が、また、第49条として「第46条ノ規定ニ依ル認可ノ申請アリタルトキハ地方長官ハ国民健康保険委員会ノ意見ヲ徴シ之ガ処分ヲ為スベシ」との規定が置かれた。

第73回帝国議会に提出された法案③は、特段の修正もなく、昭和13(1938)年2月15日に衆議院本会議で、続いて、同年3月2日に貴族院本会議で可決され、同年4月1日に昭和13年法律第60号として公布された（施行は同年7月1日）。したがって、法案③の内容がそのまま旧国保法となったのである。

---

[82] 中静246頁によれば、保険部が法案を概ね修正し終わったのは昭和13(1938)年1月8日とされる。

[83] 巻末資料12を参照。なお、同法案の全文は衆73本7号（昭和13年1月28日）135-138頁に掲載されている。

第2章　国保制度の創設（1938年）

これまで述べてきた各段階の案の目的、保険者、組合員及び被保険者に係る規定を、一般国保組合又は普通国保組合に関して整理すると、別表（47〜50頁参照）のようになる。

11　旧国保法の概要

ここで、成立した旧国保法の概要を、本書の検討対象とする部分を中心に改めて確認すれば、次のとおりである。

【制度の目的及び保険事故】
・相扶共済の精神に則り疾病、負傷、分娩又は死亡に関し保険給付を行うことを目的とする。

【保険者及び組合員】
・原則として国保組合とされたが、上述のとおり、「営利ヲ目的トセザル社団法人ニシテ其ノ社員ノ為ニ医療ニ関スル施設ヲ為スモノ」は命令の定めるところにより地方長官の許可を受けて国保事業を行うことができる旨の規定（旧国保法第54条）を設け、医療利用組合が国保事業を行うことを認めた。
・国保組合は法人とし、普通国保組合と特別国保組合の2種類とする。国保組合の設立は任意であるが、設立しようとするときは、発起人は、規約を作り、組合員たらんとする者の同意を得て、地方長官の認可を受けなければならない。
・普通国保組合は、その地区（原則として市町村の区域とするが、特別の事由があるときはこの区域によらないことができる）内の世帯主を組合員[84]とする。組合員になるか否かは任意とされた（任意加入）が、ただし、普通国保組合について、組合員有資格者の2/3以上が組合員である場合において地方長官が必要ありと認めその組合を指定したときは、組合員有資格者（特別の事由のある者で命令で定める者を除く）はすべて組合員になるものとした。この「特別ノ事由アル者ニシテ命令ヲ以テ定ムルモノ」が、旧国保法施行規則第70条

---

[84] 組合員とは、組合の構成員として、組合の機関の構成に参与する権利と、保険料及び一部負担金を負担する義務を負う者とされる〔清水（1938）80頁、川村・石原・簗55頁〕。

第2節　検討開始から制度創設に至るまでの要綱案・法案の推移

により、①多額の収入ある者（その範囲は地方の事情を参酌して地方長官が定めることとされた）、②貧困のため法令による救護を受ける者、③その他地方長官において特別の事由ありと認めた者とされたのは、既に述べたとおりである。
・特別国保組合は、同一の事業又は同種の業務に従事する者を組合員としてこれを組織する（任意加入）こととされた。
・なお、次に述べる被保険者たる資格のない者は、組合員にもなれないとされた。ただし、その場合でも、その世帯内に被保険者たる資格のある者がいるときは、世帯主等が組合員となることが認められた。

【被保険者】
・国保組合は、組合員及びその世帯に属する者をもって被保険者[85]とする。ただし、①健康保険の被保険者、②他の国保組合又は組合の事業を行う法人（すなわち医療利用組合）の被保険者、③特別の事由のある者で規約で定めるもの[86]は、被保険者としない。
・さらに、上記に拘らず、組合は、規約の定めるところにより、組合員世帯に属する者を包括して被保険者としないことができることとされた。
・以上のとおり、被保険者については法案②から変わっていない。

【保険給付】
・被保険者の疾病又は負傷に関しては原則として療養の給付（現物給付。患者一部負担を徴収することができる）を、分娩に関しては原則として助産の給付を、死亡に関しては原則として葬祭の給付を行う。ただし、特別の事由のある組合は、助産の給付又は葬祭の給付を行わないことができる。
・また、組合は、命令の定めるところにより、それ以外の保険給付を行うこともできる。具体的には、旧国保法施行規則第14条により、組合規約の定めるところにより傷病手当金又は出産手当金を支給することができるものとされた。

---

85) 被保険者とは、保険事故につき保険せられ保険給付の利益を受ける者とされる〔清水(1938)85頁、川村・石原・簗42頁〕。
86) 国保組合の規約例〔国保法令と解説58頁以下、清水(1938)187頁以下、古瀬95頁以下、長瀬(1938)201頁以下等〕には、共済組合の組合員、組合の区域内に転入して一定期間を経過しない者が例示されているが〔国保実務提要(1938)158-159頁〕、その他に住所不定者などが想定されていたようである〔清水(1938)86頁〕。

第 2 章　国保制度の創設（1938年）

・なお、特別の事由のある組合は、規約の定めるところにより、現物給付に代えて療養費、助産費、葬祭費を支給することができることとされた。
・こうした保険給付の種類、範囲、支給期間及び支給額その他保険給付に関し必要な事項は、規約により各国保組合が定めることとされた。

【保健施設】
・組合は被保険者の健康を保持増進するため、傷病の予防、健康診断、保養等に関する施設［「事業」の意味］を行うことができる[87]。

【費　用】
・組合は、事業に要する費用に当てるため組合員より保険料を徴収することとされ、その額、徴収方法及び減免その他保険料に関し必要な事項は、規約により各組合が定めることとされた。
・また、国、道府県、市町村は、［予算の範囲内において］国保組合及び組合の事業を行う法人に対し補助金を交付することができる[88]。

【その他】
・①普通国保組合にあっては、特別の事由がない限り理事中に関係市町村長又はその委任を受けた吏員を加え、特別の事由がない限りその者を理事長とすること、②国保組合及び組合の事業を行う法人は、共同してその目的を達するため[89]、国保組合連合会を設立できること、③国保組合等及び国保組合連合会は、主務大臣及び地方長官が監督することの他、組合の管理、組合の分合解散、不服審査・訴願・行政訴訟に関する規定等が置かれている。

---

87)　保健施設の例示としては、保健衛生に関する印刷物の配付や講演会等の開催、ラジオ体操や運動競技会等の実施、健康診断・予防注射・寄生虫検査等の実施、巡回看護婦の設置、妊産婦・乳幼児等の保護施設、体重計・血圧計・レントゲン等の設備、健康相談所・保養所等の設置、健康者の表彰などが挙げられている〔国保実務提要（1938）199頁〕。

88)　国民健康保険国庫補助金交付規則（昭和13年厚生省令第11号）及び長瀬（1938）70頁、古瀬48-49頁等によると、国庫補助金は被保険者1人当たり（組合設立第5年度以降のベースで）約50銭／年（被保険者の診療費見込額の1割相当額）を各組合の所属被保険者数に応じて交付すること（人頭式分配）を原則としつつ、各組合の特別の事情（組合員の資力貧弱、災害の発生、流行病・地方病・伝染病の流行等）を斟酌することとされた。

89)　具体的には、「共同して医療契約を締結し、又は保健施［設］を行ひ、又は相互に連携を計り、又は事務の改善を図る等」〔古瀬46頁、同旨・長瀬（1938）39頁〕といったことが想定されていた。

第2節　検討開始から制度創設に至るまでの要綱案・法案の推移

そして、国保組合の設立については、保険院社会保険局の通牒[90]により次のような方針が示された。

・普通国保組合を原則とし、先ず農村に設立されたものから認可する。他方、特別国保組合は都市を主とし、かつ、特別の事由ある場合においてのみ認可する。

・組合設立の必要が緊切で、かつ、円滑に経営できると認められるものから認可する。

・代行法人については、普通国保組合に代わるものとして例外的にこれを許可する。

・普通国保組合については、以下の要件を具備するものを認可する[91]。

　＊特別の事由のない限り1市町村の区域を組合の地区とすること。ただし、大都市においては、町会、衛生組合等の区域を組合の地区とする（最大限度被保険者数3万人くらいを適当とする[92]）。

　＊組合の地区内の［組合員］有資格世帯主の6割以上が組合に加入し、将来8割以上の加入の見込が確実なこと。

---

90) 「国民健康保険組合設立認可及法第五十四条ノ規定ニ依ル代行許可方針ニ関スル件」（昭和13年6月22日社秘第206号地方長官宛社会保険局長通牒）。社会保険局長から地方長官宛に発出された通牒で、その全文は国保法令と解説226-229頁に、またその概要は清水(1938)77-78頁に掲載されている。なお、通牒番号が「社」〔国保法令と解説226頁〕なのか、「社発」〔川村・石原・簗54頁〕なのか「社秘」〔国保実務提要(1944)63頁〕なのかがはっきりしないが、同通牒が秘密通牒として発出されている〔全国厚生連330頁、医界週報379号（昭和17年5月16日）33頁〕こと及び他の通知の番号との関係からすると「社秘」が正しいのではないかと思われる。

91) 特別国保組合及び代行法人については省略する。

92) 清水77頁にはこのように書いてあるが、通牒自体には見当たらない。なお、これとは別に発出された「本年度国民健康保険事業普及計画ニ関スル件」（昭和13年6月2日社発第584号地方長官宛社会保険局長通牒）には、昭和13(1938)年度に設立認可をする国保組合の被保険者総数は特殊事情のない限り大体1万人乃至1万5000人程度とする旨の記述がある〔国保法令と解説225-226頁〕。

45

第2章　国保制度の創設（1938年）

＊組合員の世帯に属する者もその被保険者とすること。
＊特別の事由のない限り、被保険者数が1,000名以上のものであること。
＊特別の事由のない限り、別に定める保険給付標準[93]に適合した保険給付を行うこと。

---

93) 「国民健康保険組合ノ保険給付ノ標準ニ関スル件」（昭和13年7月13日社発第740号地方長官宛社会保険局長通牒）。同通牒は、国民健康保険組合給付規程例〔長瀬(1938)243-247頁、清水(1938)218-221頁（部分）等にも所収〕、医科及び歯科の診療取扱指針〔長瀬(1938)242-243頁等にも所収〕を含み、その他に、①療養の給付の支給期間に限度を設ける場合には、通常180日程度を適当とする（組合財政等の理由から短縮する場合でも90日以上とする）こと、②一部負担の割合は2割乃至3割を適当とすること、③〔財政的理由等から〕助産の給付と葬祭の給付のいずれかのみを行う場合には、助産の給付を優先すること等も規定している〔国保法令と解説298-313頁〕。

第2節　検討開始から制度創設に至るまでの要綱案・法案の推移

[別表]　旧国保法立案過程における目的・保険者・組合員及び被保険者に係る規定の変化（概要）

要綱・法案等 （公表・決定・印刷等の年月日）	目的等	保険者	組合員	被保険者	被保険者の適用除外
要綱案① (昭8.6.27)	・目的規定なし。 ・本保険は任意保険とする。	・政府。	・規定なし。	・適用除外者以外（性別、国籍不問）。 ＊任意加入。	（被保険者から除く） ・健康保険、職員健康保険の被保険者。 ・共済組合の組合員。 ・満3歳未満の者。 ・加入希望時点で傷病のある者。 ・直接国税10円以上の納税者。
要綱案② (昭9.7.20)	・多額収入者、出捐能力なき者を除き、原則として一般国民の健康を保険する。	・一般国保組合（任意設立）。 ＊原則として市町村区域単位に設立。	・組合地区内の世帯の世帯主又は世帯の管理者（全有資格者強制加入。）	・組合員本人。 ・組合員は、その属する世帯の世帯員を包括して被保険者とすることができる。	（被保険者にできない） ・多額収入者及びその同居家族。 ・法令により公の扶助を受ける人。 ・下士官以下の現役軍人。 ・健康保険の被保険者。 ・共済組合の組合員。 ・その他組合規約により定めた者。
要綱案③ (昭9.8.18)	・原則として、多額収入者、保険料負担能力なき者を除き、一般国民の健康保険を目的とする。	・同上。	・組合地区内に居住する世帯主（全有資格者強制加入。）	・組合員本人及びその世帯に属する者。 ＊ただし、組合は、組合規約で定めた者を除外できる。	（被保険者にできない） ・多額収入者及びその同居家族。 ・法令により公の救護を受ける者。 ・他法令により業務外傷病につき療養給付を受ける者。
要綱案④ (昭9.11.2)	・同上。	・「一般国保組合」を「普通国保組合」に名称変更（他は変更なし）。	・組合地区内において「一戸を構える者」又は「一戸を構えざるも独立の生計を営む者」（全有資格者強制加入）	・組合員本人及びその世帯に属する者。 ＊ただし、組合地区内に居住しない者その他特別の事由のある者については、組合規約で除外できる。	（被保険者にできない） ・多額収入者及びその世帯に属する者。 ・貧困のため公の救護を受ける者。 ・他法令により業務外傷病につき公の救護を受ける者。

第2章　国保制度の創設（1938年）

要綱案⑤ (昭10.5.31)	・庶民階級に属する国民の健康保険を目的とする。	・同上。	・組合員本人及び（組合規約の定めるところにより）その世帯に属する者。	（組合規約の定めるところにより）被保険者としないことができる。 ・組合地区内に定住しない者。 ・その他特別の事由のある者。 ・貧困のため法令による救護を受ける者。 ・法令により傷病につき療養給付を受ける者。 ・多額収入者及びその世帯に属する者。 ただし、特別の事情のある組合においては、被保険者とすることができる。
要綱A (昭10.10.24)	・同上。	・同上。	・組合地区内において「一戸を構える者」又は「一戸を構えず独立の生計を営む者」（原則任意加入）。 ＊ただし、監督官庁は必要があると認めるときは、全有資格者を組合員にすることができる。	・同上。
要綱B (昭10.12.10)	・庶民の健康保険を目的とする。	・同上。	・上記に加え、以下の賛助組合員の規定を追加。 ＊組合は規約の定めるところにより事業賛助者を賛助組合員とすることができる。	（組合規約の定めるところにより）被保険者としないことができる。 ・組合地区内に定住しない者。 ・その他特別の事由のある者。 （被保険者としない） ・貧困のため法令による救護を受ける者。 ・法令により傷病につき療養給付を例とする。 ・多額収入者及びその世帯に属する者。

第2節　検討開始から制度創設に至るまでの要綱案・法案の推移

法案① (昭11.12月上旬)	・互助共済の精神に則り国民の疾病、負傷、分娩又は死亡に関し保険給付を行う。	・同上。	・組合地区内の世帯主（原則任意加入）。ただし、地方長官の命令の定めるところにより普通国保組合の全定し、組合地区内の有資格者（＝世帯主）を組合員にすることができる。 ＊賛助組合員の規定は削除された。		（被保険者としない） ・健康保険の被保険者。 ・他の国保組合又は代行法人（＝医療利用組合）の被保険者。（組合規約の定めるところにより被保険者としないことができる） ・多額収入者。 ・その他特別の世帯に属する者。
要綱C (昭11.12.24)	・相扶共済の精神に則り疾病、負傷、分娩又は死亡に関し保険給付を行う。	・同上。	・組合地区内の世帯主（原則任意加入）。ただし、有資格者の2/3以上が組合員の場合、監督官庁は必要があると認めるときは、その普通国保組合を指定し、有資格者を組合員にすることができる。ただし、特別の事由のある者については、組合員の範囲から除くことができる。	・組合員本人及びその世帯に属する者（右欄参照）。	（被保険者としない） ・健康保険の被保険者。 ・他の国保組合又は代行法人（＝医療利用組合）の被保険者。（組合規約の定めるところにより被保険者としないことができる） ・多額収入者。 ・その他特別の事由のある者。 ・その他特別の世帯に属する者。
法案② (昭12.3.9)	・相扶共済の精神に則り疾病、負傷、分娩又は死亡に関し保険給付を行う。	・同上。	・組合地区内の世帯主（原則任意加入）。ただし、有資格者の2/3以上が組合員の場合	・組合員本人及びその世帯に属する者（右欄参照）。	（被保険者としない） ・健康保険の被保険者。 ・他の国保組合又は代行法人（＝医療利用組合）の被保険者。

第2章　国保制度の創設（1938年）

法案③ (昭13.1.20) →旧国保法として成立	・同上。	合、地方長官が必要があると認めてその普通国保組合を指定したときは、組合地区内の全有資格者（特別の事由のある者を除く）を組合員にすることができる。 ・同上。	・特別の事由のある者で、組合規約で定めるもの。 （組合規約の定めるところにより包括して被保険者としないことができる） ・組合員の世帯に属する者。 ・同上。

［注］保険者、組合員及び被保険者に係る規定は、一般国保組合又は普通国保組合についてのものである。したがって、医療利用組合に係る規定の修正については省略している。

第 3 章　旧国保法を巡る論点

第1節　保険者を原則として市町村単位の組合とした理由

1　保険者の決定時期

　前章では、保険者及び加入者に係るものを中心に、旧国保法の検討開始から制定に至るまでの要綱案や法案等に示された規定の変遷を追った。そこから明らかになったことは、旧国保法における保険者を原則として市町村単位の組合とすることが決まったのは比較的早く、既に国民健康保険制度要綱案（未定稿）（昭和9（1934）年7月20日非公式発表版）〔要綱案②〕の段階でそうした方針が固められていたということである[1]。そうだとすると、保険者を原則として市町村単位の組合とした理由がいかなるものであったかの探究も、先ずは要綱案②の作成過程においてどのような検討が行われ、どのような理由付けがなされたかの分析に重点を置くことが適当であろう。

　そこで、以下本節では、そうした分析を中心に行った後、それが旧国保法制定後の解説[2]においても維持されているかどうかを見ていくこととしたい。

2　社会保険方式を採用した理由

　旧国保法における保険者の検討に入る前に、当時、農山漁村地区の住民の医療費負担の軽減方策として、租税を財源とする社会扶助方式の仕組みではなく、保険料を主財源とする社会保険方式の仕組みが採用された制度論的な理由[3]を確認しておこう。

---

[1]　同旨・島崎（1994）（第2回掲載〔国保新聞1367号（1994年2月1日）〕）2頁。
[2]　代表的なものとして、制度立案に関わった官僚による解説書である清水（1938）、川村・石原・簗等がある。
[3]　政策的理由については、健康保険法の制定・施行後、社会局保険部は医療保

第3章　旧国保法を巡る論点

　既に要綱案①の段階で社会保険方式が採用されていたことからすると、農山漁村地区の住民の医療費負担の軽減を社会保険方式で行うことは当初から当然視されていたようにも思われるが、管見の限りでは、その理由付けとして次のような説明が見受けられる。

　まず、川村は、昭和9(1934)年8月11日に日本医師会役員会で行った要綱案②についての説明の中で、「[医療]国営と謂ひ公営と云ひましても却々さう容易に実現は困難だらう。で、先づ此の保険制度で行くのが一番宜しい。現在社会の実情に照らして最も適当だらう」と述べている4)。これだけではいま一つはっきりしないが、要綱案②の作成と併せて作成され、川村の対外的説明等のベースになったものと推測される資料として、朝倉氏資料の中に「昭和九年七月　国民健康保険制度要綱立案理由説明資料」と題する資料（以下「朝倉氏資料16」という）が含まれており、その中には、「国民医療費ノ問題…[中略]…ヲ広ク一般小額所得者階級ノ問題トシテ取扱フトキハ仮令国或ハ公共団体ノ財力ヲ以テスルモ其ノ徹底的解決ハ至難ナルヘシ…[中略]…結局相互扶助的組織ニ依ル保険ノ形式ヲ採リ広ク其ノ危険ヲ分散セシムルコトニ依リ個人ノ負担ヲ軽減スルノ外適当ナル方策ヲ考ヘ得サルヘシ之レ即チ国民医療問題ノ対策トシテ国民健康保険制度ヲ制定セムトスル所以ナリ」との記述が見られることから、公費（租税財源）のみでは国民医療費問題を解決できないとの認識があったことが窺える。

　その後、昭和10(1935)年5月に要綱案⑤が取りまとめられる段階で社会局内部において作成された資料でも、上記説明を踏襲した説明5)や、或いは「増大スル極貧者ヲ対象トスル一方的救済救恤ハ余リニ国家財政ノ負担大ニ

　　　険適用対象の全般的拡大を志向しており、国保制度の立案もその一部であった旨の指摘〔中静203頁〕がなされている。これに関しては、長瀬恒藏が「昭和八年の頃内務省社会局に於て社会保険の整備拡充に関する計画を樹て着々その準備に着手し」〔長瀬(1941)5頁〕と述べている。
4)　川村(1934a)23頁、医政調査資料14頁、蓮田84頁。
5)　「国民健康保険制度要綱立案理由説明資料　一〇、五、二七刷」（朝倉氏資料11）。

第 1 節　保険者を原則として市町村単位の組合とした理由

シテ其ノ実行容易ナラサルノミナラス元来一方的救済救恤ハ往々ニシテ保護ノ確実性ヲ欠キ且受格者ノ人格ヲ損傷スル弊ヲ伴フ」ので「一方的救済救恤ハ可及的最少限度ニ極限スルヲ妥当トシ将来ノ社会政策ハ自力ヲ基礎トスル社会保険ヲ大宗トスヘキ」[6]といった説明がなされ、さらに、翌11(1936)年2月には清水玄が「[[一般庶民の医療費負担の軽減は] 保険の方法に依るに非ざれば…[中略]…国家公共団体としては財政的に困難である」と述べ[7]、また、同年6月乃至7月頃社会局保険部が使用した説明資料では、「一時に多額の失費となる医療費に対し平素より十分な用意をなすのは個人の力では到底不可能である。軽費診療事業も問題を根本的に解決するものではない。また、救療事業のため多額の公費を費やすことは、国や公共団体の今日の財政状態においては到底これを期待し難いし、補助救済は、その実行を誤ると国民の気力を減退させ国家的に重大な害毒を流すことがある」ので「結局多数人が平素より協力し、各人が分に応じて出捐し、問題をその責任の下に解決する保険組織が必要となる」という趣旨の記述[8]が見られる。

そして、旧国保法成立時に保険院が刊行したパンフレットでは、社会保険方式を採る理由について次のような説明（要旨）が行われるようになった[9]。

・医療費負担問題解決のための対策として、貯蓄による自力の救済が一応考えられるが、一般国民の生活の現状や医療費が不時の非常に多額の失費である点から見て、個人の力で問題を解決しようとすることは到底不可能である。救療事業は、それに要する費用が非常に巨額に達するであろうから、国や公共団体は今日の財政状況においては到底費用負担に耐えられないし、単なる補助救済はその実行を誤るときは、被救済者の依頼心を助長し、国民の気力を減退させ、却って国家的に重大な害毒を流

---

6) 「医療公営ノ利害得失」（朝倉氏資料15）。
7) 清水(1936)255頁。
8) 社会局保険部6-7頁。
9) 保険院パンフ7-9頁。なお、その要旨は国保小史30-31頁にも掲載されているが、財政的理由に係る部分が省略されている。

第3章 旧国保法を巡る論点

すことがあるから、その対象はあくまで、負担能力のない極貧層に限定すべきものである。医療利用組合、実費診療所等による軽費診療事業は、負担の軽減に相当効果は認められるが、医療費を結局個人で負担しなければならない点で、医療費支払の苦痛は未解決のままである。そこで医療費の経済的重圧を除去する方策として、最後に残された途はただ一つであり、共同の力と平素の用意、言い換えれば、保険組織によるほかはないのである[10]。

以上の説明からは、少なくとも保険部は、医療費負担問題の解決は個人の自力や軽費診療事業では困難であり国として何らかの対応をする必要性のあることは認識していたものの、公費による救療事業の対象拡大には非常に消極的であったことから、いわば消去法的に社会保険方式による対応としての国保制度の立案が導出されたとの筋道が明らかになってこよう。そして、その場合に注意したいのは、公費による救療事業の対象拡大に消極的であった理由として、救療事業は被救済者の依存心を助長し国民の気力を減退させるという精神的乃至倫理的理由に先立って、国の財政的負担が過大になるという財政的理由が、立法途上では並列的に挙げられていたという点である。すなわち、医療費負担問題の解決策として社会保険方式の制度が採用された理由としては、租税財源の確保の困難さという財政的なものが実質的には大きかったと考えられる。

---

[10] なお、実際には、法案②が廃案となった後の1937(昭和12)年7月に川村が出した解説の中で、簡単であるが、既に同趣旨の説明がなされている〔川村(1937) 9-11頁〕。また、清水も、極めて簡単にではあるが、国保制度立案の理由として同様の趣旨を、すなわち、無料の医療を一般に与えるのは時に弊害があり得ること、軽費診療事業では一時に多額の支出となる医療費負担を救済できないことから、医療費の重圧の解決のためには保険的方法によるしかない旨を述べている〔清水(1938) 34-36頁〕。

第1節　保険者を原則として市町村単位の組合とした理由

3　保険者を組合とした理由

　国保の保険者が組合とされたのは要綱案②の段階であるが、その理由については、要綱案②と同時に社会局より公表された「国民健康保険制度案の概要」において「組合制度を採用したるは本保険の内容及運営に付画一主義を排し努めて国民生活の実際に即したるものたらしめんが為であ」ると述べられている[11]他、昭和9（1934）年8月11日の日本医師会役員会における説明で川村が次のような趣旨の雄弁な説明を行っている[12]。

- 保険制度では相互救済の精神を発揮することが保険の運営上極めて必要だが、従来の健康保険のように国営保険を原則とすると、あまりに範囲が広いので、相互扶助的精神が隠れてしまって現われてこない。具体的には、［健康保険では］被保険者が嘘を言って手当金をもらおうとする、事業主が被保険者を隠そうとする、保険料を滞納しがちになるといった問題が起きている。いわんや、国民全体のあらゆる階級・職業にわたり、あらゆる地方にわたって事業をしようという国保において、これを一括して国で経営することは常識的に考えても到底考えられない。どうしても自治的にやっていかなければならないということで組合主義を採用した。
- それから、国保制度の精神として一貫しているのは一切画一主義を排斥したことである。あらゆる職業あらゆる階級にわたって［事業を］やろうという国保制度において、これを画一的にすると色々な支障が起こってくる。なるべくその実情に適うようにしなければ運用上多大の困難を生じてくると思われるので、［国保制度は］極力画一主義を排し、国民生活の実際に即したものとしなければならないとの精神の下に立案された。

---

11)　社会局概要。
12)　川村（1934a）24頁、医政調査資料17-18頁、蓮田86頁。なお、川西7‐9頁も参照。

第3章　旧国保法を巡る論点

　また、上記「概要」や川村の対外的説明等のベースになったものと推測される「昭和九年七月　国民健康保険制度要綱立案理由説明資料」（朝倉氏資料16）では、国保のようにあらゆる階級・職業を対象とする制度を政府直営とすると、その取扱いが画一的となり各地方の実情に適合しないため、制度の実効を十分に挙げることが困難であり、むしろ自治的な組合による保険経営の方が、「各地方ニ於ケル国民生活ノ実情ニ適合シ制度ノ実効ヲ収ムルニ最モ適切ナリト思料」されるとの説明が既になされていた。

　これに対し、旧国保法成立後の立案担当者の解説書では国保の保険者を組合とした理由として、「相互共済的感情を利するの特長があると共に相互に監督して保険濫用の弊を除き得るの長所がある」[13]、「組合主義に依る方が、其の［＝相扶共済の］精神の徹底を期する上に於て適切であり、且又相互の責任感、道徳感の徹底に依り制度の濫用を防止し経営の合理化を図る上に於て効果的である」[14]、或いは「組合の如く地方に於ける相扶共済の精神に基く任意的の組合としてはなるべく其の内容も画一的たることを避け自治的に決定せしめ地方の実情に即する施設たらしむることが最も其の効果を発揮する所以である」[15]、「［国保］制度の対象は国民の有らゆる者を網羅し、地方に依り其の生活状態、衛生状態又は経済力等に著しい差異があるので、国民生活の実際に即せしめ本制度の効果を十分に挙げる為には、地方的に自治的組合を組織し地方の実情に応じ適切な事業の経営を為さしめることが最も肝要である」[16]といった趣旨の説明が行われており[17]、これらは、要綱案②の段階の理由付けに比べより直截に加入者相互の責任感の徹底（相互監視）により制度の濫用を防止する旨が強調されている嫌いはあるものの、その内容は基本的に同じであることがわかる。

---

13)　清水(1938)73頁。
14)　川村・石原・簗45頁。
15)　清水(1938)99–100頁。
16)　川村・石原・簗45頁。
17)　同旨・長瀬(1938)12頁。

第1節　保険者を原則として市町村単位の組合とした理由

　したがって、以上を要すれば、旧国保法制定時に保険者を組合とした中心的理由は、当初（要綱案②の段階）から、①生活状態・衛生状態・経済力等に著しい差異のある地方の実情に応じて、自治的な組合により適切な事業経営を行わせるため、②相扶共済の精神を徹底し、加入者相互の責任感の徹底（相互監視）により制度の濫用を防止するため（国営だと範囲が広すぎ相互扶助の精神が隠れてしまう）といったことが挙げられ、その点は法律成立後も変わらなかったと言えるだろう。そして、先行する健康保険法（国営保険）は、国保において組合主義を採用するという選択に当たっては、反面教師という形で影響を及ぼしたのである[18]。

4　一般国保組合（後の普通国保組合）の区域を原則として市町村単位とした理由

　国保の保険者の区域が原則として市町村単位とされたのも要綱案②においてであるが、その理由としては、「郷土団結或は隣保相扶の精神を基調とする組合を作り以て事業の運営を円滑ならしめんとする趣旨に出づるもの」[19]、「地方ニ於ケル郷土団結心、隣保相扶ノ精神ヲ利用シ制度ト住民トノ調和ヲ図リ組合ノ設立存続ヲシテ容易ナラシムル等幾多ノ利点［がある］」[20]、「地区組合制度ヲ採用シタルハ加入強制ヲ行フノ必要ニ基キ又其ノ区域カ原則トシテ市町村ノ区域ニ依ルモノトシタルハ郷土的団結或ハ隣保相扶ノ精神ヲ基調トスル円満ナル事業経営ヲ期スルト共ニ組合ヲシテ公立団体タル市町村ト密接ナル連繋ヲ保タシメントスル趣旨ニ出ツルモノナリ」[21]、或いは、「地

---

18)　ただし、反面教師となったのは、組合健保ではなく、あくまでも政管健保（国営保険）であることに注意する必要がある。
19)　社会局概要。
20)　朝倉氏資料16の中の説明。
21)　要綱案③に付されたとされる「説明」〔医政調査資料3頁及び蓮田76頁〕。この説明は要綱案②についてではなく要綱案③についてのものではあるが、時期的には同時期に行われた説明と考えてよいであろう。

第3章　旧国保法を巡る論点

区組合制を採用したのは、一は…〔中略〕…組合加入半強制主義採用の結果と、他は郷土的団結或は隣保協助の精神を基調とする円滑なる事業運営を期し、併せて組合とその背後にある自治団体と密接なる連繋を保たしめむとする趣旨である」[22]、「加入の強制を採用して居ります関係上それにはどうしても地域的の組合でないと都合が悪い…〔中略〕…市町村を単位と致しましたのは現在我国の地方に於て、先づ市町村に於ては比較的隣保相扶くることとか、郷土団結とかいふやうな精神がまだ相当に濃厚であるから、其の団結を基礎として其の上に組合を築き度い〔というのが主たる理由である〕。…〔中略〕…のみならず、実際上の問題として公共団体たる市町村との関係を密接にして置くといふことは是亦色々な点に於て便宜がある」[23]といったものが挙げられていた。

　これらを整理すると、国保の保険者の区域が市町村単位とされた理由付けは、①地区（地域）を単位としたのは加入強制を行う上でその必要があったからであり、②その地区を原則市町村区域としたのは、(a)市町村では比較的隣保相扶や郷土的団結の精神が「まだ相当に濃厚である」ので、そうした精神を基調とする円滑な事業運営を期するとともに、(b)保険者たる組合と市町村との密接な連携を保つ[24]ためであるとの、いわば2段構えで行われていることがわかる。このうち①の説明はややわかりにくいが、有資格者全員を

---

22)　川西9頁。これも要綱案③についての説明である。
23)　川村(1934a) 24頁、医政調査資料20頁、蓮田87-88頁。
24)　その具体的な担保方策の一つが、一般国保組合においては、理事中に関係市町村長又はその指定した者を加え、特別の事情がない限りその者を理事長とする旨の規定を置いたことであり、これは、若干の字句修正がなされつつも、最終的に旧国保法第28条第3項及び第29条第2項として条文化された〔清水(1938)92頁、川村(1938)30頁（社保前史・3巻155頁に所収）、川村・石原・簗188-189頁及び211頁、長瀬(1938)28頁を参照〕。このように本規定が制度を立案した当局から見れば市町村と国保組合の関係性を実質的に規定する重要な意味を持っていたことが、社会保険調査会答申の段階で本規定がいったん削除された（要綱Bを参照）にもかかわらず、法案①の段階で（特段の説明もないままに）復活した理由のようにも思われる。

第 1 節　保険者を原則として市町村単位の組合とした理由

強制的に加入させるための単位としては（職域は採れないので）地域しか選択の余地はなかったという被保険者管理上の必要を述べたものと考えられる。また、市町村との関係を密接にすることによる便宜（メリット）としては、市町村長や役場吏員の活用、市町村からの財政援助といったことが想定されていたようである[25]。

しかし、要綱案②の段階におけるこうした 2 段構えの説明は、法案作成過程において強制加入制が任意加入制へと変更されたことにより微妙に変わっていく。すなわち、法律成立後の解説では、上記①のような加入強制を行う上で地区単位（地域保険）とする必要があったとの説明は姿を消してしまい、上記②の説明についても、従前の説明に加えて、(a)に関しては、例えば以下のとおり、同一市町村内の住民の力強い精神的・郷土的団結により組合員有資格者にある種の心理的強制を加えることで強制加入と同様の効果もたらし任意保険の弊害を防止するとの精神的側面がことさらに強調されるようになったのである[26]。

- 普通国民健康保険組合は市町村の区域に依り設立するを原則とする［のは、］隣保団結の基礎としてかくの如き行政区画を採ることが最も実情に適するからである[27]。…［中略］…本［＝国保］制度に於ては組合の設立は任意なるも組合員の加入に付ては普通組合に在りては地方郷土団結の精神に依り、特別組合に在りては共同の利害関係に依り組合員たり得る者に或種の心理的強制の加はることを予想し、之に依り強制加入たると同様の効果あらしめんことを期するものである[28]。

---

25)　「国民健康保険ノ保険者ニ就テ」（朝倉氏資料 1 ）を参照。なお、法律成立後の解説書には、市町村の吏員に普通国保組合の事務員を兼務させることを認める記述がある〔清水（1938）95頁、川村・石原・篠212頁〕し、法案審議の段階での政府答弁では「事実上普通ノ健康保険組合［＝普通国保組合］ニ於テハ、役場デ是ハ仕事ハヤルダラウト思ヒマス」とまで述べている〔衆70委 3 回（昭和12年 3 月15日）28頁〕。
26)　この点に関し、中静214-215頁を参照。
27)　清水（1938）73頁。

第3章　旧国保法を巡る論点

・我国の農山漁村に於ては従来より地域的に所謂隣保相扶の観念の強いものがあり、同一市町村内の住民は精神的郷土的に力強く結合されて居るのでこの団結を基礎として本[＝国保]事業を経営せしむることが本制度の趣旨を達成する上に於て最も実情に適する…[中略]…又斯くの如く精神的、郷土的団結を基礎とすることに依て組合員たり得る者に或種の心理的強制を加へ、以て任意保険を建前とすることに依て生じる種々の弊害を防止せんとする意図を有する…[中略]…其の他市町村の区域を[組合]地区とすることに依て、組合と市町村の密接なる連繋を保ち得る利益があることは謂ふまでもない[29]。

だが、当時の市町村は、既にかつてのような自然村ではなく規模の拡大した行政村であり[30]、川村自身も、現実には隣保相扶の精神が弱まりつつあ

---

28)　清水(1938)75頁。
29)　川村・石原・簗53頁。
30)　山中永之佑によると、日本近代地方制度史の研究においては、近代日本の町村を、行政村(明治22(1889)年の町村合併と町村制(法律としては市制町村制(明治21年法律第1号))施行によって成立した新町村)と自然村(前記町村合併によってその行政的側面を剥奪されて新町村の大字(区)＝部落とされた旧町村(ほぼ徳川時代の藩政村))の二重構造(行政村が数個の自然村＝大字・部落を内包して存立・機能)として捉えるのが通説的理解であり、その場合の「自然村」という概念は、「いちおう独立性をもつ生活共同体としての部落」或いは「伝統的な村落共同体」として捉えられているとされる〔山中1-3頁〕。この行政村が自然村から分離され定着していく過程については、大石3-48頁及び143-178頁の記述が参考になる。ただし、こうした通説的理解に対しては、山中が、旧村は(その中にある共同体的要素或いは側面も含めて)地主的土地所有の秩序・運動法則に規定された行政村や行政区(或いは行政区と類似の行政村の下請機関的役割を果たす旧村の機関や組織)の枠組みから独立して存在するものではなく、あくまでもその中に存在し、したがって、行政村と旧村は(二重構造というよりは)密接不可分な状態にあると見るべきとの指摘〔山中57頁〕を行っていることに留意する必要があろう。しかし、そうだとしても、いわゆる共同体的意識が存在するとしたら、それは、行政村単位ではなく旧町村(自然村)単位に存在すると考えてよいのではないか。これに関し、内務省史・1巻205頁には山縣有朋が町村制の施行につき「抑々町村ノ自治ハ隣保団

第1節　保険者を原則として市町村単位の組合とした理由

ることを認めている部分もある[31]ことからすると、隣保相扶や郷土的団結といった精神的要素のみに着目して、国保の保険者の区域を市町村としたとすることには無理があろう[32]。少なくとも、国保の保険者を市町村単位の組合とすることが決定された要綱案②の段階においては、非被用者を強制加入させるための保険は地域保険とせざるを得ず[33]、その地域保険の被保険者管理や事業運営を円滑に行うためには、市町村行政との密接な連携（というより事実上表裏一体となった運営）を行わざるを得ないといった実務的要素を相当重視していたと見るべきではないか[34]。

結ノ旧慣ヲ基礎トシ、其ノ上ニ行ハルルモノナリ…［中略］…数箇町村ヲ併合シテ一町村ト為ストモ其ノ町村民協同シテ能ク自治ヲ為スコト極メテ難カルヘシ」と述べたとの記述がある。

31) 川村（1934a）23頁、医政調査資料14-15頁、蓮田84頁、川村・石原・簗12頁等。また、戦前に17年にわたり地方の健康保険署長及び健康保険課長を務めた中野半吾（俳号「青四郎」）も「国保の地域のつながりというものは、向う三軒両隣程度だつたら職域以上であるかも知れないが、部落が異つたらそんなものは無い」と述べている〔中野172頁〕。なお、中野の経歴については大塚138-139頁も参照。

32) この点は、法案提出後の帝国議会の審議において、「相互扶助ノ精神ニ立脚シテ居ルナラバ、大体大字位ヲ基礎ニスベキモノデアッテ、町村ト云フコトデハ甚ダ中途半端デハナイカ、［また、逆に危険分散の趣旨も］徹底スルナラ府県位ヲ単位ニスルノガ至当デハナイカ」との質問に対し、当時の河原田稼吉内務大臣が「［相互扶助の精神が］市ト云フコトハ恐ラクナカラウト思ヒマスケレドモ、町村アタリニ拡張スルコトハ、医療ノ給付ノ上カラモ亦便利デアルノデアリマスカラ、成ルベクサウナルコトヲ希望シマス…［中略］…府県ノ単位ト云フコトニナリマスト、是ハ余リニ大キ過ギテ…［中略］…其監督或ハ医療ノ方法ト云フコトニ付テ、非常ナ面倒ヲ生ジ易イノデアリマスカラ、丁度町村単位グラヰガ適当デアラウト思フ」という要領を得ない答弁している〔衆70本20号（昭和12年3月12日）497-498頁〕ことからも窺えよう。

33) 任意加入の保険ならば申請者（希望者）のみを被保険者とすればよいのだから、極言すれば、保険単位の区域はもとより、保険の運営主体も何でもよいことになろう。

34) この点に関し、「［国保制度は］集約的で、実情把握が便で、被保険者の指導監督が効果的に行ひ得るため等の事から市町村単位が考えられた」〔蓮田260頁〕との指摘がある。

5　市町村を保険者としなかった理由

(1)　朝倉氏資料に見る理由

国保の保険者を原則として市町村単位の組合とした理由は以上見てきたとおりであるが、ここで一つの疑問が湧く。それは、制度を立案した保険部が区域を市町村単位とすることの様々な利点を強調しておきながら、なぜ市町村自体を国保の保険者としてその運営を直接委ねなかったのかということである[35]。

この点に関しては、朝倉氏資料の冒頭にある「国民健康保険ノ保険者ニ就テ」と題する資料（朝倉氏資料1）が参考になる。同資料は、残念ながら作成年月日が記載されていないが、国保小史に掲げられた6つの制度案のうち「各種の混合した制度」を除くそれぞれの長短について詳細な検討を行い[36]、国保の保険者としては設立任意・組合員有資格者加入強制の市町村単位組合

---

[35]　この点については、第73回帝国議会衆議院における旧国保法案の審議の中で「国民健康保険ノ事業ハ、其ノ運営ヲ市町村ノ公営ト為サシメルコトガ寧ロ適当デハナイカ、斯ウ云フ意見ガアリマスガ、政府当局ノ御所見ヤ如何」との佐竹晴記議員の質問に対し、木戸幸一厚生大臣が「本制度［国保制度］ハ大体区域ヲ市町村ノ区域ニ致シテ居リマスガ、所謂一般行政事務トハ著シク其性質ガ違ッテ居リマスノデ、本制度ノ運用ニ当リマシテハ、組合組織ニ依ル方ガオ互ノ道徳感、責任感等ノ徹底ヲ期シ得ルノデハナイカト考ヘマシテ、組合組織ニ依ルヲ適当トシタ」との答弁を行っている〔衆73本7号（昭和13年1月28日）148-149頁〕が、国保事務と一般行政事務の違いの内容は抽象的でわかりにくい。また、組合主義を市町村公営主義に切り替えた昭和23（1948）年の旧国保法の第3次改正の際の解説書には「国民健康保険のように、市町村の住民の健康及び福祉に、直接関係するこの種の施設［事業・制度］は、当然、地方自治体の本来的な公共事務として取扱うべきであるという主張が、制度創設の頃から、すでに強く叫ばれていた。しかし、当時は衛生行政の仕事が、警察事務の一部になつていたことや、その他いろいろな事情からして、組合経営主義を採用し」た〔小島(1948a)47頁〕と述べられているが、これは旧国保法制定から10年経った後の回顧的な記述であり、法案検討段階で実際にどのような検討・判断がなされたかはこれまで必ずしも明確ではなかった。

[36]　国保小史139-140頁を参照。

第1節 保険者を原則として市町村単位の組合とした理由

が最も適当との結論を導いており、その内容及び朝倉氏資料中の編綴位置から見て、要綱案①と要綱案②との間において制度検討のために用いられたものと推測されるからである。後の対外的説明のベースとなったと思われる記述も含まれているので、やや煩雑であるが、以下に同資料における各制度案の検討概要を紹介する。

(i) 民営営利会社の経営に委ねる制度について

国保の社会保険たる特質を没却し、かつ、加入強制制度を採用できないため逆選択が行われて保険料が高率となり、少額所得者階級の救済とならないので、採用し難い。

(ii) 互助的或いは協同的団体をして経営させる制度について

共済的組合は、我が国におけるその発達の現状及び国保が農山漁村民の救済を眼目とする点から見て採用し難い。また、産業組合は、農山漁村でも比較的発達しているが未だ普遍性を有するとは言えず、さらに加入強制制度を採ることが困難なため、真に救済の必要な少額所得者階級を除外することとなり、社会保険の特質が著しく減殺されてしまう。

(iii) 市町村をして経営させる制度について

市町村による国保経営は、その普遍性を有する点、加入強制となし得る点等において優れており相当考慮の余地があり、さらに一歩を進めて医療公営を実現するときは、事務が最も簡便で社会政策を徹底できると考えられる。

しかし、現今の実情においては一般医療は未だ市町村本来の事務と認め難いので、同じく市町村の区域を単位として国保事業を行うとしても、市町村とは別に保険経営を目的とする自治的機関を創設し、その設立及び管理は広く住民多数の意思に基づかせることが妥当である。単なる市町村会の議決で一切を行うのは適当とは言えず、しかも、市町村会の現状ではややもすれば政治的その他の関係に基づき行動するおそれがあり、国保事業の経営をこうした機関に委ねてはその健全な発達を期し難い。

なお、医療公営については、医業者方面の絶対的な反対が予想されるので、

理論的に不可ということではないが、実際問題において支障が多く実現性に乏しい。

　(iv)　国が経営する制度について

　この制度は、既に健康保険制度において一部採用されている。適用の普遍性を有する、保険経済が統一され危険分散の範囲を拡大できる、給付内容が統一され諸統計の作成に便宜がある等の特色があるが、反面、健康保険実施の経験等から見て、以下のような諸般の欠点を有することから、国保において国を保険者とすることは適当ではない。

・国保の被保険者は、職業的・階級的に極めて多種にわたり、健康状態や経済力も地方的に差異があることから、国保制度の具体的内容は、総て各地方の実情に適するよう組織・計画される必要があるが、国が直接保険経営をするとその取扱いが自ずから画一的となるおそれがある。
・事務が複雑となり、手続きの敏速を欠き、事務費も多額を要する。さらに、事務の取扱いが官僚的形式主義に陥りやすい。
・規模が余りに大きくなりすぎて、保険の相互扶助的精神を発揚することができない。被保険者の自覚が期待できず、保険料徴収の困難や給付の濫求を招くおそれがある。
・加入任意制度を採るときは真に救済の必要な少額所得者階級を除外する結果となって社会保険の精神が没却され、また、加入強制制度を採るときは既存の医療利用組合等との調和が困難となる。
・制度の立案に当たり、正確な計算基礎を作成することが困難である。

　(v)　健康保険組合、即ち国保の経営を目的として特別に設ける自治的団体の経営による制度について

　健康保険組合の種類としては、地域別組合、職業別組合、企業別組合、任意組合の４つが考えられるが、国保のように（労働保険ではなく）一般庶民階級を網羅する保険においては、地域別組合が適当である。

　地域別組合は、その地域により、次のような種類[37]が考えられるが、以

第1節　保険者を原則として市町村単位の組合とした理由

下のような長短を検討すると、結局最下級公共団体たる市町村の地域を単位とする組合による保険経営が最も賢明である。ただし、例外として、地方の実状により、大都市では区或いはそれ以下の地域、町村では大字その他の地域又は複数の町村の地域を単位とする組合の設立を認めても支障はない。

・道府県の地域による組合：規模が広大すぎ国営の場合と同様の欠点を有する[38]）。
・市郡の地域による組合：郡役所がない現状では円滑な事務執行を期待し難い。
・市町村の地域による組合：郷土団結を基礎として円滑な事業運営を企図できる。さらに、市町村役場を中心として多数の職員、地元有力者等の援助を期待できる。

　市町村単位組合の設立については、強制設立主義を採ることも不可能ではないが、一般農山漁村住民が保険制度を理解する程度が低く、かつ、一般医療問題が社会通念上公共化されていない現在［当時］においては、一応任意設立主義を採ることとし、将来組合が相当程度普及し世論の熟するのを待って、強制設立主義に切り替えることが適当である。また、市町村単位組合への加入については、社会保険の性質上ある程度まで強制主義を採る必要があることから、組合員たるべき者の多数の同意により組合が設立された場合には、設立に同意しなかった者も含め有資格者全員を組合員とすることはやむを得ない。すなわち、市町村単位組合制度については、設立任意・［上記意味での］加入一部強制の主義に依るべきである。
　この設立任意・加入一部強制の市町村単位組合制度の欠点としては、次の

37）　他に、市町村以下の地域による組合が挙げられている。
38）　なお、後の資料であるが、昭和10(1935)年5月27日付の「医療公営ノ利害得失」（朝倉氏資料15）では、特に都市居住者と農山漁村居住者を同一視し、画一的保険料を決定し保険給付を行うことが甚だしく実情に反するとして、問題視されている。

第3章　旧国保法を巡る論点

ようなものが挙げられるが、これらについては［矢印で示したように］対応可能であり、絶対的な否定理由は見出し難い。

- 保険経済が小規模となり、危険分散の範囲が狭小である。→（対応）保険給付は大体において療養の給付に限られるので、危険分散の範囲が狭いことからは、著しい困難は生じない[39]。また、著しく狭小な場合には、複数町村の地域による組合の設立でその弊害を防ぐことができる。さらに、市町村等の財政的援助もある程度期待できる。
- 組合の設立を任意とする場合は、制度の普及の点で欠けるところがある。→（対応）確かに欠点であるが、前述したとおり、我が国の農山漁村の現状に照らせば、漸進主義を採ることもやむを得ない。
- 完全な医療組織を整備することが困難で、かつ、医療契約の条件は［組合側に］不利となる［可能性が高い］。→（対応）全国統一的な医療組織の整備は不可能であるが、地方の実状に即した組織を整えることができてむしろ好結果を生じるかもしれないので、一概に欠点とは言い切れない。医療契約に関する紛争については、府県単位の調停機関を設けることが考えられる。
- 組合事務の執行が乱雑となるおそれがある。→（対応）市町村長を組合長とし市町村役場に事務所を設けることにより、町村の事務と同程度に整理することは可能である。
- 統計資料の作成上不便である。→（対応）国保制度の根本を覆すような理由ではない。

反面、設立任意・加入一部強制の市町村単位組合は、以下のような多くの

---

[39]　なお、「医療公営ノ利害得失」（朝倉氏資料15）では、健康保険法上の健保組合が、国保よりも保険給付の種類・程度が広範であるにも拘らず、小規模でも相当の成績を挙げている実情から見れば、市町村単位の組合でも危険分散に著しい支障は見られないと結論づけている。また、旧国保法制定後の解説であるが、同様の説明をしているものとして古瀬8-9頁を参照。

第1節　保険者を原則として市町村単位の組合とした理由

利益・長所を有している。

- 郷土団結心を利用して健康保険の相互扶助的精神を発揚し、被保険者の事業に対する理解を高め、その自覚を促すことができる。
- したがって、被保険者の自制、組合員相互の牽制等により、給付濫求の弊害を防止でき、また、保険料の徴収も比較的成績を挙げやすい。
- 郷土団結心や隣保相扶の精神を利用する結果として、特に農山漁村においては、比較的上層階級の者も包括加入させることができ、国保制度がいわゆる「貧民診療」であると受け止められるおそれが少なくなる。
- 組合の設立・経営につき、市町村長や役場の職員（吏員）を相当程度利用することができ、さらには、方面委員、学校職員その他地元有力の援助も期待できる。
- 事務の遂行が官僚的形式主義に陥るおそれが比較的少なく、保険者・被保険者・医療機関三者の関係の調和を保つことができる。
- 保険料率、保険料の徴収時期・方法、医療組織、医療契約の条件等の一切を、地方の習俗、経済力等に応じてその実情に即したものとすることができ、制度と住民の生活との調和を図ることができる。
- 国庫補助金の外に、市町村、府県等の財政的援助を期待することができる。また、地元富豪等の篤志的援助も受けることが可能である。
- 一般医療救護事業は市区町村当局において実施しているので、これらの事業との連絡を良好にすることができる。
- 既存の医療利用組合と調和し、さらに将来的にはこれを国保制度の一部として吸収することも考えられる。

かくて、各制度の利害得失を比較研究すると、「結局組合制度ヲ可トスヘク組合制度ニ在リテハ原則トシテ市町村ノ地域ニヨル組合制度最モ適当ナリト思料セラル」。

以上が朝倉氏資料1の概要である。保険部内部では国保制度立案の検討の

第3章　旧国保法を巡る論点

ごく初期の段階でここまで網羅的かつ詳細な検討が行われていたことに驚かされるが、ここで市町村を国保の保険者としなかった理由を改めて整理してみると、①当時においては一般医療は市町村本来の事務と認められていなかったこと、②単なる市町村会の議決で国保事業の一切を行うのは適当ではないこと[40]、③市町村会の現状では政治的な行動により国保事業の健全な発達が妨げられる恐れがあることの3つを挙げることができるだろう。

そして、同様の指摘は、昭和10(1935)年5月31日の要綱案⑤を取りまとめる際に併せて作成された同月27日付けの「医療公営ノ利害得失」（朝倉氏資料15）においても、より明確な形で述べられている。すなわち、前記①に関連しては、「市町村ノ行フ事務ハ公共的事務ニ限ラレルヘク…［中略］…個々住民ノ傷病ニ対スル診療ヲモ市町村カ自己ノ事務トシテ行フカ如キハ果シテ公共団体タル市町村本来ノ事務ト認メ得ルヤ現在ノ社会常識トシテ考慮ヲ要ス」と、また、前記②及び③に関しては、「［医療公営の経営管理を市町村の諸機関に委ねた場合には］其ノ経営管理ニ政治的其ノ他ノ勢力ノ介入ノ余地ヲ生シ事業本来ノ使命達成ニ支障ヲ生スル虞多分ニ在ルヘシ。更ニ斯ノ如キ事業ニ於テハ其ノ保護ヲ受クルモノノ意思ヲ何等カノ形式ニ依リ経営管理ニ反映セシムルヲ理想トスルモ現行市町村会ノ構成ハ必スシモコレヲ達成スルニ完全ナリト言フヲ得ス」との指摘がなされているのである[41]。さらに、同資料は、「保険事業ヲ町村ヲシテ経営セシムルノ可否」との項目を設け、その中で「現在ノ町村役場ハ殆ト町村民ノ経済生活トノ接触ヲ有セス居住民ノ実生活ヨリ分離ス。故ニ医療ノ如キ実生活ニ直接関係ヲ有スル問題解決ヲ町

---

40) この意味は分かりにくいが、次に述べる朝倉氏資料15の記述と併せて見てみると、当時の市町村会の構成では国保加入者の意思が正確に反映されたことにならないとの間接民主制における代表の同質性の不十分さを意識していたようにも思われる。

41) 朝倉氏資料15は、主として、市町村が租税財源により自ら直接医療サービスを提供するという意味での医療公営の利害得失について検討したものであるが、本文のような指摘は当時の社会局保険部の市町村に対する認識の一端を示すものとして意味があろう。

第1節　保険者を原則として市町村単位の組合とした理由

村ノ事業トスルカ如キハ穏当ナラス且現在ノ町村ノ有スル機関ハ本問題ノ如キ積極的事業ヲ為ス能力ナキモノト思料セラル」と述べて町村の事業実施能力への疑念[42]も示しており、これが第四番目の理由と言えるだろう[43]。

(2) 当時の市町村の所掌事務と政治状況

当時の行政事務の所管ということで言えば、府県レベル[44]では、衛生行政は明治26(1893)年の地方官官制の改正（明治26年勅令第162号による）により内務部から警察部に移管されて、明治31(1898)年には各府県警察部に衛生課

---

42) ちなみに、内務省史・2巻435-436頁には昭和10年代前半の地方行財政の窮状が述べられているが、その中で坂内務省地方局長（在任期間は昭和12(1937)年2月～昭和14(1939)年4月）の「総吏員数僅かに三、四人に過ぎぬ町村も少くない」という発言が紹介されている。

43) なお、法案提出後の帝国議会の審議における政府答弁においても、国保事業を市町村ではなく国保組合の事業としたことについて、国保事業が性質上絶対に市町村の事務でないということはないが、①国保事業は町村が行う予防衛生事業とは必ずしも直接の関係がない、②国保事業は相扶共済の精神に基づき個人の病気の世話をするという精神的・温情的な事業であって、市町村の他の一般の行政事務とは「余程違ッタ所ガアル」、③国保事業の受益者の考えをよく現すには、町村会のような一般行政事務を扱う機関よりも、組合会或いは組合の理事会の方が適当である、といった理由付けがなされている〔衆70委4回(昭和12年3月16日)5-9頁〕。こうした点からすれば、前掲注35)に掲げた小島(1948a)47頁の「国保のような住民の健康及び福祉に直接関係する事業は、当然地方自治体の本来的な公共事務として取り扱うべきとの主張が強くあった」旨の記述の妥当性については、後述（後掲注88）を参照）するように町村側からの要望はあったものの、検証が必要と思われる。

44) 戦前の地方行政区画は、明治21(1888)年に3府（東京・京都・大阪）43県1道庁（北海道）となり、この体制が昭和前期まで続いていた。このうち、北海道については北海道庁官制（何回か全部改正されており、当時は大正2年勅令第150号）が布かれ北海道庁長官が府県知事に相当する業務を行ったこと、また、東京府については警察行政が府に属さず内務大臣直属の警視庁が置かれたことなど、他の府県とは若干異なるところがあるので、以下ではそれ以外の大多数の府県について述べる。なお、東京都制（昭和18年法律第89号）が施行されたのは昭和18(1943)年7月1日である〔内務省史・1巻203頁〕。

第3章　旧国保法を巡る論点

が設置され、それ以降昭和17(1942)年11月に内政部に移管される（昭和17年勅令第768号による）まで半世紀にわたり警察部が所管し、町村部では警察署及び駐在所が衛生行政の第一線機関として地方の衛生・医療行政を統括していた[45]。また、社会保険行政については、当初は健康保険法施行のため大正15(1926)年に社会局の出先機関（直轄機関）として全国50か所に健康保険署が設置されたが、昭和4(1929)年8月以降、健康保険事務は地方長官に移管されて各府県警察部の所管となり、警察部には健康保険課が設置された。移管の理由は、内務行政の体系を統一整備し、従来から警察部の所管とされていた衛生行政及び労働行政と健康保険事務との相互連絡を円滑化することにあったとされる[46]。このように、特に衛生・医療行政については、衛生局が府県警察部のルートを通じて市町村に強い影響を及ぼしていた[47]ことが、社会局保険部における国保の保険者決定にも影響を与えたのではないか。

また、府県レベルの地方庁の職員（地方官）の人事[48]については、徐々に政党[49]の影響が強まっていったが、昭和2(1927)年4月に政友会の田中義一が内閣を組織してからはそれが一段と顕著になり、政党の意向による地方官の異動（政党人事）が大規模に行われた。そして、次の民政党内閣（昭和4(1929)年7月成立、首相は濱口雄幸）で「政党人事がいよいよ高潮に達した」

---

45) 厚生省五十年史102頁及び411-412頁、内務省史・2巻477-478頁及び599頁、内務省史・第3巻220-222頁、大石155-157頁、国保二十年史28頁等。前掲注35)の小島（1948a）47頁の記述は、このような事情を指摘しているものと考えられる。
46) 厚生省五十年史111頁、334頁及び569頁、内務省史・2巻600頁、内務省史・3巻472-475頁。なお、これに関し、衆73委6回（昭和13年2月3日）7頁の清水玄政府委員（保険院社会保険局長）の答弁も参照のこと。
47) やや時代が異なるが、大石156頁は「県郡官と警察官の監督・指導の下に衛生行政が末端の僻村にいたるまで執拗に展開された」と述べる。
48) 内務大臣は、内務省本省職員全員だけでなく、地方庁の高等官についても、形式的にはすべてについて人事権を持っていたが、その対象は、知事、部長、一定の地方事務官・地方警視等の人事に実質的には限定されており、それ以外の人事については知事が決定していた〔内務省史・1巻601-602頁〕。
49) 昭和初期の二大政党は、立憲政友会と立憲民政党である。

第1節　保険者を原則として市町村単位の組合とした理由

と言われる[50]。こうした地方行政に対する政党勢力の浸透により、地方官の人事のみならず、他の行政（土木工事、鉄道敷設、学校建設等）も政党の党利党略で動かされるようになり、その弊害は、府県行政のみならず、市町村レベルにも及んだとされる[51]。

国保制度の創設にあたってもこうした市町村の状況は当然意識されたものと思われ、それが前述のような保険者を市町村とすることとした場合の危惧として掲げられたのである[52]。

6　保険者の決定に影響を及ぼした可能性のある要素

旧国保法における保険者を原則として市町村単位の組合とした制度論的な理由は以上のとおりであるが、最後に、保険者の決定に影響を及ぼした可能性のある要素[53]を確認しておきたい。前述のとおり、保険者の決定が昭和9 (1934) 年7月の要綱案②の段階であるとすると、その決定に影響を与えた可能性のある要素はその段階までに社会局で把握されていた情報（以下の(1)に掲げたもの）に限られることになろう。逆に言えば、その後把握された情

---

50)　内務省史・1巻392-393頁。この他、内務省史・1巻703頁、内務省史・4巻194-195頁等も参照。
51)　内務省史・1巻395頁。
52)　もっとも、国民健康保険制度要綱案（未定稿）（要綱案②）を掲載した医海時報2083号（昭和9年7月28日）は、その論説の中で「政党の弊害が極めて深く町村に迄で浸潤しつゝある現状を徹底的に清掃廓正するに非れば此の如き組合［一般国保組合のこと］は徒らに政党者流の好餌となり公正なる運行が期待さるべくもない…［中略］…一般国民健保組合は厳密なる官憲監督の下に市町村自治機関を保険者たらしむる方弊害尠なかるべしと思はれる」と逆の主張を述べている〔同号1頁〕。しかし、政党政治の弊害が町村にも深く及んでいると認識している点では違いはない。
53)　ここでいう要素とは、社会局内部の検討結果、衛生局の修正意見、社会保険調査会における修正意見、各省協議における他省からの意見といったもの以外で、保険者決定に当たって制度立案者が考慮した可能性のある情報という程度の意味である。

報（以下の(2)に掲げたもの）は、保険者の決定自体に影響を与えた要素ではなく、その決定を事後的に補強するために用いられた要素（或いは少なくとも決定を否定するものではないとされた要素）として理解すべきではないか。そうした見地から何が保険者の決定に影響を及ぼした可能性のある要素といえるか否かを整理すると次のようになる。

(1) 要綱案②の作成時までに把握されていた情報[54]

(i) ILOの疾病保険に関する条約

国保小史は、要綱案②の作成方針につき、「各種の制度案を研究したが、いづれも一長一短があるので、結局第十回国際労働総会において採択された疾病保険に関する条約案による『疾病保険は公の機関の行政上及財政上の監督の下にある、自治の機関により管理せらるべきを原則とする』によることとして、健康保険を目的として設立された団体、即ち健康保険組合の経営による制度を考えることとなつた」[55]と述べ、国保の保険者を組合とすることにつき、国際労働機関（ILO）の条約を考慮したことを認めている。具体的には、昭和2（1927）年の第10回国際労働総会において採択された「工業及び商業における労働者並びに家庭使用人のための疾病保険に関する条約」（24号条約）及び「農業労働者のための疾病保険に関する条約」（25号条約）がそれである[56]。これらは社会保障の運営管理について具体的に規定された最初の条約であったとされ[57]、その内容は、疾病保険については関係当事者

---

54) 要綱案②の作成時までに把握されていた情報としては、本文で述べるものの他に医療利用組合があるが、これについては第3章第4節の3で述べる。

55) 国保小史140頁。

56) 具体的な規定は、当時の政府の訳文によると、「疾病保険ハ権限アル公ノ機関ノ行政上及財政上ノ監督ノ下ニ在ル自治ノ機関ニ依リ管理セラルベク…［後略］…」（24号条約案第6条及び25号条約案第6条）となっている。また、同総会で採択された「疾病保険ノ一般原則ニ関スル勧告」では「保険機関ハ権限アル公ノ機関ノ監督ノ下ニ自治ノ原則ニ従ヒ管理セラルベク…［後略］…」と規定されていた〔「第十回国際労働総会採択条約案に対する処理案」及び「第十回国際労働総会採択条約案に付き執るべき措置」を参照〕。

第1節　保険者を原則として市町村単位の組合とした理由

（被保険者及び事業主）による自治的な管理を原則としつつも経過的・例外的に国家による管理を許容するという、当時のILO加盟国の意見の大勢を反映するものであった[58]。

これらの条約が自営業者ではなく基本的に労働者・被用者のための疾病保険についてのものであること[59]、旧国保法制定当時の文献・資料中には管見の限りこれらの条約を考慮した旨の直接的記述がないこと[60]などやや気になる点はあるが、上記国保小史の記述や保険部の官僚とILOとの密接な関係[61]から見て、ILOの疾病保険に関する条約が組合主義の採用に相当の

57）　伊奈川32頁。
58）　伊奈川41頁。
59）　昭和9（1934）年8月11日の日本医師会役員会席上における説明で、川村は、我が国においては純粋の意義における農業労働者は農民のごく小部分を占めるに過ぎず、また、社会の各方面で雇用関係が判然としていないため、健康保険制度が商業使用人や家庭使用人にまで拡張されたとしても国民の大半を救済することは困難なので、労働契約関係を全く考えないところの国民健康保険制度が考えられたとの趣旨を述べている〔川村（1934a）23頁、医政調査資料15-16頁、蓮田85頁、同旨・川西5頁〕。なお、こうした点を重視し、ILO条約の国保に対する影響は（ILOの目指す被用者保険の拡大では農村医療問題の解決には不十分なので国保が構想されたという意味で）間接的であるとするものに、北場31-32頁がある。
60）　僅かに清水（1938）73頁が「近時の理論としては保険者は相互組織の組合たるを可とすることに一致して居る」と述べている。
61）　大正15（1926）年11月に国際労働機関に関する事務は外務省主管から内務省主管となり（「国際労働機関帝国事務所官制中改正ノ件」（大正15年勅令第340号）による）、ILO本部のあるジュネーブに開設されていた国際労働機関帝国事務所も内務省（社会局）の出先機関となった。そして、そこには国際労働機関労働理事会代表随員として歴代保険部の官僚も駐在していた〔内務省史・3巻398頁、厚生省五十年史108頁、百瀬103頁、173頁及び208頁、中静111頁等〕。したがって、保険部の官僚がILOの動向を詳細に把握していたことは疑いない。ちなみに、昭和7（1932）年6月28日付で社会局保険部長に就任した川西實三が任命の電報を受けたのは、ジュネーブの国際労働総会に政府代表として出席した帰途の昭和7（1932）年6月末か7月始めであったという〔国保小史・序文4頁〕。

第3章　旧国保法を巡る論点

影響を与えたことは認めてよいであろう[62]。

(ii) デンマークの国民健康保険制度

デンマークの国民健康保険制度については、川村が昭和9(1934)年8月11日の日本医師会役員会席上における説明の中で言及しており[63]、また、要綱案②と併せて作成されたと考えられる「昭和九年七月　国民健康保険制度要綱立案理由説明資料」(朝倉氏資料16)の中にも国保組合の事務費の検討に関連して「丁抹ノ任意国民保険組合ノ事務費モ大体一割程度ナルカ如シ」という記述が見られることから、要綱案②の立案段階で担当者たちがデンマークの国民健康保険制度についての知識を有し、これを参考にしたことは確実と思われる[64]。ただし、その影響の程度についてはなお、精査する必要があろう[65]。

旧国保法成立後に川村らが執筆した解説書の中では「［デンマーク、スウェーデン、ポルトガル等の］疾病保険制度中丁抹の制度は最も我国の国民健康保険制度に酷似し、本制度の立案に多大の影響を与へてゐる」として、次のような内容がかなり詳細に紹介されている[66]。

①　保険者は、原則として、市町村を区域とする地域的疾病金庫（組合）とする。

②　被保険者は、原則として、組合管轄区域内に居住する14歳以上60歳未

---

62) 条約の影響を認めているものとして、西村425頁、佐口(1995)3頁、中静205頁等がある。
63) 川村(1934a)23頁、医政調査資料16頁、蓮田85頁。
64) これに対し、北場32頁は、任意加入保険である要綱案①の作成段階で、デンマークが任意加入の疾病保険で良い成績を上げていることを既に参考にした可能性があるとしている。
65) これまでの研究では、「国保はデンマークの国民保険にならったもので、わが国独特の制度との説もあるがそれは正しくない」とするもの〔佐口(1995)3頁〕と、「国保はデンマークに類似制度がある程度で、日本独特の部分が大きかった」とするもの〔西村421頁〕とがある。
66) 川村・石原・簗21-25頁。

満の者（原則として任意加入）。ただし、一定程度以上の有資力者は賛助会員として取り扱われる。なお、加入強制の程度については、当初は全くの任意加入であったが、ある程度制度が普及した後の1933年の法律改正により強制加入に近いものに改正されたと、川村らは評価している。
③　保険給付としては、療養給付（給付期間の制限あり）、傷病手当金、助産の給付、出産手当金、埋葬費がある。
④　医療組織については、原則として、疾病金庫が、監督官庁の認可を得て、地方の医師・歯科医師等と契約を締結することとされた。
⑤　費用は、組合員の負担する保険料と国及び地方公共団体の補助金（川村らは比較的多額と評価している）により賄われる。

そこで、これを要綱案②及び同時に社会局から公表された「国民健康保険制度案の概要」〔社会局概要〕と比較してみると、保険者を原則として市町村単位の組合としたことや国・地方公共団体の補助を行えるとしたことは共通している。これに対し、被保険者についての規定はやや異なるように見えるが、一部任意加入の要素を残しつつも強制加入への指向を示している点や高所得・高資力者は原則として被保険者から除いている点は基本的に同様といえる。また、デンマークの制度は被保険者に年齢要件を設け高齢者等を被保険者から除外しているが、この点については川村が「［被保険者については］年齢によつて制限して子供と老人は労働能力が無いから除外し…［中略］…後になつてもいゝぢやないかといふやうな説もあります。其点まだハッキリ致して居りませぬが一番難しい点でありますので頻と研究中であります」と述べている[67]ように、我が国の国保制度立案に際しても検討されていた。

---

67)　川村(1934a)25頁、医政調査資料23頁及び蓮田89頁［ただし、後２者については「。其点まだハッキリ致して居りませぬが一番難しい点であります」の部分の記載がない］。また、実際に「国民健康保険制度立案ニ関スル原則　社会局保険部（昭和九年五月刷）」（朝倉氏資料８）や「昭和九年七月　国民健康保険制度要綱立案理由説明資料」（朝倉氏資料16）の中で、被保険者に年齢要件を設けて高齢者と弱年者を除外することの是非について検討が行われ、最終的

第3章　旧国保法を巡る論点

　以上の点からすれば、我が国の国保制度がデンマークの制度に「酷似」していたことは明らかなように思われる。したがって、デンマークの制度が（遅くとも）要綱案②の段階で既に一定程度の影響を与えていたと考えてよいのではないか。この意味で、戦後の「国民健康保険の構想は我が国独特のものであるので見本がない」という回顧[68]よりも、戦前の要綱案②作成から旧国保法制定に到るまでの間の発言や記述の方が、川村の正直な本音だったのではないかと思われる[69]。

　(iii)　「国民健康保険実施ニ関スル基礎調査」と補助診療組合

　国保制度についての検討が始められた昭和8（1933）年当時社会局保険部規画課長であった清水玄の回顧中に「[丹羽社会局長官による検討指示の後] 社には「年齢ノ点ニ関シテハ現在老年者及弱年者ニ関スル計算ノ基礎タル疾病統計資料ヲ欠クノミナラス此等ノ年齢階級ノモノハ疾病ノ危険多キモノト認メラルルヲ以テ暫ク之ヲ除外スルカ安全ナリト認メラルルモ国民健康保険ノ理想ヨリスレハ凡テ保険ノ必要アルモノハ之ヲ保険ニ加入セシムルコトニ依リ其ノ傷病ノ保護ヲ図ルコトカ最モ可ナルヲ以テ特ニ之等ノ者ニ関シテモ除外例ヲ設ケサルコトトシ只組合ノ事情ニ依リ之等ノ者ヲ保険ヨリ除外シ得ルコトトナサントス」（朝倉氏資料16）と一応結論付けている。

[68]　国保二十年史21頁。これは、国保三十年史15頁の記述に引き継がれている。
[69]　この点に関し鍾81-82頁も参照。しかし、他方で、①戦時中の小泉親彦厚生大臣の時期に作られたとされる社会保険制度拡充要綱案中に「本邦固有ノ制度タル国民健康保険」との表現があること〔国保二十年史242頁〕、②『国民健康保険』昭和26年1月号に掲載された座談会の中で、川西が「国保制度は、別に外国の例によったというようなものでなく全くの常識である。数年にわたる国際労働会議における研究や内外の世相、身辺に起こる事柄からなどの実感で保険制度しかないと考えた」との発言〔座談会10頁〕を、また、川村が「外国にも、デンマークに国保のサンプルがあるなどといって箔をつけた」との発言〔座談会11頁〕を行っていることなどにも留意する必要があろう。思うに、国保制度については、我が国の風土に応じて機能するような制度とするための様々の工夫やそれに必要な調査がなされたことは間違いなく、そうした側面を強調すれば、「我が国独特」或いは「本邦固有」といった評価も出てくるのではないか。しかし、本文で検討したとおり、諸外国に全く何のヒントも無いままに全く独自に国保制度のアイデアが生じたということではない以上、本文で述べたような評価がより妥当ではないかと考える。

第1節　保険者を原則として市町村単位の組合とした理由

会局の若手法学士などを総動員して、全国各地の農村の実情を調べ、丹羽長官の部屋で出張調査の復命をしたが、その中に、無医村などで医療を得る方法として、村民が共同出捐して医師の支払をする組合のようなものをやっている所が岡山県などにあるという話があり、筆者はこの方式をうまく採用すれば社会保険の農村向のものを造り上げることができると考え、これが国保組合のヒントとなった」旨の記述[70]がある。

この農村の実情調査において見出された岡山県等における「村民が共同出捐して医師の支払をする組合のようなもの」が具体的に何を指すかということが問題となるが、これについては、「昭和九年七月　国民健康保険制度要綱立案理由説明資料」（朝倉氏資料16）の中に、清水の回顧の裏づけになると思われる「今回国民健康保険実施ニ関スル基礎調査ノ為メ当局ヨリ関係官ヲ派シ農村住民ノ医療ニ対スル関心ノ程度ヲ調査セシメタ」、「近時岡山、香川其ノ他全国各府県ニ亘リ産業組合法ニ依ラサル医療組合発展シ相当地方民ノ歓迎ヲ受ケツツアル状況ナルカ…〔中略〕…此等ノ診療組合[71]…〔中略〕…ハ本制度〔＝国保制度〕ニ依ル組合ト同一ノ目的ヲ有シ其ノ形態モ極メテ本制度ニ依ル組合ト類似セル[72]」等の記述が見られることからすると、「診療組合」と呼ばれるものであったと考えられる。

清水によれば、この診療組合[73]は、地方無医町村に対し地方庁（府県）の奨励によって組合が設立されたものが大部分であり、岡山県及び香川県に多かったとされている。その内容は、岡山県のものは、医療普及奨励規程（岡山県が昭和6（1931）年に制定）に基づき専任医師を有する診療組合を設置した町村に年額1000円の範囲内で県が補助金を交付するというものであり、香川

---

[70]　清水（1942）4頁。同記述は、やや修正されているが国保小史8頁にも所収されている。

[71]　同一の記述中で「此ノ種ノ医療組合」とも言い換えている。

[72]　したがって、同資料においては、診療組合は、当面は国保組合と並存し、将来的には国保組合に融合統一されるか、又はそれ自体が国保組合に変形するものと予想されている。

[73]　清水は「補助診療組合」と称している〔清水（1938）25頁〕。

県のものは、医療組合看護婦設置奨励規程（香川県が昭和7(1932)年に制定）に基づき医療組合の設置・維持と看護婦の俸給に対し県が奨励金を交付するというものであった[74]。

したがって、国保制度検討の初期の段階（要綱案②の作成前）において「国民健康保険実施ニ関スル基礎調査」が行われ、その調査の中で報告された岡山県や香川県等の「診療組合」が、国保の保険者を組合とすることの決定に一定の影響を及ぼしたことは認めてよいであろう[75]。しかし、診療組合の設立・活動は完全に自主的なものではなく、地方庁（府県）の関与（奨励）が相当程度あったことに留意する必要がある[76]。

(iv) 健康保険制度

川村らは「国民健康保険の制度化に就ては、其の先駆として現行健康保険制度が重大なる影響を有する」[77]と述べ、また、川西も「現行健康保険法を実施せる過去八箇年の経験の教ふる所は之を取入」れた[78]と述べている。健康保険制度が国保制度に先行する社会保険制度である以上当然のことと考えられる[79]が、健康保険制度の保険者である健保組合が国保の保険者決定に当たって具体的にどのように考慮されたのかという点については、必ずしも明らかではない[80]。

74) 清水(1938)25-28頁の他、清水(1936)241-243頁、医政調査資料222-243頁、蓮田49-50頁等も参照。なお、清水は、当時の農村医療施設として、補助診療組合以外に、公費補助医療制度、医療公営制度、医療利用組合（産業組合法によるものとそうでないものとがある）、救療事業、無医村診療所設置施設の5つを挙げて説明を加えている〔清水(1938)23-32頁〕。また、蓮田にも同様の説明〔蓮田41-55頁〕があるが、おそらく清水の記述を参考にしたものであろう。
75) この点につき北場36-37頁及び西村418頁も参照。
76) この点で、鍾78-82頁のように岡山県や香川県の補助診療組合と福岡県や熊本県の医療互助組合（いわゆる定礼）とを全く同一のものであるかのように取り扱うのは適切ではないと思われる。
77) 川村・石原・築18頁。
78) 川西6頁。
79) 蓮田も、健康保険や公務員共済組合等の発展が国保制度創設の一つの刺激となった旨を述べる〔蓮田70-71頁〕。

第1節　保険者を原則として市町村単位の組合とした理由

しかし、既に述べたように、国が国保の保険者となることの妥当性の検討に当たっては、政管健保が、運営が画一的になりがち、保険の相互扶助的精神が発揮できないなどといった点で反面教師としての役割を果たしたことは間違いなく、少なくともこの点で、国保の保険者を国にはしないという消極的な意味にせよ、健康保険制度（の実施状況）は国保の保険者決定に大きな影響を及ぼしたということができよう[81]。

(2)　要綱案②の作成後に把握された情報

清水は、要綱案②の公表後の展開について、「国民健康保険制度要綱案の発表後は予想以上の反響を各方面に呼び起した…［中略］…是等の世論［医師会、歯科医師会、薬剤師会、配置薬業者等の意見］を聞く傍ら社会局に於ては国民健康保険制度の必要及び案の内容に付各地方長官の意見を徴した…［中略］…［その結果］社会局としては此の案に益々自信を得たのであつたが、尚一層事の確実を期する為め数十の各地農村に付き実地調査を為し、此の制度案の実施の可能性及び本案施行上必要なる経費の負担等に付き調査を為した。其の結果に依れば…［中略］…現に本案に類似の制度を考案中の村もあった（註）。」と述べ、さらにその（註）において、越ヶ谷順正会を始めと

---

80)　この点に関しては、管見の限りでは、「昭和九年七月　国民健康保険制度要綱立案理由説明資料」（朝倉氏資料16）の中で国保組合の事務費の検討に関連して「健康保険組合ノ現状ニ見ルモ事務費ハ支出総額ノ約九分程度ナリ」という記述が、また、（要綱案②の作成後となるが）昭和10(1935)年5月27日付の「医療公営ノ利害得失」（朝倉氏資料15）の中で「健康保険法上の健保組合が、国保よりも保険給付の種類・程度が広範であるにも拘らず、小規模でも相当の成績を挙げている実情から見れば、市町村単位の国保組合でも危険分散に著しい支障は見られない」との趣旨の記述が、さらに社会保険調査会第1回総会（昭和10(1935)年10月28日）における川西保険部長の説明の中で「（市町村単位の組合では危険分散の区域が狭すぎはしないかとの懸念については）現在ノ健康保険組合ノ実績カラ推シマシテ大シテ不安ガナカラウト思ハレル」との発言〔経過記録・調査会議事録14頁〕が見られる。
81)　中静207頁は「保険財政保全の重視と健保施行の経験から得た反省が［要綱案②の］立案の基調にあることが読みとれる」と述べる。

第3章　旧国保法を巡る論点

する国民健康保険類似組合の試行と、福岡県宗像郡・鞍手郡等における国保制度と同様の考え方による組合の発見について触れている[82]。

これによれば、要綱案②の公表後には、関係方面の意見把握、地方長官の意見聴取、各地農村の実地調査、国保類似組合の試行、（そしておそらくは）国保制度と同様の考え方による組合（いわゆる定礼その他の医療互助組合）の「発見」が行われたことがわかる。以下、その内容を簡単に確認していきたい。

(i) 関係方面の意見

要綱案②の公表後旧国保法成立に至るまでの間に、関係方面からは様々な意見や要望が出された。国保小史及び国保二十年史には、そうした意見の代表的なものとして、衆議院に提出された決議案・建議案・質問趣意書（昭和11（1936）年5月のもの）、社会事業関係団体や産業組合関係団体からの内務大臣宛の建議や請願、医療関係団体（医師会、歯科医師会、薬剤師会等）の意見や要望等がかなり詳しく紹介されている[83]。そのポイントは次のようなものであった。

(ア) 衆議院に提出された決議案等に示された意見

議会での意見はいずれも政府が国民健康保険法案を議会に早期提出することを求めるものであったが、そのうちの幾つかでは、国保の保険者は勤労階級の自主的相互組織を基礎とする旨が述べられていることが注目される。

(イ) 社会事業関係団体の意見

社会事業関係団体の意見は国民健康保険法の早期制定を求めるものであるが、保険者については特に言及されていない。

(ウ) 産業組合関係団体の意見

産業組合関係団体の意見も国民健康保険法の早期制定を求めるものである

---

82) 清水（1938）40-42頁。
83) 国保小史160-167頁。国保二十年史130-134頁及び143-156頁。このほか、研究書では、蓮田145-212頁、鍾97-111頁、社保前史・3巻140-146頁等に比較的詳しい紹介がある。

第1節　保険者を原則として市町村単位の組合とした理由

が、保険者については、国保実施にあたっては「相互組織ニヨル自治的機関」である「医療利用組合ニ対シテ其ノ医療ヲ嘱託」[84]するよう要望していた。

(エ)　医療関係団体の意見

医療関係団体の意見は、保険医療組織や診療契約の形態・内容、医薬分業の実現、売薬業者の生活保障等自らの利害に関わる意見が中心で[85]、保険者のあり方についての意見はあまり多くないが、それでも、例えば次のような意見が見られる[86]。

・保険者は普通国保組合のみとし、その区域は少なくとも道府県程度とすべき（日医医政調査会第二次中間調査報告）[87]。
・国民健康保険は、国家の経営とし、府県単位でこれを統制し、其の事務を市町村に委託する制度とすること（関西医師大会常務委員会）。
・特別組合を認めないこと（関西医師大会常務委員会。東京、熊本、岐阜、鳥取、奈良、島根、愛知の各府県医師会）。
・一般（乃至普通）国保組合の地域については、府県単位とすべき（熊本、富山、愛知、静岡、岐阜の各県医師会）、市町村単位とすべき（鳥取、福井、奈良、島根の各県医師会）、東京については郡市区単位とすべき（東京府医師会）との意見があった。

また、組合員及び被保険者のあり方についての意見としては次のようなもの（例示）があった。

・世帯員は組合員として強制加入とすること（滋賀、岐阜、静岡、東京、熊本の各府県医師会）。

---

84)　国保二十年史148-149頁。
85)　例えば、日本医師会は、昭和11(1936)年12月19日に「診療内容ノ低下ヲ防止センコト」及び「医師会ノ団体契約権ヲ確立センコト」を期す旨の決議を行っている〔国保二十年史152頁、国保法案経緯56-59頁等〕。
86)　各道府県医師会の意見の詳細（日本医師会が昭和9(1934)年に調査したもの）は、医政調査資料93-215頁に掲載されている。
87)　国保法案経緯22-27頁。

第3章　旧国保法を巡る論点

- 組合加入（組合員資格）に制限を設けないこと（関西医師大会常務委員会。大阪府医師会国保調査会。富山、鳥取、福井、奈良、島根、愛知、三重の各県医師会）。
- 公私の救恤を受ける者は被保険者としないこと（熊本県医師会）。
- 負担能力の乏しい階級者に対しては、特に保険料を補助して被保険者とすること（関西医師大会常務委員会）。

　制度立案に当たった社会局保険部は、当然のことながら、これらに十分な注意を払いつつ作業を進めていったであろうが、保険者及び被保険者に係る規定については、医療関係団体の意見が統一されていなかったこともあり、ここに掲げた関係方面の意見は、産業組合関係団体の意見を別にすれば、大きな修正要因とはならなかったように思われる[88]。

　(ii) 地方長官の意見

　地方長官の意見も、国保小史や国保二十年史に紹介されている[89]が、それによると、大部分の者は国保制度の実施に賛意を表し、反対はわずかに4県の知事のみであったという。また、制度の内容についても大多数は原案[90]に賛成したが、若干の改訂意見もあり、そのうち、保険者に係る主なものとしては、「地区の範囲の拡大を可とすること（神奈川県）」、「地区を原則として府県単位とすること（滋賀県）」、「組合の強制設立を認めること（青森、新潟等7県）」などが、また、加入者に係る主なものとしては、「［適用除

---

88) この他、全国町村長会長からは、昭和12(1937)年7月15日付で、広瀬久忠内務次官宛に、国保制度は将来我が国の保健衛生行政の根幹となる発展性を有する有意義な制度であるにも拘らず、これを市町村区域単位の法人組織が行うこととなれば同一目的を有する市町村と併行する結果、市町村自治体の機能を薄弱ならしめる虞が多分にあるので「国民健康保険制度ハ之ヲ法人組織トスルコトナク市町村ヲ主体トシテ実施スルコト」とする意見書が提出されていることが注目される〔貴族院国保資料139-141頁の他、佐口(1977)253頁を参照〕。
89) 国保小史145-147頁、国保二十年史141-143頁。この他、蓮田143-145頁、鍾109-111頁等。
90) 地方長官の意見中に「保険料負担能力ナキ者」とあるので要綱案③であろう。

第1節　保険者を原則として市町村単位の組合とした理由

外となる」『保険料負担能力ナキ者』の限界を明らかにすること（大分県）」、「保険料負担能力のない者も加入し得る方法を講ずること（青森、福井等4県）」、「保険料の負担能力のない者を適当に救い得る道を講ずること（北海道、福島県、山梨県）」、「多額の収入ある者も、なるべく広く組合員とすること（兵庫、熊本等7県）」などがあった。

　また、朝倉氏資料の中には、上記公刊資料作成の途中段階と思われる資料が「国民健康保険制度ニ対スル地方長官ノ意見」（朝倉氏資料11.5）として綴り込まれており、そこには、保険者については、「保険者ニ付市町村ヲ保険者トナスヘシトセルモノ（二県）」、「市町村ニ委任事務トシテ行ハシムル様スヘシトセルモノ（一県）」、「組合ノ経済ヲ全国共通ナラシムヘシトノ意見アリ」といった記述が、また、被保険者については、多額収入者や貧困者に係る意見の他に「老人幼児ヲモ被保険者トシ又慢性的疾患者等事故多キ者ヲ除外セサル様セラレ度シトノ意見ヲ提出スルモノ相当アリ」といった年齢要件等に関わる記述が見られることも注目される。

　これらの意見を成立した旧国保法の内容と照らし合わせてみると、保険者についての意見は「地区を原則として府県単位とすること」や「組合の強制設立を認めること」のように受け容れられなかったものが多いが、加入者に関する意見は、次節で述べるとおり旧国保法が高所得者・低所得者の双方向にその範囲を広げる指向性を示した点等において、結果的にはある程度の影響を及ぼしたと評することができよう。

(iii)　農村ニ於ケル国民保険ニ関スル実地調査

　清水がいう各地農村についての実地調査[91]とは、社会局規画課が「農村ニ於ケル国民保険ニ関スル実地調査」[92]として昭和9（1934）年10月から昭和10（1935）年5月にかけて2府11県[93]の36町村を対象として実施した調査のこ

---

91)　清水(1938)41頁。
92)　この調査の名称は、蓮田111頁では「農村に於ける国民健康保険に関する実地調査」となっているが、その原資料と思われる医政調査資料71頁の調査名称に従った。

第 3 章　旧国保法を巡る論点

とである[94]）。

　同調査結果の概要は、その序説において、国保制度は特に農山漁村部の庶民階級の医療問題を解決し、その結果、さらに農村の人心の不安を緩和し思想の悪化を防止する効果もあるとの趣旨を述べた[95]）上で、同調査の目的を、国保制度［案］は数回の実地調査を経、各種の資料を参酌して考案されたが、同制度の具体的内容は、地方の実情に即して各個別に定めることを可とし一律に規定することは適当ではないので、「本制度中、大体ノ規準ヲ定メタルノミニテ詳細ヲ各地ノ実情ニ譲リタル事項ニ付、町村ノ実際ノ状況及町村当局ノ意向ヲ知ラムトスルモノ」であると説明している[96]）。

　そして、その調査結果は、「現在医療機関ノ利用ノ便アル地方モ之無キ地方モ、本制度［国保制度］ノ実施ヲ期待シツヽアル…［中略］…現状ナルヲ以テ、農村ニ於ケル国民健康保険組合ノ設立ハ容易ナリト考ヘラ」[97]）れ、「此等町村ノ実地調査ノ経験ニ依ルニ、本制度ノ施行ハ其他ノ一般町村ニ於テモ差程困難ナルモノトハ考ヘラレズ、組合設立ノ比較的容易ナル町村ヨリ実施セバ他モ之ニ倣ヒ漸次全町村ニ本制度ノ普及スル可能性アルコトハ本調査ニ依リ確信ヲ得タル所ナリ」[98]）というものであった。このことから、この「農村ニ於ケル国民保険ニ関スル実地調査」は、その実施時期から見て、市町村

---

93) 青森県、山形県、福島県、新潟県、長野県、千葉県、静岡県、愛知県、京都府、大阪府、徳島県、岡山県、広島県〔医政調査資料74頁、蓮田113頁、国保小史144頁〕。
94) 調査結果の概要は、医政調査資料71-80頁及び蓮田111-117頁に所収されている。その他国保小史144-145頁を参照。
95) 医政調査資料71-73頁、蓮田111-112頁。
96) 医政調査資料73頁、蓮田112-113頁。なお、国保小史144頁では、この調査について、町村当局者はもちろんのこと、町村内の有力者、学校長、医療問題解決のための施設や事業を行っている場合はその代表者等を対象に、国保制度による組合設立の希望の有無、組合員の負担能力及び保険給付の内容、医療組織等に関する一般町村居住者の希望・意向を調査したと述べている。
97) 医政調査資料76頁、蓮田114-115頁。
98) 医政調査資料74-75頁、蓮田113頁。

第1節　保険者を原則として市町村単位の組合とした理由

単位の国保組合という国保の保険者の決定自体に影響を与えた要素ではないものの、そうした保険者による制度の実施が順調に進むであろうことの確信を当局が得る上で大きな役割を果たしたと評価することができよう。

なお、同調査の各説の部分では、被保険者の範囲、保険給付の内容、医療機関、財源についての町村の意向の概要が記載されているが、その中で被保険者の範囲については、①罹病率の高い老幼者を被保険者から除外するのは適当ではないとする意見が多い、②貧困者については、救護法の適用を受ける者等のいわゆる「カード」階級[99]は被保険者から除外するが、それ以外の者は相互扶助の精神から国保制度に加入させたいとするのが全町村共通の意見であった、③多額収入者についても、これらの者を国保制度から除外しないことを可とする町村が大部分であった、とされている点が注目される[100]。

(iv) 定礼その他の医療互助組合

「定礼（じょうれい）」とは、定礼についての唯一といってもよい基本文献[101]とされる『健保の源流—筑前宗像の定礼』の著者井上隆三郎によると、「病気に備え収入に応じた定額を医師に謝礼する」の意味で、常礼（「常日ごろ病気を診てもらっている謝礼」の意味）とも書き、昔は診療未収が多かった医師に［村落内の］各戸から米などを出し合い定額収入を保証することで無医村化を防ごうとした原始的な医療保険制度のことであり、いわば民衆の「生き抜くための知恵」として生まれたとされている[102]。そして、こうした定礼が1830年代（天保期）に宗像郡舎利蔵[103]で始まり、明治期に最も多く、

---

99) 方面委員がその生活状況等を記入する方面世帯票という一定様式のカード（方面カード）に登録された貧困者層をいう〔原31-33頁及び148-149頁を参照〕。単に貧困であるだけでなく、労働能力も乏しく、親族による扶養も期待できない者（貧民、細民というよりは窮民と呼ぶべき者）が多く含まれていた〔伊賀295-303頁を参照〕。

100) 医政調査資料77-78頁、蓮田115-116頁。

101) 宮下48頁。なお、宮下48-51頁には定礼について述べたこれまでの主な研究書・解説書の簡単な紹介がある。

102) 井上(1982)972頁、井上(1979)32-35頁及び41-43頁。

103) 現在の福岡県福津市（旧福間町）。

第3章　旧国保法を巡る論点

1935(昭和10)年ごろの内務省調査では全国に24組合、うち22組合は旧筑前にあり、宗像と鞍手両郡に20組合あったと述べている[104]。

　こうした「定礼（じょうれい）」に代表される医療互助組合[105]の組織や運営は、川村らの整理によると次のようなものであった[106]。

- 組合の組織：部落の地域単位[107]に地域内の居住者を以って組織する地区的組合。
- 組合の管理：概ね部落の区長が組合の事務を主宰し、他に評議員[108]のようなものが数名いる。
- 組合の事業内容：組合は組合員が通常利用すべき医師と予め診療契約を締結し、組合員又はその家族の傷病について療養の給付を行う。患者から一部負担金を取る例が多い。
- 組合の事業に要する費用：組合員から組合費（保険料）を徴収して賄う。組合費は、通常納税額等を基礎とした組合員の資力に応じて賦課し、年2回現金又は代物（米穀）の形で徴収する例が多い。

　こうした医療互助組合は「御上（オカミ）」の強制や指導によることなく、あくまでも地域住民のやむにやまれぬ下からの共同によって造りだされたもの（すなわち地域住民の自発的かつ自治的な組織）である点に最大の特徴があるとも評価されている[109]が、その概要や事例が旧国保法制定時の解説書等にも数多く記載されている[110]ことからすれば、これらが国保制度の普及を

---

104)　井上(1982)972頁、井上(1979)70頁。
105)　福岡県の事例が多いが、他に熊本県天草郡〔国保小史246-249頁、蓮田68-70頁〕や千葉君印旛郡〔千葉国保五十年史37-38頁、蓮田70頁、国保二十年史135頁〕の事例も存在し、「詳細なる全国調査行つたならば更に幾多の興味あるケースがあつた事と思われる」〔蓮田70頁〕と評されている。なお、宮下93-103頁も参照。
106)　川村・石原・簗15-16頁。
107)　「幕末から明治にかけての定礼は…［中略］…主に村（明治以降は大字）単位で行われ［た］」とする記述〔宗像市史・2巻1045頁〕がある。
108)　或いは世話人、協議員、組長などと称した〔蓮田56頁以下等〕。
109)　宮下19頁。

第1節　保険者を原則として市町村単位の組合とした理由

支えるそれなりの「社会的実態」を形成していた111)ことは認めてよいと思われる。

　しかし、これらが要綱案②乃至③の段階における国保の保険者の決定に当たってどの程度の影響を及ぼしたかということについては、社会局保険部の制度立案担当者がどの時点で定礼の存在を明確に認識したかの確認が必要となろう。そこで、この点について見てみると、定礼の存在を当局が把握した時期を窺わせる記述としては、まず、清水が次に述べる越ヶ谷順正会を始めとする国保類似組合の設立指導時期とほぼ同時期に定礼を「発見」したと受け取れる旨を述べている112)。次に、『国保小史』にも、国保制度案（要綱案②乃至③）の公表後に定礼が発見されたと読み取れる記述がある113)。さらに、宗像市が平成11(1999)年に発行した宗像市史には、「昭和十年（一九三五）、農村医療が理想的に運営されている総合扶助制度の事例として福岡・熊本両県下の調査報告が、内務省社会局に提出された。社会局は、このうちの…［中略］…『定礼制度』に着目した。直ちに宗像郡神興村（現福間町）に調査官が派遣され…［中略］…農村に国民健康保険制度が定着するかどうか、その見通しなどを調査確認し、実施について一つの確信に到達した」との記述114)が

―――――――――――――――――――――――――――――――

110)　例えば、清水(1938)42頁及び262-265頁、川村・石原・簗15-17頁の他、国保小史229-249頁、蓮田56-70頁等も参照。
111)　島崎(1994)（第4回掲載〔国保新聞1369号（1994年2月20日)〕）4頁。
112)　清水(1938)42頁の（註）。この発見を清水は「人意を強うするものがあつた」と評している。なお、清水(1938)41-42頁の記述では社会局の行なった実地調査の結果定礼が発見されたようにも理解でき、また、『国保二十年史』にも昭和9(1934)年から翌10(1935)年にわたって行われた国民健康保険実施上の調査において定礼の存在が判明した旨の記述がある〔国保二十年史139頁〕。そして、この調査は、既に述べた社会局規画課による「農村ニ於ケル国民保険ニ関スル実地調査」を指すようにも思われるが、しかし、この調査の対象府県には福岡県も熊本県も含まれていない〔医政調査資料74頁、蓮田113頁、国保小史144頁〕。したがって、この調査はそれとは別の県当局の調査報告書〔蓮田56頁〕により報告されたものということになろうが、報告書の原資料は既に破棄されているとの指摘〔井上(1979)286-287頁、宮下50頁〕がある。
113)　国保小史229-230頁。

あり、定礼「発見」の時期が明示された資料として注目したい。この他、昭和10(1935)年の春頃から社会局事務官として国保の創設に関わった[115]築誠が定礼について記載された福岡県保険課の報告を読んでいる[116]ことから、同報告が社会局に届いたのは昭和10(1935)年の春以降であろうと推測できるとの宮下和裕の指摘[117]にも肯けるものがある。

　これらの記述から総合的に判断すれば、定礼その他の医療互助組合の影響は、国保の保険者における地域組合主義の採用を決定づけたものではなく[118]、事後的にその妥当性を補強するものであったと見るのが適当であろう[119]。その点で「旧国保法は定礼制度を『模倣』したわけ…［中略］…ではなく、時間的な前後関係から言えば、国民健康保険制度要綱案の発表段階で制度のフレームはできて［いた］。」、「しかし、…［中略］…定礼制度の存在［は、］…［中略］…保険の観念が農村に受け入れられるかどうか不安であった内務省社会局の担当者に、国保制度が農村の実態に適合するとの確信を抱かせる上で多大な貢献があったというべきである」という島崎の指摘[120]は正鵠を射ていると思われる[121)122)]。

---

114)　宗像市史・3巻366頁。
115)　国保二十年史43頁。
116)　井上(1979)52-53頁。
117)　宮下47頁。
118)　したがって、定礼の存在を地域組合主義採用の「最大の理由であった」〔吉原・和田76頁(吉原稿)〕とするのは言いすぎであろう。
119)　同旨・佐口(1995)64頁。なお、国保制度立案者の一人である川村は、医療互助組合や次に述べる国保類似組合の紹介をした上で、「吾々の主張が決して机上論ではなかつたことの確信を得たことを喜ぶ」と述べている〔川村(1937)41頁。川村(1938)47頁（社保前史・3巻158頁に所収）〕。
120)　島崎(1995)54頁。
121)　なお、鍾110頁は、要綱案②の作成段階で内務省社会局が医療互助組合から色々なヒントを得ていたと述べるが、本文で述べたようにそれは妥当ではあるまい。鍾がヒントの例として挙げる組合の役員が名誉職であることについても、当時の市町村においては、市長及び市助役は有給職であったが、町村長、町村助役、市町村会議員は原則として名誉職であった（市制（明治44年法律第68

第1節　保険者を原則として市町村単位の組合とした理由

(v)　国保類似組合の試行

　要綱案②の公表後、社会局としては、制度の実施に先立って、国保組合の類似組合（国保類似組合）を試験的に作り、制度の実現に供したいと考え[123]、三井報恩会から、政府がこの制度を取り上げて［大蔵省］予算を承認するまでの間、毎年およそ1万円を限度として助成金を出してもらい、昭和10(1935)年12月から昭和12(1937)年1月にかけて、埼玉県、愛知県、熊本県などに12の国保類似組合[124]を設立し事業を実施した[125]。その代表格が埼玉県の越ヶ谷順正会ということになる[126]。

　こうして、国保類似組合は「いずれも昭和十三年国民健康保険制度実施のときまで事業を行い、モデル組合として、多くの困難を克服して立派に、その使命を果し、国民健康保険制度の成立に大きな貢献をした」[127]のであるが、

　　号）第19条第1項、第73条第1項及び第75条第1項、町村制（明治44年法律第69号）第16条第1項及び第61条第1項）こと〔百瀬108-109頁、内務省史・2巻431頁〕からすれば、特記するほどのことではないように思われる。
122)　なお、余談になるが、本文に述べたような意味で国保制度の妥当性につき当局を勇気づけた最初の事例は、昭和8(1933)年に設立された広島県松永町の村上木履工場仕上職工共済会（その概要については清水(1936)262頁を参照）であった可能性がある。戦後に川西が「「国保に類したものが日本の〕どこかに何かゞある筈だと鵜の目鷹の目で探していた時…〔中略〕…広島県の下駄屋組合のオヂさん達が…〔中略〕…仲間で小規模ながら我々のネライを実行していることを知らせてくれた時の嬉しさは未だに忘れることは出来ない」〔座談会10頁〕と回顧しているのが、この共済会のことと思われるからである〔国保二十年史134-135頁も参照〕。
123)　「今風に言えばパイロットスタディを実施し」て、国保制度の「フィージビリティなどを確認し」たい〔島崎(1995)54頁〕と考えたわけである。
124)　その概要については、清水(1938)240-262頁、長瀬(1938)299-331頁、国保小史254-263頁、蓮田120-142頁等を参照。なお、資料により組合の設立年月日が微妙に異なるものもあるが、ここでは、清水(1938)240-262頁の記述に従った。
125)　国保小史・序文5-7頁及び253頁、国保二十年史18頁及び134-139頁、蓮田118-119頁等を参照。
126)　越ヶ谷順正会については越ヶ谷順正会事業要覧を参照。また、埼玉国保史4-26頁に詳しい紹介がある（蓮田120-132頁にもその抜粋が所収）。

第3章　旧国保法を巡る論点

以上の経緯からも明らかなとおり、要綱案②の企画立案に当たり保険者を決定する要因となったわけではない[128]。

第2節　加入者の範囲と加入の強制性の変化

本節では、要綱案②と成立した旧国保法との間で、普通国保組合（要綱案②では一般国保組合）における加入者（組合員・被保険者）の範囲と加入の強制性の程度及びその背後の考え方がどのように変化したかを確認しておこう。

1　要綱案②における加入者

要綱案②においては、一般国保組合が設立された場合には、組合員有資格者（組合の地区内の世帯主又は世帯管理者）は全員強制加入とされたが、その理由は、「逆選択を防止し社会保険たる特色を発揮せしめんとする趣旨に出づるもの」[129]と説明されている[130]。また、組合員は同時に被保険者となる

---

127)　国保二十年史139頁。
128)　なお、西村は、国家による農村医療政策（公費補助医制度、医療公営制度、救療事業、無医村診療所施設）が十分な効果を上げ得なかった一方で、従来指摘されてきた医療利用組合以外の、道府県・市町村という地方自治体主導による社会保険的相互扶助組織形成の動き（補助診療組合、医療互助組合、出産扶助組合、国保類似組合の多くを占める隣保事業組合）が国保の基礎となる社会基盤を整備し、政府はこれらの動きを取り入れつつ旧国保法の法案内容を変更していった旨を主張している〔西村415-427頁及び432-433頁〕。参考となる記述も多く大局的な指摘としては妥当と考えるが、法案作成のどの段階でどのような具体的動きがどの規定に影響を及ぼしたかについては、さらに精緻な調査・分析が必要であろう。本書での検討は、国保の保険者決定に関し筆者なりにそうした分析を試みたものである。
129)　社会局概要。
130)　なお、法成立後の解説であるが、川村らは、社会保険において強制加入を理想とする理由として、保険思想の乏しい者等も加入させ国家的保護の普及を図ることと、逆選択の防止（危険率の高い者（疾病保険では病弱者）のみが加

第2節　加入者の範囲と加入の強制性の変化

が、さらに、組合員は、その属する世帯の世帯員を包括して被保険者とすることができるとされた。これについては、「世帯員は当然被保険者たるものとするを理想とすべきも斯くては組合員の保険料の負担過重となる虞あるを以て一と先づ之れが加入は任意とし只逆選択を防止する意味に於て包括加入の制度を採用するのである」[131]と理由が述べられている。

ただし、被保険者からは、多額収入者（多額の収入ある者及其の同居家族）、貧困者（法令の規定に依り公の扶助を受くる者）及び他制度から同様の給付を受けている者（下士官以下の現役軍人、健康保険の被保険者、法令に依る共済組合の組合員）と「其の他組合規約を以て定めたる者」が除かれている。このうち「多額の収入ある者及出捐能力なき者」を除く理由については、社会局概要は「制度の性質上」と述べるのみであるが、「昭和九年七月　国民健康保険制度要綱立案理由説明資料」（朝倉氏資料16）では「本保険ニ於テ多額ノ収入アル者及出捐能力ナキ者ヲ除外セントスル所以ノモノハ蓋シ本保険カ社会保険タル性質上多額ノ収入アル者ハ其ノ経済生活ニ余裕アルヲ以テ疾病負傷ニ依リ直チニ生活ノ脅威ヲ受クルコトナカルヘク従ツテ本保険ノ必要ナシト認メラルルカ故ニシテ又出捐能力ナキハ保険ノ相互扶助的性質ヨリ考フルモ寧ロ救護ノ対象トナルヘキモノニシテ保険ノ対象トナスコト適当ナラスト認メラルルカ故ナリ」と明確に理由を述べ[132]、さらに、「多額ノ収入アル者及出捐能力ナキモノガ本保険ヨリ除外セラルヘキコトハ本保険カ社会保険タル性質ニ鑑ミ当然ノコトナリ」とまで言い切っている。おそらく「制度の性

入し保険経済を悪化させることの防止）を挙げている〔川村・石原・簗7頁〕。
131）　社会局概要。
132）　この他、要綱案③についてのものであるが、国民健康保険制度要綱案の付属説明とされるものでも「多額ノ収入アル者ヲ除クハ本保険ノ社会保険タル性質ニ基キ保険料負担能力ナキ者ヲ除クハ本制度ガ相互扶助ヲ基調トスル保険制度タルノ結果ナリ」との説明がなされ〔医政調査資料1頁、蓮田75頁〕、川西も「多額の収入ある者を除くのは、本保険が国家公共団体の保護援助を受け、或る程度の強制を伴ふ社会保険たるの性質に基く…［中略］…保険料負担能力なき者を除くのは本制度が保険料を負担する者、相互の扶助連帯を基調とする保険制度たるの結果である」と述べている〔川西7頁〕。

質」は自明のことであったのであろう。すなわち、多額の収入ある者（高所得者）は社会保険の扶助原理（社会的性格）から見て保険加入の必要性がないとされ、出捐能力なき者（低所得者・貧困者）は社会保険の保険原理（保険的性格）から見て保険加入の能力がないとされたのである。

なお、年齢要件に関しては、既に述べたように、要綱案②の検討段階では、老年者や弱年者は保険計算の基礎となる疾病統計資料を欠き、また、疾病発症の危険が多いことから、「暫ク之ヲ除外スル外ナシ従テ原則トシテ労働年齢（例ヘハ十五歳以上五十五歳未満）ニ属スル者ノミニ［被保険者を］限定スルヲ可トセン」133)、或いは「暫ク之ヲ除外スルカ安全ナリト認メラルル」134)といった「考究」が行われたが、最終的には、老年者や弱年者について法律による一律の適用除外はしないが「只組合ノ事情ニ依リ之等ノ者ヲ保険ヨリ除外シ得ル」こととされた135)ことに注意する必要がある。このように（負担する保険料よりも受給する保険給付の方が多い）老年者・幼少者の適用除外

---

133)「国民健康保険制度立案ニ関スル原則　社会局保険部（昭和九年五月刷）」（朝倉氏資料8）。
134)「昭和九年七月　国民健康保険制度要綱立案理由説明資料」（朝倉氏資料16）。
135)「昭和九年七月　国民健康保険制度要綱立案理由説明資料」（朝倉氏資料16）。なお、要綱案②には、適用除外者として「其の他組合規約を以て定めたる者」が挙げられている。川村の説明では、これは遊廓の娼妓の加入を制限するような場合を想定しているとのことであるが〔川村（1934a）25頁、医政調査資料23頁、蓮田90頁〕、文理上は、各組合が組合規約で定めることにより一定の年齢要件の者を被保険者から除外することも可能である。また、この点に関連して、要綱案③の「組合ハ…［中略］…組合規約ヲ以テ定メタル者ヲ被保険者ト為サザルコトヲ得ルコト」という文言〔医海時報2089号（昭和9年9月8日）17頁に拠る、医政調査資料5頁及び蓮田78頁で「組合規約」を「契約」とするのは誤り〕について、国民健康保険制度要綱案の付属説明とされるものでは「組合カ老人幼児ノ如キ危険率高キ者不具廃疾又ハ慢性病者又ハ特殊ノ職業ニ従事スル者等ノ加入ヲ欲セサルトキハ…［中略］…是等ノ者ヲ除外シ得ル途ヲ拓キタルモノナリ」との説明がなされ〔医政調査資料5頁及び蓮田78頁〕、川西も「組合が不具廃疾又は慢性病者、又は特殊の職業に従事する者、又は老人幼児の如き危険率特に高き者等の加入を欲せざる時は…［中略］…之等の者を除外し得る途を拓いた」と述べている〔川西11頁〕。

についての考究が行われたということは、この段階で、保険財政上の観点から保険原理を重視した検討がなされたと評することができる。

　以上のことからは、要綱案②の段階における加入者の範囲と加入の強制性の程度については次のようなことが言えるであろう。すなわち、社会局は、保険料を負担する組合員（有資格者）たる世帯主については逆選択防止の観点から全員強制加入とする一方で、世帯員については、全員加入を理想としつつも、組合員の保険料負担が加重とならないようにとの考慮から、任意加入とすることや組合規約による被保険者資格の限定もやむを得ないとしたが、多額収入者や貧困者は、社会保険の性質上「当然」に被保険者から除外した。このように整理してみると、要綱案②の段階の国保は、社会保険の理論（しかもどちらかというと扶助原理よりも保険原理に軸足を置いたもの）に忠実で、保険財政にも配慮した合理的な制度設計からスタートしたと言えるのではないか。そして、国保は、要綱案②の段階では、必ずしも高所得者や低所得者をも包含した「皆保険」を指向しているわけではなかったのである[136]。

2　旧国保法における加入者

　加入者に関しての要綱案②と旧国保法との最大の違いは、組合員有資格者（基本的に世帯主）についての加入強制の程度が、全員強制加入から原則任意加入へ変更されたことにある。すなわち、要綱案②においては、一般国保組合の設立自体は任意とされたが、いったん組合が設立された場合には、組合員有資格者（世帯主又は世帯管理者）は全員強制加入とされた。しかし、内務省法令審査会における衛生局の反対を受けての修正の結果、旧国保法においては、普通国保組合が設立された場合でも組合員有資格者（世帯主）の加入は原則として任意とされ、一定の例外的場合（有資格者の2/3以上が既に組合員である場合において地方長官が必要ありと認めて[137]その組合を指定したとき

---

[136]　もっとも、これに対し、北場38頁は、「萌芽的な形ではあれ」と断りつつも、この時点で「国民皆保険」の考え方が出現したと評価している。

第3章　旧国保法を巡る論点

（第13条））のみ全員強制加入とされたのである。こうした規定の変化のみを見ると、組合員の加入強制の程度が緩められた分だけ、強制的加入者（組合員を含む被保険者）の範囲は当然狭まったように思われる。しかし、文理上はそのとおりであろうが、旧国保法については、以下の点に留意する必要がある。

　第一は、被保険者についての規定の仕方である。要綱案②では、組合員は同時に被保険者となり、また、組合員の属する世帯の世帯員については、原則として任意加入としつつも組合員が世帯員を加入させ得るものとし、その場合には逆選択防止の観点から個別加入を認めず世帯員全員を包括加入させることとした。これに対し、旧国保法においては、被保険者は組合員及び世帯員とすることを原則としつつ、組合が規約の定めるところにより世帯員を包括して被保険者としないことができると規定された。すなわち、規定の文言上は、要綱案②は組合員のみを被保険者とすることを原則としたのに対し、旧国保法（第14条第1項本文）は組合員と世帯員の両方を被保険者とすることを原則としたのである[138]。そして、清水は「組合員のみを被保険者とするか又は其の組合員世帯に属する者をも被保険者と為すかは組合の任意である」と述べながら、続けて「原則としては尠くとも普通［国保］組合に在り

---

[137]　「必要アリ」と認められる場合とは、全員強制加入とすることがその地区内の住民の福祉増進のため特に必要と認められるような場合のことで、具体的には「全村加入により地方病の撲滅を図り得る場合」〔清水(1938)82頁〕や「無医村等において組合が設置・経営する医療機関を維持する上で一定数以上の組合員を常に必要とする場合」〔川村・石原・簗60-61頁〕などが想定されていたようである。

[138]　もっとも、この変更は要綱案②から要綱案③になった段階で早々になされている。また、要綱案②では、世帯員を被保険者とするか否かは各組合員の判断・意思に委ねられていたのに対し、要綱案③から旧国保法まではそれは組合の判断（規約）に委ねられている。清水が、逆選択防止の観点から組合員中のある世帯は世帯員を被保険者とし、ある世帯は被保険者としないというようなことは認められないと述べている〔清水(1938)86頁、同旨・長瀨(1938)43-44頁〕ことからすると、この要綱案②の規定は詰めが不十分なまま公表された可能性もある。

ては世帯員をも共に被保険者と為すべきものである。殊に法第十三条の規定に依り強制加入となりたる組合に在りては条理上当然世帯員をも被保険者と為すべき」と述べて、世帯員も被保険者とすることを強く要求した[139]。

　第二は、第一とも関連するが、適用除外の具体的対象を定める規定の書き方である。既に述べたとおり、要綱案②においては、「前二項［上述の被保険者に係る規定］に拘らず被保険者と為ることを得ざる」〔傍点は筆者〕者として(a)多額収入者（多額の収入ある者及其の同居家族）、(b)貧困者（法令の規定に依り公の扶助を受くる者）、(c)他制度から同様の給付を受けている者（下士官以下の現役軍人、健康保険の被保険者、法令に依る共済組合の組合員）、(d)其の他組合規約を以て定めたる者[140]の四者が示された。そして、これらの者は「……に拘らず……得ざる」という要綱案の文言を素直に読む限り、加入を望んでも加入できないという意味での適用除外であったと解される。これに対し、旧国保法[141]（第14条第1項但し書き）は、適用除外者として、①健康保険の被保険者、②他の国保組合又は組合の事業を行う法人（医療利用組合）の被保険者、③特別の事由のある者で組合規約で定めるものを挙げており、これらも被保険者となることができないという意味[142]での適用除外であった。両者の適用除外規定は必ずしも厳密に対応しているわけではないが、旧国保法においては、適用除外対象から所得要件によるもの、すなわち、多額収入者と貧困者が除かれたことは明らかであろう。また、③の組合規約による適用除外者としては、官業共済組合等の組合員、組合の区域内に転入して一定期間を経過しない者、住所不定者などが想定されていた[143]ことからす

---

139) 清水(1938)85頁。また、国民健康保険制度要綱案の付属説明とされるものでは、要綱案③の段階で、「組合員及其ノ世帯ニ属スル者ニ対シ被保険者タルコトヲ強制スルモノナリ…［中略］…一般国民健康保険組合ニ在リテハ実質的強制トナル」との説明がなされていた〔医政調査資料5頁、蓮田78頁〕。
140) この中に老年者及び弱年者を含み得ることについては既に述べた。
141) ただし、既に述べたように、被保険者についての規定振りは、法案①の段階ではほぼ固まっていた。
142) 清水(1938)86頁では、これらの者を「被保険者為り得ざる者」としている。

れば、当初から「考究」されてきた年齢要件による老年者や弱年者の適用除外も見送られたものと考えられる。このように、旧国保法においては、要綱案②よりも、適用除外者の範囲が明らかに狭くなっており、強制加入でこそないものの、加入を望みさえすれば加入できる者の範囲は拡大していたということができよう。

ただし、組合員有資格者全員の強制加入という例外的な場合[144]において強制適用から除かれる者は命令により定めることとされ（旧国保法第13条）、旧国保法施行規則第70条では、組合員となるべき者の範囲より除外される者として、①多額収入者（その範囲は地方の実情を参酌して地方長官が定める）、②貧困のため法令による救護を受ける者[145]、③その他地方長官において特別の事由ありと認めた者[146]が規定されているので、組合員強制加入の場合に多額収入者と貧困者が適用除外とされるのは要綱案②と同様に見える。しかし、この点につき、清水は「強制加入除外の規定は加入を欲せざる者に付き加入を除外する趣旨で〔あって、強制加入除外に〕該当する者と雖も自ら加入せんとする者を拒むものではない。殊に普通組合が農村に設立された場合の如き多額の収入ある者は進んで之に加入し全村協和の実を挙げんことを所期するものである」[147]と、また川村らは「強制加入より除外せることは任意の加入を禁止するの意ではない。従つて多額の収入ある者等が進んで組合員となることは寧ろ望ましきこと、謂ふべく、事実に於ては挙村一致組合員となることが本制度の所期する所である」[148]と述べて、全員強制加入の場合の

---

143) 清水（1938）86頁。
144) これについても「〔強制加入は〕例外的でなく寧ろ原則的の方が有効だらうと論ずる人もあつた」という〔古瀬18頁〕。
145) 清水（1938）83頁では、通牒（「国民健康保険法第十三条ノ規定ニ依ル普通国民健康保険組合ノ指定ニ関スル件」（昭和13年7月5日社発第713号地方長官宛社会保険部長通牒）〔国保法令と解説281-282頁〕）を踏まえ、「救護法、母子保護法に依る生活扶助を受くる者を指す」と説明している。
146) 清水（1938）83頁では、前注の通牒を踏まえ、「例へば医師、外国人の如く組合員と為す必要なきか又は之を不適当とする場合である」と説明している。
147) 清水（1938）83頁。

適用除外規定は、多額収入者や貧困者が国保への加入を望まない場合に無理に加入させることはできないが、加入を望んだ場合にはそれを拒むものではない（すなわち、加入を望めば加入できるという意味での適用除外）との解釈を示し、この点でも、適用除外の範囲を狭め、加入し得る者の範囲を拡大しているのである[149]。

そして、第三の最大のものは、旧国保法の規定の文言と実際の法の運用とのギャップである。第一及び第二で見たとおり、旧国保法は、法文上は世帯員のみならず世帯主も原則として任意加入としながら、その運用上は、「貧富を論ぜず広く其の住民をして保険せしめらるる様指導する方針であ」[150]って、例外的な強制適用の場合においてすら適用除外となる多額収入者でさえも「進んで之に加入し全村協和の実を挙げ」[151]「事実に於ては挙村一致組合員となることが本制度の所期する所である」[152]とし、また、世帯員についても「原則としては尠くとも普通［国保］組合に在りては世帯員をも共に被保険者と為すべき」[153]として、地区内の世帯主及び世帯員の全員加入を強く指

---

148) 川村・石原・簗62頁。なお、この点については、衆議院における昭和13(1938)年2月15日の添田敬一郎委員長報告の中で「国民健康保険組合ノ設立ニ当ッテハ、共同団結及ビ隣保相扶ノ美風ヲ尊重助長スル意味ニ於テ、多額ノ収入アル者モ貧シイ者モ挙ッテ加入スルコトガ望マシイ」との政府答弁があった旨が紹介されている〔添田報告258頁（経過記録・議会議事録410頁、清水58頁、川村・石原・簗34頁にも所収）〕。ちなみに、議事録には「共同団結」と記録されているが、これは速記者が「郷土団結」を聞き間違えて記録した可能性があろう。

149) 同旨・長瀬(1938)16頁。なお、旧国保法第13条の「組合員タル資格ヲ有スル者（特別ノ事由アル者ニシテ命令ヲ以テ定ムルモノヲ除ク）」の文理解釈から、本文で述べたような解釈ができるかどうかは疑問であるが、多額収入者や貧困者は原則である任意加入の場合でも加入できるのに、加入強制の程度が強められた例外的場合には逆に加入できなくなると解するのは合理的ではないと考えれば、そうした解釈も可能であろうか。

150) 清水(1938)65頁。
151) 清水(1938)83頁。
152) 川村・石原・簗62頁。
153) 清水(1938)85頁。

第 3 章　旧国保法を巡る論点

向していた。結局のところ、国保加入者に係る旧国保法成立時乃至それ以降の当局の説明は、組合員については「本制度に於ては組合員の加入を原則として任意としてゐる［が、］…［中略］…組合設立の指導方針としては普通組合に在りては地区内居住者全部の加入を目標と［する］」154)ということに、また被保険者についても「本保険の被保険者と為るや否やは任意に委せられて居る訳であるが、組合員として加入すれば、当該組合員及其の世帯員は原則として総て組合の被保険者となる」155)ということになったのである。

3　評　価

　以上見たとおり、旧国保法においては要綱案②と異なり、組合員有資格者の加入は原則任意となったが、（加入を望めば加入できるという意味での）潜在的加入者の範囲は多額収入者や貧困者にまで拡大し（経済的要件の緩和）、年齢要件の設定も見送られた。そして、その上で、制度上は任意加入であるにもかかわらず、運用上は拡大された潜在的加入者（全町村民）の全員加入を目指したのである。こうした要綱案②から旧国保法への変化を見ると、当局の姿勢が、社会保険の理論に忠実であることよりも、郷土団結や農村内の協和による地域共同体の安定をより重視する方向へと変化したことが窺える156)。その背景には、おそらく、恐慌を経て戦時色を強める中での農村内

---

154)　川村・石原・簗59頁。
155)　川村・石原・簗43頁。
156)　この点については、既に述べたように、昭和10(1935)年10〜12月の社会保険調査会の議論において地方の「協同偕和ノ美風ヲ、傷フ」ことへの懸念が表明され〔経過記録・調査会議事録44頁〕、また、昭和11(1936)年の「国民健康保険制度案立案の趣旨と其の解説」の中で、「従来一致団結せる農村等の平和を破壊せざらんことを期して」特別の事情がある組合においては多額収入者を被保険者とすることができることとしたとの説明がなされている〔社会局保険部11頁〕。さらに、旧国保法成立後の解説の中で川村らは、富裕者について「国民健康保険に於ては…［中略］…事実上富裕者の加入する場合の生じ得ることを予想してゐる。蓋し農村地方に於ては富裕者の故を以て若干の村民を本組

第 2 節　加入者の範囲と加入の強制性の変化

部の融和の必要性や軍部等からの国民の体位向上の要請の強まりといったいわば外在的な要因に加え、社会局におけるもともとの医療保険適用拡大志向[157]、そして何よりも前述の「農村ニ於ケル国民保険ニ関スル実地調査」等において多額収入者、貧困者等を除外することへの反対が強かったこと[158]があったものと思われる[159]。

しかし、全住民の国保加入を目指すのであれば、強制加入制を採ることが最も確実な方法であるが、実際には衛生局の反対（という不合理な理由）により任意加入制を前提とした全員加入を目指さざるを得なくなった。そして、そのギャップを制度論的乃至政策的にどう整合的に説明するかに立案担当者たちは苦慮したというのが正直なところであって、そこで持ち出された理屈が地域の多様性を理由とした時期尚早論により強制加入制を任意加入制に変えたことを正当化した上で、実際上は郷土団結或いは隣保相扶や相扶共済の精神の強調により全員強制加入と同様の効果を上げることであったものと思

　　　合より排除することは、農村社会の一体性を害し実情に即せざる虞あるを以てゞある」と述べ〔川村・石原・築 3 頁、同旨・長瀬（1938）43頁〕、また、貧困者について「殊に農村等に於ては住民の一部を救療階級として本組合［国保組合］への加入を阻むといふやうなことは一致団結せる農村の美風を破壊するものであつて甚だ面白くない」と述べている〔川村（1938）29頁（社保前史・ 3 巻154頁にも所収）、同旨・長瀬（1938）43頁〕。
157) 　中静203頁を参照。
158) 　昭和10（1935）年 5 月27日付の「医療公営の利害得失」（朝倉氏資料15）では、実地調査の結果を「実地調査ノ結果ヨリ見ルトキハ家族ヲ除外スル希望ナキハ勿論多額ノ収入アルモノ及保険料負担能力ナキ者ヲ除外シ又ハ年齢ニ依ル制限ヲ設クルカ如キモ町村ノ団体生活ヲ破壊スルコトトナルヘシトテ反対多キ」とまとめている。
159) 　もっとも、貧困者の国保加入も認めるとの方針転換が具体的にどの時点で行われたのかは、多額収入者に比べるとはっきりしない。昭和11（1936）年 1 月 5 日脱稿と記された清水（1936）の中に、「多額の収入ある者及び其の世帯員の取扱に就ては厳重なる差別を為さゞる」一方で「貧困の為め法令に依る救護を受くる者は被保険者たり得ず」とする記述〔清水（1936）258頁及び265頁〕があることからすれば、そうした方針転換は少なくともそれ以降であったということになろう。

第3章　旧国保法を巡る論点

われる。

　具体的には、任意加入制としたことについては、「法律ヲ以テ多額ノ収入
アル者ノ加入ヲ強制スルト云フコトハ、現在ノ情勢トシテ適当デハナイ」
(傍点筆者)160)、「[組合の設立・加入・事業内容等のいずれについても]千差万別
なる各地方の実情に適せしむる様かくの如く自由の範囲を多くしてある」161)、
「国民保険も亦強制加入を理想的形態とするが、其の発達は主として任意加
入の形態を以て始まつてゐるのを通例とする」162)、或いは「[国保の]対象
とする処は広く各種の階層の職業を異にする者を含み、且又農山漁村等に於
ては地方に依り夫々環境、慣習、傷病率、保険思想の普及発達、貧富の状況
等を甚だしく異にして居る実情に在るので、今直ちに之等の者を総て一率に
強制的に被保険者たらしむることは困難である」(傍点筆者)163)、さらには
「たとひ加入が任意であつても濫りに加入を肯んぜず、或は恣に組合より脱
退するが如き者が多数に上ることは想像し難い」164)といった説明が行われた。
しかし、これらの理由は、保険給付の内容や保険料設定については妥当する
ところがあるにしても、こと加入に関しては社会局が要綱案②においては強
制加入制を採用することを表明し、旧国保法成立後もそれを理想としていた
ことからすれば165)、いずれも後付けの理屈との印象を免れない166)。

---

160)　添田報告258頁(経過記録・議会議事録410頁、清水(1938)58頁、川村・石
　　　原・簗34頁にも所収)。
161)　清水(1938)67頁。
162)　川村・石原・簗6頁。
163)　川村・石原・簗43-44頁。
164)　長瀬(1938)15頁。
165)　川村・石原・簗6頁及び44頁等。
166)　近藤文二は、清水が「[任意加入制に改めたのは]一律に強制加入制度とす
　　　ることは必しも地方の実情に合致せざるものあるべきを慮りたる結果であ
　　　[る]」〔清水(1936)256頁〕と説明したことを捉えて、早くも昭和12(1937)年
　　　3月の時点で「何が『地方の実情』であるのかその正体が判明しない」との批
　　　判を行っている〔近藤文二(1937)9頁(近藤文二(1958)27-28頁所収)〕。なお、
　　　後に佐口卓は、旧国保法が任意保険の形態をとった理由として、①医師団体へ
　　　の遠慮があったこと、②国保がその本質で労働者保護ではなく、自営業者(特

第2節　加入者の範囲と加入の強制性の変化

そして、その上で、「現在存在スル隣保相扶ノ美風ヲ活用シテ、地方ノ実情ニ合セテ、事実上全町村民加入ノ実ヲ挙ゲルヤウニ指導シテ行ク」[167]、「組合員の加入に付ては普通組合に在りては地方郷土団結の精神に依り…［中略］…組合員たり得る者に或種の心理的強制の加はることを予想し、之に依り強制加入たると同様の効果あらしめんことを期する」[168]或いは「［郷土］団結の力に依りて事実上強制主義に依ると同様の効果を挙ぐる」[169]というように、運用上は全町村民の国保加入が目指された。その推進の梃子とされたのが「郷土団結の精神」や「隣保相扶ノ美風」或いは「相扶共済ノ精神」

に農民）を対象としていたこと、③低所得者には保険料負担の問題があることを挙げている〔佐口(1995)71-72頁〕が、①については必ずしも事実ではなく〔前掲第2章注44)を参照〕、②については本文で述べたのと同様の批判が当てはまり、③については要綱案②の段階でもともと貧困者は保険の対象としないこととしていたのだから、必ずしも説得的な理由とはなっていないのではないか。また、西村万里子は、医療互助組合等が任意加入形式でも加入率が100%に近く社会保険的な組織としてうまく機能していた点を社会局が重視し、国保組合はその形態に倣った旨を述べるが〔西村426頁〕、医療互助組合の発見が社会局の担当者に国保組合の妥当性を確信させる上で大きな影響を与えたのは事実であるにせよ、本文で述べたとおり、それが強制加入制から任意加入制への切り替えを積極的に促したということではあるまい。社会局にとっては、国保が原則任意加入制となったのはやはり不本意なことであったと思われる。実際、長瀬は、差し当たり任意加入制度を採用したのは「次善の策として已むを得ないのである」と告白している〔長瀬(1938)79頁〕。ただし、国保が任意加入主義でスタートしたことに関しては、以上とは別に「当時いまだ完全に止揚せられてゐなかつた自由主義政治思想への配慮にほかならぬ」〔小島(1943)263頁〕という記述も見られる。これは、制度創設時にはなお個人の自由（自己決定）を尊重する個人主義的傾向が社会に若干残っていたこと〔第4章の注107)も参照〕を大東亜戦争時の思潮的変化（国家中心主義・統制主義への重点の移行）のフィルターを通して回顧的に評価したものとも思われるが、この点については今後さらに精査したい。

167)　添田報告258頁（経過記録・議会議事録410頁、清水(1938)58頁、川村・石原・簗34頁にも所収）。
168)　清水(1938)75頁。
169)　川村・石原・簗44頁。

第3章　旧国保法を巡る論点

（旧国保法第1条）であって、その意味で、国保は「単なる経済的施設[「事業」の意味]たるに止らず、隣保の精神的結合をも助長する国家的施設」[170]であったと言える[171]。すなわち、条文と運用のギャップを「相扶共済ノ精神」という精神的訓示規定により繋ぎ合わせようとした。

こうして、要綱案②のときとは異なり、法律制定時には、旧国保法は、その制度論的理由付けは論理的には必ずしもすっきりしたものではないにせよ、制度基盤の脆弱性を精神的乃至道徳的スローガンの強調でカバーしつつ、事実上の全地域住民の加入という皆保険への指向を有するようになっていったのである[172]。

第3節　国保組合の性格

前節までは、旧国保法における保険者が原則として市町村単位の組合となった経緯と理由及び被保険者の範囲の微妙な変化の経緯について見てきたが、本節ではそのようにして生まれてきた普通国保組合が、社会局の制度立案者によってどのようなものとして位置付けられていたかを確認しておきたい。

---

170) 清水（1938）69頁。
171) この点につき、佐口は「[旧国保法は]組合が任意設立・任意加入を運営の原則とした組合主義の採用だったので、ことさらに相扶共済を強調せざるをえなかった」との指摘〔佐口（1995）101頁〕を、また、中静は「強制加入制が弱められたために、制度存立への懸念に応えるためには『隣保相扶』の方を強めざるをえなくなった」との指摘〔中静214-215頁〕を行っているが、いずれも妥当と思われる。
172) これに関連して、やや観点は異なるが、中静も、川村が、旧国保法の解説において、同法成立後は対象者を限定するような文言を極力弱めて「一般国民」を前面に打ち出すような変更を意識的に行っているとの指摘をしている〔中静265-266頁〕。

第 3 節　国保組合の性格

1　国保制度の位置づけ

まず、国保制度（旧国保法）自体がどのようなものとして捉えられていたかを見ておこう。

清水によれば、国保の本質は次のようなものであった[173]。

① 一般庶民階級（いわゆる中産階級）を本来の対象とする社会保険。
② 一般庶民階級の傷病の治療をその任務とする疾病保険。
③ 国保組合の設立、加入、事業内容等いずれも任意となされている任意的の保険。
④ 国家がその人民の福利の増進を企図し施設するところの公法上の施設[174]。
⑤ いわゆる社会政策的施設。ただし、清水のいう社会政策の意味は「社会政策を労働政策と同一義に解することなく、広く社会改良政策の意に解し」たものであり、「此の意味に於ては国家が社会の弱者を特に保護することに依り社会の福祉の増進を図る施設を為すことが社会政策の義に適ふ」との理解に立つものであった[175]。
⑥ 法律上の性質は、保険的方法による庶民の傷病等の場合の国家の保護施設。双務契約の形式を採るものではなく、保険料と保険給付が対価的関係に立たない[176]点で、私法上の保険とは根本観念において異なるものとされた。

また、川村らの解説書では、国保制度の性格について「社会保険の方法に依り、一般少額所得国民の疾病、負傷、分娩又は死亡の際に於ける経済的困

---

173)　清水（1938）65-69頁。
174)　ここでいう「施設」或いは「施設する」は、それぞれ「事業」或いは「事業を行う」の意味と解される。
175)　清水（1938）67頁を参照。
176)　これは、いわゆる給付・反対給付均等の原則が成り立たないことを指しているものと思われる〔清水（1938）99頁及び国保実務提要（1938）2頁も参照〕。

第3章　旧国保法を巡る論点

難を救済せんとする国家の社会政策的施設[177]である」と総括的に述べた上で、次のように整理している[178]。

① 民営保険や共済組合の事業等と異なる国家の施設。
② 「経済力の薄弱な国民に対し、其の生活の安定を得しむる為」の施設という意味での社会政策的施設。
③ 保険的方法による施設（社会保険の一種）[179]。
④ 傷病の際における経済保護の施設。
⑤ 一般少額所得者を対象とする保険。これに関して、「国民健康保険は農村居住者及び都市中小商工業者を対象として考えられた疾病保険制度であるが、その形式は一般国民を対象としていて、健康保険制度等の既存労働保険の被保険者でない限り国保の被保険者となり得る建前となっているので、特別制度たる各種労働保険に対して一般制度たる性質を有している」旨の説明[180]がなされている[181]。

以上のような整理でまず注目されるのは、「社会政策」の意味が労働政策ではなくより広い社会改良政策の意味で用いられている点である。対象者が形式的には労働保険（被用者保険）の加入者以外の「一般国民」であり、これまで見てきたように救護事業の対象者となり得るような低所得者も含む点では「農村社会事業とでもいうべき」[182]側面を持った国保制度を、「広義の

---

177) ここでいう「施設」も、清水の場合と同様「事業」の意味と解される。
178) 川村・石原・簗1-8頁。
179) なお、川村らは、社会保険について、保険契約を契約関係と解するときは、強制加入の社会保険はこれに該当せず、また任意加入の場合であっても社会保険においては概ね保険料と保険給付の間に対価関係を欠いていることから「社会保険は保険に非ずと為す説が多い。保険的施設と称する所以である」との解説を付している〔川村・石原・簗4頁〕。
180) 川村・石原・簗6-7頁。なお、川村（1937）5-6頁及び18-19頁、川村（1938）5-6頁及び20-21頁（社保前史・3巻150頁及び153頁に所収）も参照。
181) 同旨・長瀬(1938) 4頁。
182) 佐口(1995)47頁。

第3節　国保組合の性格

社会政策」[183]として位置付けた背景には、国保制度の所管を巡る思惑もあったようにも思われる[184]が、結果的には、国保の性格付けが（社会政策なのか社会保障なのか、はたまた社会事業なのかといった点で）曖昧なものになったことは否めない[185]。

　また、国保制度の立案者たちが「保険」の意味を給付・反対給付均等の原則が成り立つ純粋な私保険の意味で捉えた上で、国保制度をそうした私保険とは全く異なる国家の保護施設（事業）として位置付けている点も注目される。清水は「[国保は]保険的形式を採用せる故保険なる名称を採用せるに過ぎ」ず「本質は飽く迄国家の保護施設である」と述べている[186]が、そこに、当局の強いパターナリズムの意識を感じるとともに、「保険」の採用が当局にとっては（理念や原理のレベルではなく）政策手段のレベルの選択であったことが改めて確認できるように思うのは筆者だけではあるまい[187]。

---

183)　佐口(1995)70頁。
184)　既に述べたように、地方における社会保険事務は、昭和4(1929)年8月以来、道府県の警察部健康保険課で所掌していたが、「国民健康保険の事務の主管課は、立案当時多少の問題があつたが都道府県学務部社会課とされた」〔国保二十年史212頁〕。そして、これについて「[国保は]社会政策として実施する関係から府県における所管課もまた社会課となつた」〔国保二十年史28頁〕、「この時[旧国保法成立の時]から社会保険はいわゆる社会行政の分野に拡大され、地方庁社会課長に国保事務を主掌させることとした」〔国保二十年史76頁〕といった関係者の回想がある。もっとも、この点については、国保事業は法律による強制ではなく住民の総意如何が事業の発展を約束するものであるから、法律の条文中に「相扶共済ノ精神ニ則リ」という教育的規定を加え、また府県における主管部局も警察部健康保険課でなく学務部社会課とした旨の説明〔内務省史・3巻488頁〕もあることから、さらに精査したい。
185)　これに関し、近藤(1958)1頁及び25-29頁、近藤(1963)371-376頁、大河内160-161頁及び181-189頁、佐口(1995)47-48頁及び69-71頁等を参照。もちろん、これらの用語の定義が一義的でないことにも曖昧さの一因は存在するが、取り敢えず、社会政策と社会保障の教科書的な整理については堀112-113頁等を、また、我が国における社会事業の特徴については新田(2000)169-175頁、池本105-110頁及び285-295頁等を参照されたい。
186)　清水(1938)68-69頁。

第 3 章　旧国保法を巡る論点

2　国保組合の性格

　1 で述べたような国保制度の理解を前提として、立案担当者は、国保組合を公法人として位置付けていた[188]。例えば、川村らは、「公法人とは国家的事務を其の存立の目的とし、国家に対し特別の関係に立てる法人を謂」い、「国民健康保険は任意的保険なる為、組合が公法人なりや否やに付ては論なきに非ざるも、国民健康保険は…〔中略〕…健康保険と同様、等しく国家が其の人民の福利の増進を企図し施設する所のものであつて、其の事業の性質

---

187)　清水や川村らの解説書で、被保険者は「保険［給付］の利益を受くる者」とされ、また、組合員の権利としては国保組合の機関の構成に参与する権利のみが挙げられていて、「保険給付を受ける権利」が明示されていない〔清水(1938)80頁及び85頁、川村・石原・簗42頁及び55頁〕のも、そうした制度理解が影響しているように思われる。すなわち、清水は、旧国保法を健康保険法と同様公法として捉えていた〔清水(1938)67頁〕が故に「保険給付は…〔中略〕…公法上の給与であつて…〔中略〕…保険料と対価関係に立つものでもない」〔清水(1940)170頁〕と考えていたのであろう。もっとも、これに対しては、保険給付に関する決定に不服ある者は最終的に民事訴訟を提起できる旨の規定（旧国保法については第48条第1項）の存在を根拠に私法上の金銭請求権として保険給付を受ける権利を認めるべきとの立場から清水を批判する見解〔白岩22頁〕が当時から存在していたし、時効を規定した条文（旧国保法第3条第1項）には「保険給付ヲ受クル権利」との文言があること、清水自身も「被保険者が保険給付を受くるは其の法律上主張し得べき権利であつて公の恩恵に基くものではない」〔清水(1940)12頁〕と述べていること〔国保実務提要(1938) 2頁も同旨〕、さらには、代表的国保類似組合である埼玉県の越ヶ谷順正会の結成趣意書に「［医療費を負担する人の数が多くなればなる程］それだけ大きな医療を受ける権利が出来て参ります」との文言が見られること〔越ヶ谷順正会事業要覧2-3頁、社保前史・3巻125頁、埼玉国保史7頁、蓮田121-122頁〕や、戦後の昭和33(1958)年に刊行された国保二十年史125頁でも「［国保］制度においては、加入者に一定の負担を課すから、その保護（すなわち給付）は自然と権利化し、したがつて、確実となるのである。…〔中略〕…このような思想から、国民健康保険制度は立案されたと思える」と述べられていることなどからすれば、保険給付請求権の権利性を当局が一切認めていなかったというのは言いすぎであろう。当時認められていた権利性の性格及び程度については、さらに精査したい。

第3節　国保組合の性格

上国家事業たることは疑いない所である」ので、「国民健康保険組合は健康保険法に依る健康保険組合と同様之を公法人なりと解する」と述べ、公法人であることの例証として、保険料等の徴収金の強制徴収権を有すること[189]、時効等に関し公法関係を前提としていること、組合員の加入強制をなし得る場合のあること、国家の特別の監督に服すること等を挙げている[190]。

　周知のとおり、現在では、公法・私法の区別の相対化とともに公法人と私法人という二元論的な整理にも疑問が呈されるようになっているわけである[191]が、本書の問題関心からは、制度創設時において国保組合が公法人とされた結果国保組合に対する国家の特別の監督が正当化されたことに留意する必要があろう。すなわち、「国民健康保険組合は公法人として国家の事務を行ふもの」であるので、「其の事業の遂行に付ては国家は重大なる関心を有さざる」を得ないことから、「周密なる監督規定を設けて事業遂行に遺憾なきを期」する[192]こととされたのである[193]。

---

188) 公法人に関する当時の学説については美濃部462-488頁及び632-660頁等を参照。
189) 旧国保法第8条を参照。これに対し、医療利用組合は、公法人ではなく社団法人（私法人）であるので（旧国保法第54条）、滞納処分を行うことは認められないとされ〔川村・石原・簗302頁、清水(1938)128頁、改訂詳解国保163頁〕。
190) 川村・石原・簗50-52頁。また、清水(1938)74-75頁も同様の説明を行っている。
191) この点については、塩野(1989)90-145頁の他、塩野(2006) 84頁、原田16頁等を参照。
192) 清水(1938)135頁。
193) 川村・石原・簗251頁も、同様の理由から「国家は之［国保組合］に対して厳重なる監督を以て臨んで居」るとしている。古瀬47頁、長瀬(1938)66頁も同旨。

第3章　旧国保法を巡る論点

第4節　残された若干の論点

　本節では国保制度創設時の保険者を巡る補足的な論点として、国保組合の自治、相扶共済ノ精神、医療利用組合の3点につき簡単に検討しておくこととする。

1　国保組合における「自治」の実際

　これまで縷々述べてきたように、旧国保法制定時に保険者を組合とした中心的理由は、当初（要綱案②の段階）から、生活状態・衛生状態・経済力等に著しい差異のある地方の実情に応じて、国保組合に適切な事業経営を自治的に行わせるとともに、加入者相互の責任感の徹底（相互監視）により制度の濫用を防止することにあった。そして、自治的な国保事業運営を担保する代表的な規定が、保険給付の種類・範囲・支給期間・支給額及び保険料の額・徴収方法・減免その他保険給付及び保険料に関し必要な事項は組合の規約により定めることとした旧国保法第24条であったと言え、これに関しては、例えば、「保険給付の種類、範囲、程度［、］支給条件の如きは之を画一化することは結局地方の実情に沿はざることゝなる虞あるを以て一切之を組合の自治に委［す］」[194]、「保険料の算定は一切組合に委されてあります。保険料の徴収の時期方法等についても同様でありま［す］」[195]、「[国保]事業は出来るだけ各組合の地方的事情に即応せしむることを本旨として居る。従つて保険給付の内容及支給手続、保険料の内容及徴収手続はなるべく各組合の規約を以て規定せしむることとしてある」[196]といった説明がなされている[197]。

---

194)　社会局概要。
195)　川村（1934b）18頁、医政調査資料26頁、蓮田91頁。
196)　清水（1938）99頁。
197)　この他、社会局保険部12-14頁等も参照。

第4節　残された若干の論点

しかし、実際のところ、保険給付及び保険料についての各国保組合の自由度（裁量性）はどの程度認められていたのであろうか。まず、旧国保法においては、保険給付及び保険料に関する規定（第18条～第23条）の多くは「できる（スルコトヲ得）」規定になっていて文言上組合の裁量が認められていたが、それでも、原則として療養の給付、助産の給付、葬祭の給付を行うこと（第18条第1項本文）及び原則として組合員から保険料を徴収すべきこと（第22条第1項）は明定されていた。そして、それらの規定を踏まえた国保組合の規約例[198]においては、例示としつつも、療養の給付の範囲（診察、薬剤・治療材料の支給、処置・手術その他の手当、入院等）、手当の費用の上限額（1回10円）、給付日数の上限（180日）、保険料の等級制等が明示されている[199]。さらに、既に見たとおり、普通国保組合については、保険院社会保険局の通牒[200]により、特別の事由のない限り、別に定める保険給付標準[201]に適合した保険給付を行うことが設立認可の要件とされ[202]、また、保険料についても、社会保険局の通牒[203]により、①保険料の等級は10階級程度に区分することを適当とすること、②資力又は所得を標準として保険料額を決定する場合には、戸数割額で資力等を認定すること、③世帯人員数による割増保険料を徴収する場合でも、その総額は基本保険料総額の1割程度に止めること等が指導さ

---

198)　規約例については、前掲第2章注86)を参照。
199)　この規約例の実際上の効力に関しては、「中央で示した規約例等は地方には強力なる力を持つて居りまして、地方の係官が中々之を変更いたさない」といった法施行後における産業組合関係者の指摘も見られる〔産業組合404号（昭和14年6月）110頁〕。
200)　「国民健康保険組合設立認可及法第五十四条ノ規定ニ依ル代行許可方針ニ関スル件」（昭和13年6月22日社秘第206号地方長官宛社会保険局長通牒）。前掲第2章注90)を参照。
201)　「国民健康保険組合ノ保険給付ノ標準ニ関スル件」（昭和13年7月13日社発第740号地方長官宛社会保険局長通牒）。前掲第2章注93)を参照。
202)　国庫補助の面からも殆どすべての組合の療養の給付の最低限は事実上統一されていたものと思われる〔詳解国保563頁及び改訂詳解国保584頁を参照〕。
203)　「国民健康保険組合ノ保険料ニ関スル件」（昭和13年7月15日社発第739号地方長官宛社会保険局長通牒）。通牒の全文は国保法令と解説347-351頁に所収。

第3章　旧国保法を巡る論点

れた。

そして、これらの通牒を踏まえた制度立案担当者の解説においても、①一部負担割合を医療費の2割乃至3割程度とすること[204]、②療養の給付の支給期間は通常180日程度を可とするが、組合財政によりこれを短縮する場合でも90日以上とすべきこと[205]、③診療報酬の支払方式は、点数定額式、料金定額式、割引式、人頭式などの中から地方の実情に応じて決定されるべきとしつつ[206]原則としては定額式の契約をさせる方針であること[207]、④保険料の等級は数等級（乃至十等級）に分けてその額を決定するのを例とすること[208]などが繰り返し述べられている。

そうだとすると、一部負担の具体的割合や保険料の具体的額といった個別の数値（いわば定量的な側面）については国保組合により相当の幅があったにせよ[209]、療養の給付の範囲・種類や保険料の設定の仕方といった制度の基本構造（いわば定性的な側面）については、国保が参考とした定礼等の互助組合における給付や保険料の多様性に比べれば、概ね統一が図られていたと言ってもよいのではないか。すなわち、国（中央政府）は、事業運営の多くを組合の自治に委ねると言いつつも[210]、「国民健康保険組合は公法人とし

---

204) 清水(1938)109頁、長瀬(1938)62頁、国保実務提要(1938)179頁。なお、川村(1937)49頁、古瀬35頁は、2割程度が適当としている。
205) 長瀬(1938)48頁、国保実務提要(1938)165頁。
206) 清水(1938)108頁、長瀬(1938)59頁及び274頁以下。
207) 川村(1937)65-66頁。
208) 清水(1938)113頁、長瀬(1938)54頁、国保実務提要(1938)200頁。
209) 限られた事例数であるが、西村432頁に示された14国保組合の昭和13(1938)年度の事業状況によると、被保険者1人当たりの療養の給付に要する費用の額は、最高額の組合が4.76円、最低額の組合が2.00円、組合員1人当たりの保険料の額は、最高額の組合が18.30円、最低額の組合が2.51円となっている。また、一部負担割合は、14組合中11組合が3割で、その他は3.3割、3.5割、3.8割が各1組合であった。
210) 例えば、保険料については、帝国議会における法案審議の段階では、物納や収穫期における納付も認めると述べている〔衆70委4回（昭和12年3月16日）21頁、貴70委3号（昭和12年3月29日）14頁等〕。

第4節　残された若干の論点

て国家の事務を行ふもの」[211]である以上、保険給付や保険料についても、結局のところ、「専ら周到なる指導及監督に依り」[212]、或いは「何でも彼でも組合の自由にさせて置かうといふのでなく、政府の指導方針といふもの…〔中略〕…に依つて」[213]各組合の「自治的な」事業を相当程度コントロールしようとしていたと考えられる。制度化するということはある意味で型にはめるということであるからそれは当然とも言えようが、これに関連して、川村は、昭和12(1937)年に出した解説の中で「制度の弾力性」という言葉を使ってより直截に、「組合の仕事はなるべく地方の実情に応じて自治的に之を行はしめることになつてゐる。即ち」国保制度はその地方に最も適応した組織・内容の事業を行えるよう大いに弾力性を有するが「然し、この弾力性も制度を可及的実情に則せしめんとするだけのことで、制度の趣旨に副はないやうな事業の運営や不当な措置などに就ては監督官庁は充分に指導し監督することが必要である」[214]と述べて、「組合の自治性」が制度運営の理念というよりは、むしろ「運営の弾力性」という運営技術・方法を表す概念とほぼ同じ意味合いで用いられていることを認めている。

　また、普通国保組合の機関の構成に参与する組合員の権利は認められていた[215]ものの、既に述べたように、組合の管理運営責任者たる理事長は原則として関係市町村長又はその委任を受けた吏員とされた（旧国保法第28条第3項及び第29条第2項）ことからすると、当時の国保事業の運営は実質的には市町村行政の一部として取り扱われ、加入者の代表による自治的な管理運営とは言い難い面も多かったと思われる。そして、その場合には、少なくとも国家（中央政府）サイドの地方自治[216]に対する意識乃至要求は、「国家に対す

---

211)　清水(1938)135頁。
212)　社会局概要。
213)　川村説明(1934b)18頁、医政調査資料26頁、蓮田92頁。
214)　川村(1937)26-27頁。なお、この説明は、川村(1938)30-31頁（社保前史・3巻155頁に所収）にも引き継がれている。
215)　清水(1938)80頁、川村・石原・簗55頁。
216)　ただし、この時期は、制度的には、政党政治の隆盛を背景に、大正15

第 3 章　旧国保法を巡る論点

る責務として官治を補充するための地方自治」[217]或いは「地方自治の発達とは…［中略］…国家目的に共同一致で応え得る市町村を作り上げることである」[218]といったものであったことにも留意すべきであろう。

　以上のような分析が正しいとすると、国家が普通国保組合に求めた「自治」とは、国家からの保険者の相対的な自立（対外的な保険者自治）とか、関係当事者の参加による民主的な保険の管理・運営（対内的な保険者自治）とかいった現在一般的に理解されているような意味での保険者自治というよりは、むしろ保険者及びその構成員の自己責任・自助努力により国家事業としての国保事業を遂行してもらうという点に力点が置かれていたものであったと考えられる。その意味では、この国保組合の自治は国家にとって都合のよい自治であった。国家は、組合自治の名の下に、できる限り自らは負担や責任を負うことなくして[219]、農村医療対策の充実と国民体位の向上という国家としての政策目的を「専ら周到なる指導及監督に依り」達成しようとしたのである。したがって、やや厳しく言えば、国保組合の自治は国の政策目的の達成手段に過ぎなかったとも言えよう[220]。

　　　（1926）年や昭和 4（1929）年の地方制度改正により地方自治の拡充が図られた時期であることは認めなければならない〔改正概要については内務省史・2 巻 177-193頁等を参照〕。
217)　大石28頁及び164-165頁を参照。
218)　池本28-29頁を参照。
219)　ちなみに、中野半吾は、「健保組合が若し解散した場合は、その債権債務の悉くを国が継承することになつているのに、国保組合の解散乃至事業廃止の場合における国は無責任ということになつて居り、生硬な放任性に失望せざるを得ない」と後に評している〔中野174頁〕。
220)　なお、江口隆裕は、旧国保法における国保組合は互助組合的保険組織を制度化したものであるが、それは極めて形式的なものであり、それが、わが国の社会保障制度における保険者自治思想の欠如にも繋がっている旨の指摘をしている〔江口（1996）65頁、181-182頁及び201-202頁〕。

第4節　残された若干の論点

2　「相扶共済ノ精神」の意味

　既に述べたとおり、法案②の段階で第1条に「国民健康保険ハ相扶共済ノ精神ニ則リ疾病、負傷、分娩又ハ死亡ニ関シ保険給付ヲ為スヲ目的トスルモノトス」との規定が置かれ[221]、それがそのまま旧国保法の条文として成立した。清水の回顧によれば、条文中の「相扶共済」の語は当時の内務大臣潮恵之輔の発案で[222]「相互扶助隣保共済」を略したものとされ、その意味は「［国保］制度は全国民の隣人愛により、精神的結合を基礎として発展すべき制度であ」ることを表すものとされている[223]。しかし、もともとが「相互扶助隣保共済」を略した言葉である上、法律制定時の清水や川村の解説では、「相扶共済（ノ精神）」という言葉の意味を「同町村の者相集り…［中略］…相扶けて自助的に傷病等の災厄の際の備を為す」[224]或いは「互ひに相倚り相扶けて、相互にその理想を実現せんとする」[225]と述べ[226]、また、それに先行する「相互扶助」[227]や「隣保相扶」或いは「隣保共助」、「隣保相助」といった言葉と殆ど区別なく用いている[228]ことからすると、「相扶共済」は表現こ

---

221)　前述のとおり、「相扶共済ノ精神」という文言自体と規定の趣旨は、要綱Cの段階で既に盛り込まれていた。
222)　内務省史・3巻488頁、清水(1951)3頁も同旨を述べる。
223)　清水(1955)28頁（国保二十年史229-230頁に所収）、国保二十年史76頁。
224)　清水(1938)69頁。
225)　川村(1938)4頁（社保前史・3巻150頁に所収）。
226)　直感ではあるが、前掲注223)の清水回顧における「隣人愛」という言葉は、何となく戦後の回顧ならではの「バタ臭い」表現という気がしないでもない。
227)　なお、井上(1979)262-265頁は、「相互扶助」の語が19世紀半ばにドイツで生まれたとする説を紹介している。
228)　清水(1938)69頁、川村・石原・簗12-13頁等の他、国民健康保険法案に関する添田委員長の報告〔添田報告258頁、（経過記録・議会議事録410頁、清水(1938)58頁、川村・石原・簗34頁にも所収）〕や旧国保法成立時の厚生省当局の談話〔国保二十年史209頁、国保三十年史17-19頁〕等も参照。また、旧国保法に先立って試行された国保類似組合の目的規定にも、隣保相互扶助ノ精神、隣保相扶ノ精神、相互救済といった言葉が多用されている〔社会局保険部21頁

第 3 章　旧国保法を巡る論点

そ新しいものの、その意味は先行する用語と基本的に同じであったと考えてよいであろう。そうだとすると、旧国保法の理念とされた「相扶共済（ノ精神）」は、結局のところ、江戸時代まで遡る集落（前近代的な村落共同体）内の地縁・血縁関係に基づく自然発生的仲間意識に基づく「隣保相扶（身近な隣同士の助け合い）」をその基盤としていることになろう[229]。この点につき、島崎は、民俗学者の宮本常一の著作[230]等を引用しながら我が国の近世から国保制度創設時まで続く農村の共同体的性格を説明し、旧国保法第 1 条の相扶共済の理念は当時なお農村部に強く残されていた村落共同体意識（地縁・血縁共同体としての「ムラ」における相扶意識）に合致しており、そうした意識が存在したからこそ国保制度が受け入れられた旨の指摘を行っている[231]。

及び26頁、蓮田127頁等を参照〕ことや、既に述べたとおり法案①においては「互助共済」の語が用いられていたことも想起される必要がある。もっとも、清水によれば、潮内相が「相扶共済」の語を案出するまでの議論においては、相互扶助では共産党臭味がある（赤い思想の様である）、隣保相助では方面委員の様である、また、隣保相助や隣保共済では意味が不充分である、共存共栄では満州国臭い、などといった様々な意見が出たという〔清水(1951) 3 頁、清水(1955)28頁（国保二十年史229-230頁に所収）〕。しかし、他方で、川村が「潮さんという人は面白い人で法案第一条に『相互扶助〔昭和11(1936)年12月上旬に各省に配付された法案（法案①）では「互助共済」となっている。〕の精神に則り』という文字があるが扶助の助は助平のスケでおれは嫌いだから『相扶共済』という文字に改めろということで修正を行った」〔医療保険半世紀242頁〕と回顧していることからすると、川村の回顧の信憑性についてはさらに精査する必要があるものの、「相扶共済」の語はそれほど詰めた検討に基づき案出された訳でもないように思われる。だが、相扶共済の語の案出の経緯はどうあれ、いったん法文に規定されたそれが、本文で論じたような一定のイデオロギー性を帯びた言葉として使用されたことは否定できまい。

229)　もっとも「自然発生的」と言っても、それは、五人組といった江戸幕府の政策により人為的に形成・強化されてきた側面もあることに注意する必要がある。五人組については、取り敢えず日本史大事典374頁及び伊藤98-99頁を参照。
230)　宮本常一（1984）『忘れられた日本人』岩波書店（岩波文庫）。
231)　島崎(1994)（第 6 回掲載〔国保新聞1372号（1994年 3 月20日)〕）6 頁及び島崎(1994)（第 7 回掲載〔国保新聞1373号（1994年 4 月 1 日)〕）4 頁。この他、前田信雄も、国保制度の本質はかつての自然発生的な農村医療互助組合などと

第４節　残された若干の論点

　筆者も島崎の指摘を基本的に妥当と考えるが、しかし、それは、以下の点で江戸時代の隣保相扶と全く同じものではない点にも注意する必要があるのではないか。

　まず、明治政府の下での近代国家形成の過程において自然村が行政村へと再編・包摂されていく中で、自然村における自然発生的な隣保相扶による社会的生活問題解決能力が低下していったため、その弱点を補うものとして「醇風美俗」という道義的な精神性に訴える言葉が国家（中央政府）側からは強調されるようになったことに注意する必要がある。さらに20世紀に入ると、日露戦争（明治37～38(1904～1905)年）後の農村共同体秩序を再編するための「地方改良事業（運動）」や、感化法（明治33年法律第37号）の制定及び戊辰詔書の発布（明治41(1908)年）を契機とする「感化救済事業」などが展開されたが、これらの狙いとするところの一つは、旧来の隣保相扶の機能を国家[232]主義的に再編成しようとすることであった[233]。その後大正期に入ると、田子一民を始めとする内務官僚らが、旧来の隣保相扶が十分機能しない都市社会をつなぐ言葉として、「私たちの社会と云ふ観念」という意味での「社会連帯」を唱え[234]、それに基づき社会事業を展開していくが、その社会連帯の意味合いは、彼らが参考としたフランスのレオン・ブルジョアが説く

　　同じものであった旨を述べる〔前田信雄217-219頁及び238頁〕。
232)　この国家は、当然のことながら天皇を中心とした家族的乃至家父長的な、また帝国主義的な国家である。
233)　池本32頁、小笠原45-47頁を参照。この他、大石嘉一郎は「地方改良運動においては、国家に対する『責務』としての地方自治（官治のための自治）と『隣保団結の旧慣』の尊重という明治地方自治制の二重の原理が再確認され、そのような地方自治を振興するために広く住民の積極的な公共行政への協力が喚起された」旨〔大石164頁〕の、また、池本美和子は「戊申詔書を受けての地方改良事業や感化救済事業による社会改良は、直接個人の道徳心にまで働きかけながら旧来の隣保相扶を国家施策に共同一致で臨み得る体制へと再編する方向をとる」旨〔池本38-39頁〕の指摘を行っている。
234)　田子9頁。田子は、大正10(1921)年4月から大正11(1922)年10月まで内務省社会局長（局長心得を含む）を、同年11月から大正12(1923)年10月まで外局となった社会局の第二部長を務めている。

第3章　旧国保法を巡る論点

「自由（権利）の平等な保障とそのための国家の義務を求める国民（自律した諸個人）の主体的連帯」という意味ではなく、「天皇を中心とする家族国家を支えるための国民各自の協力という道徳的精神の覚醒」との意味であり[235]、自律（自立）した個人の主体性が捨象された相互扶助という点では隣保相扶の性格をそのまま引き継いでいたと言える[236]。また、そうした社会連帯に基づく「日本式社会事業」も主として都市地域における社会的生活問題に対して隣保相扶をベースとする感化救済を強化しようとする試みであった[237]と評価できよう[238]。そして、昭和初期の世界大恐慌（我が国では昭和恐慌・農業恐慌）以降、政府は、いわば応急対策としての時局匡救事業（救農土木事

---

[235] 池本101-140頁を参照。

[236] この点につき石田262-274頁を参照。ちなみに、社会局保険部長であった川西實三は、昭和10（1935）年10月28日の社会保険調査会第1回総会における国民健康保険制度案要綱（要綱A）の説明において、「此ノ案〔国保制度案〕自身ハ…〔中略〕…一旦病気ニナツタ場合ニ相互扶助、社会連帯ノ力ニ依ツテ…〔中略〕…医療費ノ負担…〔中略〕…ヲ比較的容易ニスル」と述べて、相互扶助と社会連帯の語を並列的に述べている〔経過記録・調査会議事録19頁〕。また、旧国保法制定後の解説であるが、同法の「相扶共済ノ精神」が社会連帯の観念を表しているとするものとして古瀬4頁を参照。ただし、この点につき、長瀬が、「意見に亘る事項に付ては固より著者の私見に過ぎ」ないと断りつつも、相互扶助と社会連帯は根本に遡れば同じであり共通の点があるが、相互扶助は個性に重きを置いて私法上の任意保険（民営保険）の基調となっているのに対し、社会連帯は社会という集団に重きを置いて公法上の強制保険（社会保険）の基調となっている点で差異がある旨を述べている〔長瀬(1938)・序2頁及び本文76-82頁〕点には注意する必要があろう。もっとも、旧国保法の「相扶共済ノ精神」の性格がそのいずれなのかについては、長瀬は必ずしも明確には述べていない。

[237] 小笠原47-48頁を参照。

[238] そのことは、当時社会事業の代表的施策として都市部で展開された方面委員を後に法定化した方面委員令（昭和11年勅令第398号）第1条が「方面委員ハ隣保相扶ノ醇風ニ則リ互助共済ノ精神ヲ以テ保護指導ノコトニ従フモノトス」と規定していたことからも窺うことができる。なお、方面委員活動の性格の歴史的変化については、取り敢えず遠藤(1975)及び遠藤(1976)を参照されたい。

第4節　残された若干の論点

業等）の他、農山漁村経済更生運動、農村負債整理事業[239]など様々な農村対策を展開した[240]が、「農山漁村経済更生計画ニ関スル件（昭和7年10月6日農林省訓令第2号）」に「農村部落ニ於ケル固有ノ美風タル隣保共助ノ精神ヲ活用シ其ノ経済生活ノ上ニ之ヲ徹底セシメ」と規定され、また、農村負債整理組合法（昭和8年法律第21号）第1条に「本法ハ農山漁村ニ居住スル者ノ経済更生ヲ図ル為隣保共助ノ精神ニ則リ其ノ者ヲシテ負債整理組合ヲ組織セシメ…［後略］…」と規定されていたことからも明らかなように、これらの施策は、「隣保共助ノ精神」を利用して農村の自力更生を図ろうとするものであった[241]。同時に、この「隣保共助（ノ精神）」は、昭和初期における地主層の衰退と自作農中堅・自小作上層を中心とする中農層の成長による農村内の階級構造（地主・小作関係）の変化とそれに伴う対立を隠蔽し、中農層の体制内への取り込みという形での政府による農村支配の再編・強化に寄与するものでもあったとされる[242]。また、この農山漁村経済更生運動は、住民の統合対策として部落会・町内会を更生運動の末端組織に位置付けて展開されたこともあって、運動の実施を通じて部落会・町内会を地方行政組織の事実上の末端組織として組み込んだ官治的性格の強い中央集権的行政組織が形成されていった[243]が、それをさらに強く推進した選挙粛清運動（昭和10

---

239) 農村負債整理事業は農山漁村経済更生運動の一環として位置付けられている〔大石233頁〕。
240) 詳しくは、内務省史・2巻503-521頁、大石216-236頁等を参照。
241) 山中511頁、大石225頁及び231頁、小笠原50頁、内務省史・2巻265頁及び510-512頁等を参照。
242) 森(1999)45-46頁、180-181頁及び184頁、森(2005)196-197頁、山中512-514頁、百瀬150頁等を参照。
243) 山中647-648頁、内務省史・2巻526-527頁。なお、昭和15(1940)年9月には、①隣保団結の精神に基づき、市町村内住民を組織結合し、万民翼賛の本旨に則り、地方共同の任務を遂行させること、②国民の道徳的練成と精神的団結を図る基礎組織とすること、③国策を汎く国民に透徹せしめ国政万般の円滑なる運用に資せしめること等を目的として、部落会・町内会を全国的に整備することとした訓令（部落会町内会等整備要領（昭和15年内務省訓令第17号））が発せられている〔内務省史・2巻194-195頁及び527頁〕。

第3章　旧国保法を巡る論点

(1935)年開始)244)で強調された理念も「隣保団結の大精神」であったとされる245)。

　このような歴史的展開を経て形成された旧国保法制定当時の我が国の村落共同体の性格については、「同族的（むろん擬制を含んだ）紐帯と祭祀の共同と、『隣保共助の旧慣』とによって成立つ部落共同体は、その内部で個人の析出を許さず、決断主体の明確化や利害の露わな対決を回避する情緒的直接的＝結合態であり、底辺のそのような共同体的構造と天皇制官僚機構の結合を意識的にイデオロギー化したのがいわゆる『家族国家』観である」旨の丸山真男の指摘246)や、或いは「[国家機構に把握された]公＝私一体の情義的共同体」であるとする藤田省三の指摘247)がおそらく妥当するであろう。そして、「相扶共済（ノ精神）」は、既存の「隣保相扶」や「隣保共助」或いはそれに類する言葉が以上のような歴史的展開の中で特定のイデオロギー的意味を持つようになった状況下で、丸山の言うような意味での共同体に適合するものとして、旧国保法第1条に規定されたのである。そうだとすると、「相扶共済」の意味は、価値中立的な単なる「相互扶助」などという意味では勿論なく、先行する隣保相扶等の言葉と同様の意味合いを帯びたものとして規定されたと考えることが自然であろう248)。

---

244)　選挙粛清運動については山中531-533頁等を参照。
245)　中静235頁。
246)　丸山45-46頁。
247)　藤田134頁。
248)　第2章の注59)で前掲した昭和11(1936)年7月31日の社会事業調査会の答申は、その中で「農村ニ於ケル社会事業ノ要諦ハ我国固有ノ美風タル隣保共助ノ精神ヲ基調トシ村民協同ノ良習ヲ涵養シテ相互扶助ニ依ル社会施設ヲ振興セシムルニ在」ると述べている。また、川村は「要するに本制度［＝国保制度］は農村の経済更生の為の一礎石と謂ふことが出来る」と述べている〔川村(1938)86頁（社保前史・3巻166頁に所収）〕。なお、中静235頁では、「相扶共済」は、経済更生計画を支える柱の一つであった農村負債整理組合法第1条の「隣保共助」や、国民精神作興の意味を付与された選挙粛清運動において重視された町内会・部落会の「隣保団結の大精神」といった政策理念と同じ文脈で挿入された旨を指摘する。

第 4 節　残された若干の論点

　以上を踏まえると、旧国保法第 1 条の「相扶共済（ノ精神）」は、少なくとも法制定時においては、次のような 2 つの特徴を併せ持った相互扶助であったと考えられる。

① 　個人の視点の欠如：地縁・血縁関係に基づく前近代的な村落共同体（ムラ）における自然発生的な仲間意識に基づく相互扶助（身内同士の助け合い）をベースとしていた。したがって、目的としては共同体自体の維持に重点があり、共同体から自立・自律した個々の構成員の生活を相互に支援するという視点は乏しかった。
② 　国家のための相互扶助：同時に、天皇を中心とする家族国家観のイデオロギーの下、国家（中央政府）の政策目的（国保制度について言えば農村医療対策財源の捻出と国民体位の向上）に合致しその実現に国民各自が寄与するような方向で機能するよう国家により誘導された[249]。すなわち「相扶共済ノ精神」は、国家のために国民各自が自らできること（例：保険料を負担する、制度の「濫用」を避ける、保健事業に協力する等）を行うよう求める道徳的責務として機能し、国民が連帯して国家に何かを要求する理念としては機能しなかった。

　そうした「相扶共済（ノ精神）」の共同体的性格と時代性・イデオロギー性は、清水が「隣保相助くることに依り…［中略］…貧しきも富めるも応分の出捐を為し、自主独立の精神を保ちながら共済の実を挙げんとする…［中略］…点が此の国民健康保険の眼目であつて、之が単なる経済的施設たるに止らず、隣保の精神的結合をも助長する国家的施設たる所以である」[250]と述べ、また、川村が「農民は所謂郷土的精神の下に一致団結してをり、渾然融和して相扶け相救ふの美風を保持してゐる［が、］…［中略］…この美風を弥々強化して農村をして個人主義思想の如きの浸蝕より脱却せしめ、以て農

---

249) 　それ故、相扶共済や隣保相扶は、国家にとって「醇風美俗」であり「固有ノ美風」であったのである。
250) 　清水（1938）69 頁。

第3章　旧国保法を巡る論点

村更生の実を挙ぐることは農村の現状に鑑み甚だ肝要なことであらう」[251]、或いは「国民健康保険組合は、郷土的に一致団結せる市町村を以て其の区域とし、相互扶助の精神を基調とする自治的組合であつて、［体位向上を図るための国民の精神的自覚を促すといった］精神運動の徹底の為に最も適当せる組織であると考へられ…［中略］…而も此の特別の組織自体の力に依り…［中略］…最も肝要とする精神が自ら組織内に於て旺盛となる。…［中略］…本制度の最も重要なる意義も亦此の点に存する」[252]と述べていることからも十分に窺えよう。その意味で、「相扶共済」は、現在有力に主張されている「自立支援のための社会連帯」[253]とは、（「相互扶助」という外形は似ているがその内実は）いわば対極的な位置にあったとさえ言える。

しかも、現実には、前述のとおり自然村が行政村へと再編・包摂され、また農村内の階級構造が激変していく中で、隣保相扶の精神が弱体化・希薄化していった[254]ため、逆に、政府としてはこのような相扶共済の精神をことさら強調し、その維持・強化を図ろうとした面もあったと考えられる[255]。そうだとすると、これを捉えて「相扶共済（ノ精神）」の第三の特徴ということもできるのではないか。

3　国保の運営主体としての医療利用組合の評価

産業組合法（明治33年法律第34号）が医療利用事業に適用されるようになったのは大正10(1921)年の同法の第4次改正後のことで、大正11(1922)年には

---

251)　川村(1937)30頁、川村(1938)35-36頁（社保前史・3巻156頁に所収）。
252)　川村(1937)75-76頁。川村(1938)88-89頁（社保前史・3巻166頁に所収）。
253)　「社会連帯」概念を巡る論点及び「自立支援のための社会連帯」については、新田(2008)を参照されたい。
254)　既に述べたとおり、川村自身が、現実には隣保相扶の精神が弱まりつつあることを認めている〔川村(1934a)23頁、医政調査資料14-15頁及び蓮田84頁、川村・石原・簗12頁等〕。
255)　この点につき佐口(1995)5-6頁及び55頁、鍾96頁も参照。

第 4 節　残された若干の論点

岡山、長野両県の産業組合で医療事業が開始されている[256]。その後、曲折はあったものの、昭和7 (1932) 年の産業組合法の第 7 次改正[257]を契機にその数は急増し、開業医（医師会）との軋轢が目立つようになった。それは、昭和 8 (1933) 年の医師法（明治39年法律第47号）改正[258]及び診療所取締規則（昭和 8 年内務省令第30号）の制定を巡る動き[259]などを経て、医療利用組合による国保の代行問題を巡る両者の対立によってピークに達したと言える。

　この医療利用組合の歴史的発展の経緯やその意義[260]、或いは代行問題を巡っての関係者（社会局保険部、衛生局、農林省、医師会、産業組合等）の政治的思惑とそれに基づく行動[261]の分析・評価等は、それ自体が大きな研究課題であるが、それは本書の射程を超えている。そこで、以下では、旧国保法の企画立案に携わった社会局保険部サイドが、国保の運営主体としては医療利用組合をどのようなものとして評価していたのかを確認するに止めることとしたい。

　主として中静未知に基づく整理によれば、昭和 9 (1934) 年 7 月乃至 8 月に要綱案②乃至③を発表した段階では、保険部は医療利用組合を特別国保組合に含めるつもりであり、医療利用組合側もそのように考えていた[262]が、昭

---

256)　全国厚生連99-100頁及び104頁。もっとも、大正 8 (1919) 年には島根県の無限責任青原村信用購買販売生産組合が医療事業（具体的には生産設備の一つとしての医院の開設運営）を開始しており、これが産業組合による医療事業の嚆矢とされている〔全国厚生連100-104頁〕。
257)　昭和 7 年法律第30号による。この改正の背景には、農山漁村経済更生運動の中核として産業組合を位置づけ拡充することで農村統治構造を再編強化しようとする国家（中央政府）の意図があった〔森(1999)75-80頁及び194-195頁、森(2005)198頁、内務省史・ 2 巻512-513頁等を参照〕。
258)　昭和 8 年法律第45号による。
259)　これに関しては、取り敢えず中静195-199頁、新田(2000)64-68頁等を参照。
260)　取りあえず全国厚生連93頁以下の他、前田信雄221-224頁及び233-237頁、佐口(1964)63-70頁、川上412-418頁、菅谷195-211頁、相澤 8 -15頁、高嶋(2006a)113-118頁等を参照。
261)　取り敢えず中静188-259頁を参照。なお、医療利用組合サイドからの記述ではあるが、全国厚生連299-345頁も参考になる。

和10(1935)年10月からの社会保険調査会における審議段階では、保険部の説明は、医療費問題解決を目的とする国保組合と医療機関普及を主眼とする医療利用組合とは性格が異なるのだから並存すればよいという説明となった263)とされる。そして、医療利用組合による国保事業の代行という考え方は保健国策が提唱された昭和11(1936)年頃に出され、産業組合側は代行を認めさせるための実績作りの意味も込めて共済の仕組みにより医療費を支払う「保健共済制度」の実施促進を打ち出したが、代行を認める範囲を医療利用組合に限るか産業組合全体まで広げるかという点については、保険部、衛生局、産業組合といった関係者間に思惑の違いが存在した264)。結局、既に述べたように、昭和11(1936)年12月の「国民健康保険法案（未定稿）」（法案①）の段階で「営利を目的とせざる社団法人」に国保事業の代行を認める規定が入り265)、これが法案②の第9条となった266)。その後、法案②が提出された第70回帝国議会における審議では、社会局は、国保組合と医療利用組合は医

---

262) 中静210頁。
263) 中静213頁。同調査会では、川西保険部長が、国保組合と医療利用組合の関係について、地方の実情により、①医療利用組合が理想的に発達しているところでは当面国保組合は設立されない、②医療利用組合が国保組合に改組する、③両組合が並行的に設立・存在して（その医療機関等を）相互利用するの3つのケースがあり得る旨を説明した上で、「［両組合は］オ互ニ競争的ノ立場ニ立タセルト云フコトデナクシテ、オ互ガ成功シテ行ツテ、オ互ガ国民ノ医療ノ保護普及ト云フ立場デ連絡ヲ取合ツテ行ク様ニ致シタイ」と述べている〔経過記録・調査会議録20頁〕。
264) 中静229-231頁。
265) 同時に清水が代行は医療利用組合に限定される方針を示したのも前述のとおり（前掲第2章注60）を参照）であり、この点は、その後の第70回帝国議会における法案審議でも政府側から繰り返し答弁されている〔衆70本19号（昭和12年3月10日）452頁、衆70委2回（昭和12年3月13日）13頁、衆70委5回（昭和12年3月17日）15頁、衆70本31号（昭和12年3月26日）868-869頁等〕。
266) ただし、この点に関しては、医療利用組合側は「『営利を目的とせざる社団法人』とは、農村において産業組合を意味するものとされ…［中略］…医療組合のみを意味しないで、一般産業組合を資格法人としたことは、画期的な意味をもつ」〔全国厚生連316頁〕と解していたようである。

第 4 節　残された若干の論点

療の保護を行うという意味では同じであり、第 9 条は両組合の重複を避けるために医療利用組合に限って代行を認める例外的規定に過ぎないとの説明を繰り返した[267]が、衆議院で「医療設備ノ利用ヲ目的トスル産業組合ニシテ昭和十二年三月三十一日ニ於テ現ニ医療事業ヲ行フモノ」という形で既存の医療利用組合のみに代行を限定することを明示した修正が行われ「医師会側の優勢勝ち」となった[268]。そして、衆議院解散により再提出となった法案③に代行をどのように規定するかについては再び関係者の間でせめぎ合いがあったが、最終的には昭和12(1937)年12月10日の社会保険調査会の答申による種々の限定[269]を反映させる形で条文上も「営利ヲ目的トセザル社団法人ニシテ其ノ社員ノ為ニ医療ニ関スル施設ヲ為スモノ」と医療利用組合に限る[270]ことが明示的に規定され、これが法律として成立するという経緯を辿ったのである[271]。

　以上の中静の分析は非常に詳細であり参考になる。しかし、多少疑問がないわけではない。その最大のものは、旧国保法の検討を開始した当初の段階では、保険部サイドは医療利用組合の存在は当然認識していたものの、農村地域住民の医療費問題を解決する主体としては種々問題があり最終的には解

---

267)　中静236-237頁。
268)　中静237-239頁。
269)　もっとも、中静は、これを、保険部の川村と農林省側の担当者である蓮池公咲事務官が、医療利用組合を対象とする限定的な代行を落としどころとして定め、社会保険調査会もそれに従ったということだと評している〔中静246頁〕。
270)　ただし、最終的には、いわゆる代行法人としては医療利用組合以外に漁業組合（漁業法（明治43年法律第58号）第42条以下）でその社員のために医療事業を行うものにまで範囲が拡大されたが、それ以上の拡大は認めていない〔国保法令と解説227頁の他、清水(1938)122-124頁、川村・石原・簗290-291頁、古瀬10頁、長瀬(1938)13頁等〕。こうした説明の変化は、法案③を提出した第73回帝国議会における政府答弁〔衆73委2回（昭和13年1月29日）9頁、衆73委5回（昭和13年2月2日）8頁、貴73委1号（昭和13年2月19日）4頁等〕以降生じている。
271)　中静239-246頁。なお、医療利用組合サイドの法案②と法案③の規定の理解の仕方については、全国厚生連327頁等を参照。

第3章　旧国保法を巡る論点

体して国保組合に吸収されるべきものと考えていたのではないかと思われることである。そのことは、前にも触れたとおり、比較的初期に作成されたと考えられる「国民健康保険ノ保険者ニ就テ」（朝倉氏資料１）に「産業組合ニ就テハ…［中略］…未タ以テ普遍性ヲ有スルモノト謂フコト能ハス［之ニ加ヘ］加入強制制度ヲ採ルコト困難ニシテ…［中略］…社会保険トシテノ特質ハ著シク減殺サルル」とあることや、昭和９（1934）年７月に作成された「国民健康保険制度要綱立案理由説明資料」（朝倉氏資料16）に「医療利用組合ハ…［中略］…其ノ実質ヲ詳サニ検討スルトキハ［組合員の範囲が中産階級以上の小部分に限られる、診療料金が一般開業医より多少低額でもその医療費が農山漁村民の経済を脅かすことに変わりはない、一般の医薬業者の反発が強いといった］種々ノ欠点アリ到底之ニ依リ国民医療問題ノ根本的解決ヲ望ムコト能ハス」或いは「医療利用組合…［中略］…ノ診療ハ畢竟スルニ実費診療又ハ低額診療ノ範囲ヲ出テサルヲ以テ保険組織ニ依ル本組合［＝国保組合］トハ著シク其ノ趣ヲ異ニシ…［中略］…之トノ融合合致ハ困難ナルヘシ依ツテ［当面は両組合は並存することとなろうが将来的には］医療利用組合ハ結局解体シテ国民健康保険組合ニ融合統一セラルヘキモノト予想セラル」とあることからも窺える。要するに当初の医療利用組合は、その主目的が医療機関の経営による医療の普及にあり、加入者の医療費は多少軽減されることはあったにせよ、地域住民の医療費の負担を抜本的に解決する仕組みとしては極めて不十分なものであると、保険部サイドには受け止められていたのである[272]。

したがって、中静の言うように、医療利用組合が国保組合と並列的な存在として保険部にも受け止められるようになるのは、医療利用組合サイドの動きが活発化した昭和10（1935）年に入ってから以降のことである[273]ことに注意す

---

[272]　当初の医療利用組合が、医療施設の確保による医療の地理的普及を第一の目的とし、医療費の低廉化や下層階級への診療機会の確保は副次的なものであったことは、医療利用組合サイドも認めている〔全国厚生連104頁〕。

[273]　昭和10（1935）年５月に作成された「医療公営ノ利害得失」（朝倉氏資料15）には、社会保険調査会での川西保険部長の説明に先立って既に「国保組合と医療利用組合は一見相似しているが、国保制度は国民の医療問題を相互扶助の精

第4節　残された若干の論点

る必要があろう。

　また、最終的に成立した旧国保法において医療利用組合に認められた国保運営主体としての地位については、社会局保険部（及びそれを引き継いだ厚生省と保険院）としては、あくまでも国保組合の事業の代行であって[274]、例外的なものとして捉えていたことにも留意すべきではないか。そのことは、前に述べた昭和12(1937)年12月10日付けの社会保険調査会の答申の文言[275]や法案審議の際の政府側の答弁[276]からも明らかであるが、具体的には、旧国保法第54条が医療利用組合は「［国保］組合ノ事業ヲ行フコトヲ得」と、また同法施行規則第3章（第87条以下）が「国民健康保険組合ノ事業ヲ行フ法人」とのみ規定していたにもかかわらず、清水や川村らが「［国保組合の］事業を代行することを得る」、「代行は普通国民健康保険組合の設立に代るものなるが故に例外的形式たり」[277]、或いは「他の法人に於て［国保］組合の事業を行ふことを通常代行と称し、其の法人を代行法人と称して居る。此を代行と称する所以は蓋し法第五十四条は『国民健康保険ハ国民健康保険組合之ヲ行

神により団体的に解決しようとしたもので、医療利用組合よりさらに一歩進め徹底したものである。したがって、国保制度の趣旨が普及したときには、医療利用組合は次第に国保組合に変形するのではないかと考えるが、現に医療利用組合が発達し実効を挙げつつある地方に対しては、積極的に国保組合の設立を勧奨しないこととする。万一、そうした地方に多くの国保組合が設立される場合は、産業組合法令の改正と相俟って医療利用組合の員外利用の途を開きこれと診療契約を結んで両者相提携協調して医療問題の解決に貢献すべきと思料する」旨の記述が見られる。

274)　もっとも、「代行」とは、国保組合以外の法人が国保組合に代理して国保事業を行うことを意味するものではなく、本来国保組合の事業とされているものをそれ以外の法人が自己の事業の一つに加えることをいうと説明されている〔国保実務提要（1938）210頁〕。

275)　前掲第2章注81)を参照。

276)　衆70本19号（昭和12年3月10日）455頁、衆70委2回（昭和12年3月13日）13頁、衆70委6回（昭和12年3月18日）10頁、衆70本31号（昭和12年3月26日）868-869頁、添田報告258頁等。

277)　清水(1938)122頁。

第3章　旧国保法を巡る論点

フ』との法第二条の根本原則に対する例外的規定たるを以てである」[278]と述べていることや、前記社会保険局の通牒[279]において、代行は普通国保組合の設立に代わるものとして例外的にこれを許可する旨が規定されていること[280]、普通国保組合と代行法人（医療利用組合）とで国の補助金単価に差をつけたこと[281]等に反映されていると考えられる。

　以上を要すれば、医療利用組合に対する当時の保険部の態度は、一言で言えば「無視乃至否定から消極的認容へ」[282]と変化したと評することが適当ではないか。

---

278)　川村・石原・簗284頁。
279)　「国民健康保険組合設立認可及法第五十四条ノ規定ニ依ル代行許可方針ニ関スル件」〔昭和13年6月22日社秘第206号地方長官宛社会保険局長通牒〕。前掲第2章注90)を参照。
280)　国保法令と解説227頁、全国厚生連330頁等を参照。
281)　全国厚生連330頁を参照。その背景として、医療利用組合が厚生省ではなく農林省の所管であったことを指摘するものとして、岩手国保40年史17頁を参照。
282)　昭和12(1937)年8月段階では、川村は「今やこの〔医療利用〕組合発達の勢ひは驚異すべきものがあり、農村等に於ける其の勢力は到底之を無視することの出来ないものである」〔川村(1937)72頁〕と評している。

第4章　旧国保法の第2次改正（1942年）と第1次国民皆保険の達成

第1節　制度創設から第2次改正までの展開

1　制度の普及状況　(昭和13(1938)年度～昭和16(1941)年度)

旧国保法は、昭和13(1938)年7月1日から施行されたが、施行当初当局が腹案として発表した国保組合の普及計画は、10年間[1]で6,140の組合を設立し、2,560万人を被保険者としようとするものであった[2]。しかし、実際には第1年度から予定を上回る勢いで普及し[3]、昭和15(1940)年度の段階で既に、国保組合数で予定を197組合上回る917組合が設立され、被保険者総数でも予定を約4万人上回る304.4万人の加入を見るに至った[4]。

こうした状況の中、昭和15(1940)年10月9日には、国民健康保険協会[5]が、厚生省、内務省及び農林省の後援を得て第1回国民健康保険全国大会(大会

---

[1] 旧国保法案検討中の昭和11(1936)年段階の腹案では20か年計画とされていたが、国の財政等との関係で施行段階では10か年計画に変更された〔国保小史264-266頁〕。

[2] 昭和13(1938)年度から昭和22(1947)年度までの各年度の目標数値については、国保小史265-266頁(ただし昭和14(1939)年度分の加入予定被保険者数は150万人ではなく100万人の誤りと思われる)、国保二十年史219頁を参照。

[3] このように国保制度がかなり順調に普及した理由の一つとして、国保二十年史220頁は、政府当局が国保制度の宣伝にかなりの努力を費やしたことを挙げている。

[4] 国保小史266頁に掲載された昭和13(1938)～15(1940)年度の実績数の合計を当初予定数と比較した数値である。これに対し、国保二十年史225頁は、改訂後の普及計画の数値と実績値を掲げ、両者を比較して、昭和15(1940)年度においては「総計三百四万五千余人の被保険者を擁し、七十四万五千人以上の予定を上廻る被保険者数を獲得することができた」〔国保二十年史220頁〕と述べている。

[5] 国民健康保険協会は、民間側から国保制度の普及・推進を図るために昭和14(1939)年4月に設立された財団法人であり、国保に関する種々の講習会や講演会の開催、国保に関する図書や機関紙の発行、国保組合が行う保健事業の指導・助成等の活動を行った〔国保小史387-392頁を参照〕。

第4章　旧国保法の第2次改正（1942年）と第1次国民皆保険の達成

総裁は金光庸夫厚生大臣、大会会長は清水玄保険院社会保険局長）を開催し、国保制度の普及に関しては、「全町村ニ対スル急速ナル普及完成」として「少クトモ昭和十六年度ヨリ五ヶ年以内ニ於テ一定ノ年次計画ノ下ニ全町村ニ組合ノ普及完成ヲ図ルコト」との厚生大臣への答申6)と「向後五年以内ニ全国各市町村漏レナク之〔国保制度〕ヲ実施スルヤウ政府ニ建議スルコト」との決議を、また、制度の在り方に関しては、「普通組合設立ノ任意主義ヲ廃止シ原則トシテ市町村ガ之ヲ設立シ組合ノ費用負担ハ世帯主ノ義務トスルコト」との答申と「地方長官ハ必要ト認メタル市町村ニ対シ組合ノ設立ヲ命ジ得ルヤウ又設立ノ認可アリタルトキハ組合員タル資格ヲ有スル者ハ総テ組合員トスルヤウ法律ノ改正方ヲ政府ニ建議スルコト」との決議を行っていることが注目される7)。

このように「政府が当初予定した即ち十年間に全国的に組合の設立を普及しようとする方針は各方面から、これが短縮を要望され、政府もついに短期間に全国普及に着手することと」8)なって、昭和16(1941)年度予算においては、10か年の普及計画を短縮し5か年で被保険者を1,000万人増やすこととされ9)、そして同年度になると「普及は次第に活気を呈し」10)、新たに1,096

---

6)　答申の別項目として「都市ニ対スル組合ノ普及」もある。
7)　答申や決議の全文については国保全国大会報告書を参照。また、国保二十年史226-229頁に要約がある。
8)　国保小史195頁。
9)　国保二十年史68-69頁。なお、医界週報311号（昭和16年1月11日）44頁には「〔16年度は〕愈々国保普及五ヶ年計画を本格的に断行することとなつた」旨の記事が、同320号（昭和16年3月15日）42頁には「社会保険局長から地方長官宛に『国民健康保険制度普及五ヶ年計画第一年度たる昭和十六年度に於ては新たに被保険者数三百七十五万人を増加する予定』であるとする国保組合設立方針が通牒された」旨の記事が見える。ただ、10か年計画と5か年計画の間に6か年計画が存在したとする記述〔医界週報313号（昭和16年1月25日）51頁〕や、5か年計画は昭和16(1941)年2月に樹立されたとする記述〔医界週報325号（昭和16年4月19日）43頁〕も見られるので、この点についてはさらに精査したい。
10)　国保二十年史220頁。もっとも、地理的条件や経済的・社会的条件、或いは

組合が設立され、約367万人が新規に加入したのである[11]。

2　社会保険制度拡充の動き

前述のとおり国保制度は急速に普及していったが、これは、より大きくは、当時の政府・厚生省が進めていた社会保険制度拡充の動きの一環として捉えることができるであろう。そして、その背景には、盧溝橋事件（昭和12(1937)年7月7日）による日中戦争（いわゆる日華事変）の勃発に伴い戦時体制が強化される中で、我が国の人口を増加させ、国民の体位・体力を積極的に向上させることで国防の目的に資することを狙いとする、いわゆる人口国策が存在した。

昭和15(1940)年7月22日に成立した第2次近衛文麿内閣は同月26日の閣議で「大東亜ノ新秩序ヲ建設スル」ための「国防国家体制ノ完成」をめざす「基本国策要綱」を決定したが、その中には「国是遂行ノ原動力タル国民ノ資質、体力ノ向上並ニ人口増加ニ関スル恒久的方策…［中略］…ヲ樹立ス」との項目が見える[12]。そして、同年8月1日に「人口政策ノ確立」の項目を含む「基本国策要綱ニ基ク具体問題処理要綱」を閣議決定した[13]後、翌

都道府県当局者の熱意の違いなどにより、普及程度の地域差は極めて大きかったようである〔国保二十年史220-221頁、高嶋(2006b)61-65頁及び186-189頁を参照〕。

11)　国保小史266頁による。ただし、国保二十年史225頁に掲げられた数値は若干異なっている。

12)　厚生省五十年史344頁。なお、同要綱の全文は、国立国会図書館議会官庁資料室のHPより閲覧・入手できるほか、戦史叢書425-426頁にも所収（ただし、閣議決定から公表までの間で若干の修文が行われたためか、文言がやや異なっている）されている。

13)　戦史叢書431-433頁。なお、中静270-271頁では、この要綱（中静は「要項」と記している）の中に最終的に国保の拡充策が採用されなかったため、厚生省は社会事業関係者等による国保に関する協議懇談会を開催し国保の全町村への5か年での普及完成を打ち出すなど、世論の喚起に力を入れたとの分析が示されている。

第4章　旧国保法の第2次改正（1942年）と第1次国民皆保険の達成

　昭和16(1941)年1月22日には企画院[14]が立案した「人口政策確立要綱」が閣議決定された。

　この人口政策確立要綱は「東亜共栄圏ヲ建設シテ其ノ悠久ニシテ健全ナル発展ヲ図ル」ため「人口政策ヲ確立シテ我国人口ノ急激ニシテ且ツ永続的ナル発展増殖ト其ノ資質ノ飛躍的ナル向上トヲ図ルト共ニ東亜ニ於ケル指導力ヲ確保スル為其ノ配置ヲ適正ニスルコト」を目的とするものであるが[15]、その中の「第四　人口増加ノ方策」の「二、死亡減少ノ方策」の一つとして、結核対策の確立徹底等と並んで「健康保険制度ヲ拡充強化シテ之ヲ全国民ニ及ボスト共ニ医療給付ノ外予防ニ必要ナル諸般ノ給付ヲナサシムルコト」との項目があり、これが社会保険の拡充、さらにはいわゆる第1次国民皆保険の推進に大きな影響を与えたのである[16]。

　その後、保険院社会保険局は、昭和16(1941)年5月に疾病保険を中心とする「社会保険（短期給付）構成基本要綱」を作成し、「社会保険を健康保険及国民健康保険の二本建と為すこと」、「社会保険を拡充して国民全般に及ぼし小額所得者全部を網羅すること」等を示して短期疾病保険再編成の方向づけを行った[17]。また、同月30日には、健康保険法と職員健康保険法の統一を

---

14)　企画院は、企画院官制（昭和12年勅令第605号）により、平戦時における綜合国力の拡充運用に関する企画や重要事項の審査、国家総動員計画の設定・遂行に関する各庁事務の調整統一を主目的として、昭和12(1937)年10月に設立された内閣総理大臣の管理に属する外局の一つ。昭和18年11月には廃止され、その事務は軍需省等に引き継がれた（軍需省管制（昭和18年勅令第824号）による）〔百瀬28頁等〕。

15)　同要綱の全文は公文別録昭和16年に所収されている他、厚生省20年史216-218頁、厚生省五十年史416-419頁、医制百年史資料編498-501頁にも所収されている。また、国立国会図書館議会官庁資料室のHPからも閲覧・入手できる。

16)　厚生省五十年史361-362頁、中静272-273頁。

17)　健保三十年史（上）303-315頁、厚生省20年史288-289頁、厚生省五十年史540-541頁等。同要綱の全文は、健保三十年史（上）306-307頁の他、小島(1943)324-326頁、佐口(1977)281-282頁にも所収されている。ちなみに、これに基づいて行われた健康保険法と職員健康保険法の統合（昭和17年法律第38号による）及び後述の国保法の第2次改正によって、現在の医療保険制度の骨格はほぼ作

柱とする「健康保険制度拡充試案要綱」が試案として発表されている[18]）。

　さらに、昭和16(1941)年7月に第3次近衛内閣の厚生大臣に就任した元陸軍軍医総監・陸軍省医務局長小泉親彦（同年10月に東条英機内閣が成立してからは同内閣の厚相）は、後述する健兵健民のスローガンと絡めながら社会保険の拡充に積極的に努め、その中心的施策の一つである国保制度の全国的普及をさらに促進するべく[19]、平成17(1942)年2月には、組合設立の強化、組合員加入義務の強化等を主眼とする旧国保法の第2次改正を行ったのである[20]）。

　　られたと評価するものもある〔吉原・和田106-107頁（吉原稿）〕。なお、佐口(1977)281頁、佐口(1995)25頁及び86頁では、同要綱が昭和17(1942)年1月に閣議決定されたとしているが、他の資料及び前記法改正との時間関係から見て、提出法案の閣議決定と混同した可能性が高い。
18)　健保三十年史(上)303-315頁、厚生省20年史288-289頁、厚生省五十年史541-542頁等。
19)　国保二十年史242頁によると、小泉厚相は、昭和16(1941)年12月には昭和17(1942)年度から向う3か年度内に全国市町村に国保組合を設立せしめる、いわゆる国民皆保険の政策をとることを明らかにしたとされる。これにつき、中静は、5か年計画が3か年計画に短縮されたのは、同月19日に閣議決定された追加予算編成方針が3年以上に及ぶ継続事業は見合わせるとしたためではないかと推測しており〔中静280-281頁〕、また、医界週報370号（昭和17年3月14日）35頁には「政府当局に於ては特に東北六県に対しては本年度から三ヶ年計画の国民健康保険東北六県振興計画を実施する予定で」ある旨の記事（傍点は筆者）も見られるが、そもそも、この短縮方針がどの程度部外に知られたのか、また、この時点で小泉厚相が「皆保険」という言葉を使ったのかどうかについては、後述のとおり、慎重に検討する必要がある。
20)　ちなみに、国保二十年史242-244頁には、その当時保険局国民保険事務当局者［正しくは当時の担当部署は保険院社会保険局国民保険課］によって立案されたという社会保険制度拡充要綱案（未定稿）が掲載されている。それによると「大東亜戦争ノ推移ニ伴ヒ民生ノ安定確保ヲ図ルコトハ刻下喫緊ノ要務」なので「之ガ施策ノ根幹タルベキ社会保険制度就中本邦固有ノ制度タル国民健康保険ヲ中心ニ、健康保険ヲモ緊急改正拡充シ、以テ時局ノ要請ニ応フル」ことを目的として、「第一、国民健康保険制度の拡充」に関しては、①健康保険、船員保険、共済組合等の対象者を除き、内地全国民を国保制度の対象とすること、②現行の任意保険を全面的強制保険制度に改めること、③国保制度は従来は農

第4章　旧国保法の第2次改正（1942年）と第1次国民皆保険の達成

第2節　旧国保法の第2次改正

1　改正の経緯

　第1次国民皆保険の制度的契機となったのは旧国保法の第2次改正であるが、その前の昭和16(1941)年3月に同法の第1次改正が行われている。これは、戦時下における行政事務簡素化の見地から、各省に設置されている委員会、調査会、審査会等を整理・統合することとしたもので、第76回帝国議会において「委員会等ノ整理等ニ関スル法律」（昭和16年法律第35号）が成立し、これにより旧国保法も改正された。具体的には、保険給付に関する決定に関する不服審査機関である国民健康保険委員会（旧国保法第48-51条）が、第一次健康保険審査会（当時の健康保険法第80条）、第一次職員健康保険審査会（当時の職員健康保険法第81条）、第一次船員保険審査会（当時の船員保険法第63条）とともに、新設された地方社会保険審査会に統合された21)。この地方社会保険審

　　山漁村を主たる対象としたが、向後は都市部面にも等しく急速な普及を図ること、④国保制度の拡充は昭和18(1943)年度及び19(1944)年度を以て完了させること、⑤健康保険、船員保険、共済組合等の対象者の家族［被用者保険の被保険者の被扶養者］は総て国保の被保険者とすること等が掲げられていた。この要綱案が作成された時期は定かでないが、「大東亜戦争ノ推移」との表現があることや国保拡充完了の目標年度が昭和18(1943)～19(1944)年度とされていることから見て、昭和17(1942)年（或いは年度）のいずれかの時期と思われる。もし、木村清司社会保険局長の在任期間中に作成されたものであるとすれば、昭和17(1942)年4月頃までに作成されたものということになる。また、本要綱案が政府部内でどこまでオーソライズされたものかも定かではないが、少なくとも当時の国保担当部局が目指していた社会保険拡充の方向性を知る上では参考になろう。

21)　国保小史195頁、国保二十年史234頁、健保二十五年史124-125頁、厚生省五十年史545頁等を参照。ただし、「委員会等ノ整理等ニ関スル法律」の名称（「整理」ではなく「整理等」が正しい。）と公布日（「3月5日」は天皇裁可日であり、官報による公布日は「3月6日」が正しい。）については正確ではな

査会に関する事務は各府県の警察部健康保険課が主掌することとされたが、国保の審査等に係る事務については、引き続き学務部社会課が健康保険課と合議の上処理することとされた[22]。

続く第2次改正の内容の本格的な検討は、昭和16(1941)年7月の小泉厚相就任後に進められたと思われる[23]。この間の検討状況を示す資料はあまり多くないが、昭和16年11月1日付けの医事新報には「国保普及に拍車を掛ける現行法改正案来議会へ」の見出しの下に、「保険院では…［中略］…［国保の普及と］併行して現行国保法の改正に依つて組合普及［、］助産給付、結核給付延長、保健施設拡充の目的を達成せしむ可く来議会提案を目標に此程左の如き原案を作成した」として、要綱形式の「国保法改正案」（巻末資料13を参照）が掲載されている[24]。実際に成立した第2次改正法と比較した場合には、この改正案においては、①普通国保組合については、組合成立と同時に組合員有資格者は原則として総て組合員とする、②助産給付を療養給付と同様必須の給付とする[25]、③国、道府県、市町村の国保組合等に対する補助を義務化するといった項目[26]が盛り込まれていた点が注目されよう。

その後、年明けの昭和17(1942)年1月19日の第79回帝国議会に「国民健康保険法中改正法律案」（巻末資料14を参照）[27]が提出され、同月23日衆議院本会議に上程された。衆議院では8回の委員会（国民体力法中改正法律案外四件委員会）の審議を経た後、同年2月3日に衆議院を通過し、同月4日貴族院本

いことに留意する必要がある。
22) 社会保険時報昭和16年10月号24頁を参照。
23) 医界週報351号（昭和16年10月18日）43頁は、昭和16(1941)年10月14日付の記事として、厚生省は翌年度の国保被保険者数を1400万人増やすことを企図し、その実現のために特に必要な地域には組合の強制設立を命じ得るよう、国保法の改正を来議会に提出する準備を進めている旨を報じている。
24) 医事新報1000号（昭和16年11月1日）51頁。
25) 当時の人口国策を反映したものと考えられる。
26) 逆に、国保事業を行える代行法人の要件緩和は、この改正案の段階では明示されていない。
27) 法案の全文は衆79本5号（昭和17年1月24日）84-85頁に掲載されている。

第4章　旧国保法の第2次改正（1942年）と第1次国民皆保険の達成

会議に上程された。貴族院では5回の委員会（国民体力法中改正法律案特別委員会）の審議を経て[28]、同月12日に法案が政府提出原案どおり可決成立し、同月21日に昭和17年法律第39号として公布されたのである。この第2次改正は、同年5月1日と昭和18(1943)年4月1日に分けて段階施行された[29]。

2　改正の概要

(1)　改正の目的

　第2次改正の直接の目的は、既に見てきたとおり、健康保険法の改正と相俟って社会保険の拡充（国保に関しては国保組合の普及）の制度的基盤を整備しようとするものであった。これを法案審議の際の小泉厚相の言葉を借りて改めて整理すると「[健康保険法中改正法律案及び国民健康保険法中改正法律案の]両改正ニ依ツテ、勤労者及ビ其ノ家族ヲ対象トシテハ健康保険制度ヲ普及シ、農山漁村民、其ノ他一般国民ヲ対象トシテハ国民健康保険制度ヲ普及強化シ、以テ国民ノ大部分ヲ保険制度ノ恩沢ニ均霑セシムルト共ニ、社会保険ニ於ケル医療其ノ他ノ給付内容ノ向上充実ヲ図リタイ」[30]ということになる。

　そして、社会保険拡充の背景に人口国策が存在したことも既に述べたとおりであるが、第2次改正が行われた昭和17(1942)年2月前後の時点では、前年12月に米英を相手とする大東亜戦争が始まり時局がいっそう緊迫する中で、

---

28)　もっとも、この旧国保法の第2次改正法案は、審議された委員会の名称からも明らかなように、国民体力法中改正法律案、国民医療法案、健康保険法中改正法律案及び戦時災害保護法案とともに同じ委員会で一括審議されたため、衆議院、貴族院のいずれにおいても、議員の質問の多くは国民医療法なかんずく日本医療団に係る事項に集中し、第2次改正法案自体については、大して審議は行われていない。

29)　国保小史196頁、国保二十年史245-246頁等。なお、後掲注43)も参照。

30)　衆79委2回（昭和17年1月26日）5頁、国保二十年史245-246頁。その他、貴79委1号（昭和17年2月5日）3頁、衆79本5号（昭和17年1月24日）87頁、貴79本8号（昭和17年2月5日）126頁等も参照。

第 2 節　旧国保法の第 2 次改正

銃後の経済戦に勝利するための優秀な労働力の育成確保という観点も相当程度強調されるようになったことが注目される。社会保険時報昭和17年1月号の樋貝詮三保険院長官の「歳日所感」[31]における「優秀なる労働力を確保培養することが最大の急務なのである。茲にわが社会保険の戦時下に於ける新しい意義が特筆される」や、同号の木村清司保険院社会保険局長の「年頭の辞」[32]における「社会保険こそ戦時下銃後国民医療の核心をなすものであり産業労働力維持培養の根幹をなすものである」といった言辞は、その反映と言える。社会保険制度が「社会政策的意義に基く要扶助階級に対する生活安定施設」といった従来の消極的使命に止まらず、国家の要請に従って増産に邁進する鉄の産業戦士を得るためには、限られた一定小範囲でなく広く国民全体に対する厚生施設でなければならず[33]、当局は、社会保険をして真に銃後国民医療の核心たり産業労働力維持培養の根幹たるに値するだけのものに作り上げようとの見地から社会保険の拡充を企図した[34]と説明されたのである。

(2)　**保険者に係る改正**

　第2次改正[35]における保険者に係る改正としては、第一に、普通国保組合の強制設立に係る規定の創設がある。すなわち、従前は普通国保組合の設立は任意であったが、第2次改正により、地方長官が必要ありと認めるときは、長官は組合員有資格者から設立委員を選任し普通国保組合の設立を命ずることができ、さらに、設立委員が長官の定める期間内に設立認可を申請し

---

31)　社会保険時報昭和17年1月号2-3頁。
32)　社会保険時報昭和17年1月号4-5頁。
33)　社会保険時報昭和17年1月号3頁。
34)　社会保険時報昭和17年1月号5頁。
35)　第2次改正の概要については、国保小史196-197頁及び422-423頁、国保二十年史246-248頁、厚生省五十年史546-547頁等を参照。また、改正時の解説として山本幸雄8-14頁が、改正後の旧国保法全体の解説書として国保実務提要（1944）がある。なお、改正法の全文は国保小史198-201頁にも所収されている。

第4章　旧国保法の第2次改正（1942年）と第1次国民皆保険の達成

ないときは、長官は規約の作成等組合設立に必要な処分を行うことができることとされた。この結果、普通国保組合の設立は、任意設立、設立委員による強制設立、地方長官による強制設立の三段構え[36]となった。第二に、代行法人の要件が緩和され、営利を目的としない社団法人[37]であれば、医療に関する施設を行わなくても、地方長官の許可を受けて国保組合の事業を行うことができることとされた。

(3) 加入者に係る改正

加入者（組合員又は被保険者）に係る改正としては、強制加入に係る規定が強化された。第一に、強制設立の普通国保組合が成立したときは、組合員有資格者は「特別ノ事由アル者ニシテ命令ヲ以テ定ムルモノ」を除き全員組合員となることとされた。第二に、任意設立の普通国保組合については、従前は組合員有資格者の2/3以上が加入する場合において、地方長官が必要ありと認めてその組合を指定したときは、「特別ノ事由アル者ニシテ命令ヲ以テ定ムルモノ」を除き組合員有資格者全員が組合員となることされていたが、その指定要件が2/3から1/2に緩和された[38]。第三に、特別国保組合についても、新たに普通組合と同様の強制加入に係る地方長官の指定が行えることとされた。第四に、強制加入の対象から除外される「特別ノ事由アル者ニシテ命令ヲ以テ定ムルモノ」の範囲から多額収入者が除かれ、明文上は「貧困ノ為法令ニ依ル救護ヲ受クル者」及び「其ノ他地方長官ニ於テ特別ノ事由アリト認メタル者」のみとされた（昭和17年厚生省令第27号による国保法施行規則の改正)[39]。第五に、代行法人についても、国保組合と同様の被保険者の加入

---

36) 山本幸雄9頁。
37) この時点でも、具体的には産業組合と漁業組合が想定されていた〔山本幸雄11頁〕。
38) これは設立委員による強制設立の場合に組合員有資格者の1/2以上の同意を得て地方長官の認可を受けることとしたこと（第2次改正後の旧国保法第11条の2第2項）とのバランスを考慮したものと思われる〔医界週報374号（昭和17年4月11日）40頁を参照〕。

第2節　旧国保法の第2次改正

強制に係る規定が新たに設けられた。すなわち、代行法人が事業を行う地区内の普通国保組合の組合員有資格者の1/2以上が当該法人の社員である場合において、地方長官が必要ありと認めてその法人を指定したときは、「命令ヲ以テ定ムル者」を除き地区内の組合員有資格者及びその世帯に属する者全員が被保険者となることされた。

(4) その他の主な改正

その他の改正としては、第一に、保険医療組織への国の統制強化が挙げられる。これは、同時に行われた健康保険法の改正[40]に準ずるもので、①地方長官による保険医・保険薬剤師の強制指定制の導入、②厚生大臣による診療方針（療養ノ給付ヲ担当スルニ関シ必要ナル事項）の決定、③厚生大臣による診療報酬の公定等が規定されるとともに、行政（当該官吏）による診療録その他の帳簿書類の検査権限も明文化された。第二に、保健事業の拡充強化が行われた。すなわち、国保組合は、従前の保健施設（被保険者ノ健康ノ保持増進ノ為必要ナル施設）だけでなく[41]、療養施設（被保険者ノ疾病若ハ負傷ノ療養ノ為必要ナル施設）も行うことができることとされ、また、これらの施設に必要な費用の支出を行うことも明文で認められた。さらに、主務大臣及び地方長官は、国保組合又は代行法人に対し、保健施設・療養施設の実施やこれらに必要な費用の支出を命じることができることとされた。

そして、以上のような第2次改正のうち、国保組合の強制設立及び強制加

---

39) 昭和17(1942)年5月13日付で社会保険局長より地方長官宛に通牒された「国民健康保険法第十三条第一項の規定に依る国民健康保険組合の指定及同法第五十四条の二第一項の規定に依る組合の事業を行ふ法人の指定に関する件」〔医界週報379号（昭和17年5月16日）32頁〕及び山本幸雄11頁を参照。
40) 健康保険法における保険医療組織への統制強化については、取り敢えず新田（2000）126-131頁、健保二十五年史492-500頁、厚生省五十年史551-553頁等を参照。
41) 前掲第2章注87)を参照。ちなみに、国保小史328-334頁及び国保二十年史266-268頁にも、主に昭和21〜22（1946〜1947）年頃のものであるが、保健施設の具体的事例が紹介されている。

入、代行法人の要件緩和及び行政による診療録の検査等に係る規定は、昭和17(1942)年5月1日から[42)、その他の保険医療組織への統制強化に係る規定は、改正健康保険法の全面施行と合わせて昭和18(1943)年4月1日から[43)施行されたのである。

第3節　第2次改正後の展開

1　第1次国民皆保険の達成（昭和17(1942)年度～昭和18(1943)年度）

第2次改正を契機として国保制度は飛躍的に普及した。厚生省[44)は、当初の普及計画を大幅に拡充し、昭和17(1942)年度は4,387組合の設立と1,375万被保険者の加入を、昭和18(1943)年度は4,661組合の設立と1,589.2万被保険者の加入を目指すこととし、平井章保険局長の指揮の下、局内各課長を地方庁に派遣しての普及促進、普及すべき被保険者数の各府県への割当て、普及促進のための再三の国保主管課長[45)会議の開催、普及が不振な府県に対する直接的な指導等、地方庁に対し「かなり烈しい普及督励が加えられた」[46)。さらに、全国町村長会、大政翼賛会、日本医師会、日本歯科医師会等の関係団体の協力[47)も得て、全国的な普及総動員が行われた結果、昭和18(1943)年度には、総計で1万330組合の設立と約3,700万人の被保険者の加

---

42) 昭和17年4月28日勅令第456号による。
43) 昭和17年12月10日勅令第827号による。正確には、昭和18(1943)年1月1日から準備事務が施行され、同年4月1日から全面施行された。
44) 昭和17(1942)年11月1日の行政簡素化の結果、保険院官制は廃止され、厚生省内局として保険局が置かれ、国民健康保険を主掌するため同局内に国民保険課が設置された〔国保小史197-198頁、国保二十年史211頁〕。
45) 地方庁（府県）における国保事業の主管課は、法施行当初は学務部社会課であったが、昭和17(1942)年11月1日の行政簡素化により内政部厚生課又は兵事厚生課に改められた〔国保二十年史212頁〕。
46) 国保二十年史221頁。
47) 協力の事例については国保二十年史235-240頁を参照。

第3節　第2次改正後の展開

入を見ることとなり、少数の都市を除いて全市町村の約95％をカバーすることとなって、いわゆる第1次国民皆保険が達成されたのである[48]。

　この間の政府や関係団体による国保普及の具体的な動きを、第2次改正を受けて普及に力が入れられ始めた昭和17(1942)年の後半について見てみると、まず、6月22日及び23日に開催された第20回全国保険課長事務打合会において、樋貝保険院長官が「今回国民健康保険法ニ重要ナル改正ヲ加フルト共ニ国庫補助予算ヲ飛躍的ニ増額シ昭和十七年度ニ於テハ全国純農山漁村ノ凡ソ全般ニ亙リ組合設立ノ計画ヲ樹立スルニ至ツタ」ので国保制度の普及発達に今後一層努力するよう希望するとの訓示を述べている[49]。翌7月23日には大政翼賛会の主催で「国民健康保険普及協力各種団体懇談会」が開催され、「大東亜戦争を完遂し、わが国の健全な発展を図るためには、健民健兵の根幹をなす国民健康保険制度の理想に邁進し、速やかなる全国的普及の完成と、その円満なる発達とを待望し、これが実現を期す」との申合せ事項が発表された[50]。続く8月21日には「結核対策要綱」が閣議決定され、その中で一般的措置として「結核患者ノ療養ヲ確保シ並ニ患者家族ノ生活援護ニ資スル為社会保険制度ヲ国民ノ全部ニ拡充強化スルコト」との方針が示された[51]。そして、9月26日からは4日間にわたって大政翼賛会主催により「国民総常会たる」中央協力会議[52]の総常会（第3回中央協力会議総常会）が開催され、小泉厚相が27日午後の総会において、国民保健、国民勤労力発揚、戦時下国

---

48)　国保二十年史221-222頁。なお、数値の細部が必ずしも一致しないが、各年度における国保組合の普及状況については、国保小史266-267頁及び国保二十年史225頁を参照。
49)　社会保険時報昭和17年6月号50頁。
50)　国保二十年史237-238頁。なお、同月24日の朝日新聞朝刊2頁の記事では、「健民運動団体協議会」の部門別協議会の一つとして「国民健康保険普及協力協議会」が開催されたとなっている。
51)　厚生省五十年史547頁。なお、同要綱の全文は公文類聚昭和17年に所収されている他、医制百年史資料編300頁にも所収されている。また、国立国会図書館議会官庁資料室のHPからも閲覧・入手できる。
52)　須崎17頁。

143

第4章　旧国保法の第2次改正（1942年）と第1次国民皆保険の達成

民生活確保の3点について発言し、その中で「[政府は] 去る八月二十一日結核対策要綱を閣議に於て決定し、結核撲滅に関する鞏固なる国家意思を確立」したとした上で、「結核患者の療養を確保し、併せて患者家族の生活を援護致しまする為に、三箇年計画を以て国民の全部に社会保険制度を拡充致すことに決定致した」と述べるとともに[53]、同会議の第六委員会（厚生、科学技術、文化に関する問題を協議）において平井章社会保険局長が「来年度をもちまして農山漁村には全部国民健康保険組合を設立せしめまして、国民健康保険組合か、さもなければ健康保険組合をもちまして国民皆保険を目指して居る」との説明を行っている[54]。さらに、11月10日には、国民健康保険組合普及促進運動（11月20日～11月30日）を指導するため、国民健康保険協会の主催により国民健康保険普及協力委員代表者協議会が開催され、国保組合の名称を「国民厚生組合」に改称すること等を内容とする「国民健康保険

---

53) 須崎70-71頁の他、医事新報1046号（昭和17年10月3日）28頁も参照。しかし、前掲注19）で述べたとおり、小泉が1941（昭和16）年12月の段階で国保普及計画を5年から3年に短縮する旨を表明していたとすると、この時点で改めて3か年で全国民に社会保険を拡充することを言明したこととの意味乃至両者の整合性が問題になろう。当時の資料から見て、中央協力会議における小泉の発言はほぼ間違いないと思われるので、昭和16(1941)年12月時点での表明については、①そうした表明がそもそもなかった、②12月時点での表明は小泉（乃至厚生省）の意向であって、政府の決定ではなかった、③12月時点での表明も決定ではあったが、あまり一般には知られなかったので、中央協力会議の席で改めて強調した、といった可能性が考えられる。確かに国保組合普及促進経費は昭和17(1942)年1月12日に閣議決定された追加予算により大幅に増額されているが〔医界週報362号（昭和17年1月17日）46頁及び同369号（昭和17年3月7日）43頁を参照〕、小泉が第3回中央協力会議総会の場でわざわざ「決定致した」と述べていることからすると、少なくとも③ではないように思われる。また、もう一つの別の可能性としては、昭和16(1941)年12月に3か年度内に国保組合を全市町村に設立する旨の表明はなされたが、それはあくまでも国保についての話であって、昭和17(1942)年9月の3か年計画での社会保険制度の全国民への拡充とは趣旨内容が異なっていたということも考えられよう。しかし、この点については、今後さらに精査したい。

54) 須崎378頁。

制度ノ拡充ニ関スル事項」（5項目）及び町村だけでなく都市も含む国保組合の急速なる全国的普及等を内容とする「国民健康保険制度ノ普及並ニ運営ノ改善ニ関スル事項」（5項目）の早期実現を政府に要望する決議が行われた[55]。年末の12月11日には、厚生省が翌昭和18(1943)年度の結核対策予算と併せて「結核撲滅対策の徹底強化に関する具体策」を発表し、その中の「社会保険制度を拡充すること」において、改めて「国民健康保険制度に付農山漁村民の全部を被保険者たらしむべく之を拡充すると共に組合費補助を増額すること」と述べている[56]。

その後、昭和18(1943)年に入ると、1月15日及び16日の第21回全国保険課長、同出張所長事務打合会議[57]を経て、翌2月5日及び6日には、国保普及計画の一層の推進を図るため道府県国保主務課長会議[58]が開催され、平井章保険局長の「明後年度［昭和19(1944)年度］は国民皆保険とする意図で、国庫補助金も来年度［昭和18(1943)年度］より増額すべく予算を計上してゐる」との説示の後、右田鐵四郎国民保険課長より「政府は本制度［国保制度］が健兵健民諸施策の基盤を為す重要なるものなるに鑑み昭和十八年度に於ては…［中略］…全町村に洩れなく組合を設立せしめ以て農山漁村に対する普及を完成せんとする計画なるを以て之が達成に万遺憾なきを期せられたし」との項目を含む指示事項の説明が行われた[59]。こうした指示に基づき、昭和18(1943)年度においても前述のような強力な国保普及運動が行われた。同年7月13日には、大政翼賛会の主催で「国民健康保険組合普及協力中央協議会」が開催され、国保普及計画の遂行への全面的協力を申し合わせるとともに、昭和19(1944)年度には都市全部の普通国保組合の設立を完了するよう政

---

55) 社会保険時報昭和17年12月号42-44頁の他、医事新報1053号（昭和17年11月21日）32頁及び昭和17(1942)年11月10日の朝日新聞朝刊3頁を参照。
56) 医事新報1057号（昭和17年12月19日）24頁。
57) 同会議の模様については社会保険時報昭和18年2月号21-23頁を参照。
58) ちなみに、同会議の模様を報じた昭和18(1943)年2月6日の朝日新聞朝刊3頁では、会議の名称は「府県厚生課長会議」とされている。
59) 医事新報1063号（昭和18年2月13日）32頁。

第 4 章　旧国保法の第 2 次改正（1942年）と第 1 次国民皆保険の達成

府への要望を行っている[60]。そして、昭和18(1943)年度末ごろには「国民皆保険の将に実現せんとする時」に至ったとされたのである[61]。

2　終戦までの動き（昭和19(1944)年度～昭和20(1945)年度）

　昭和19(1944)年度に入ると都市部への国保普及に重点が置かれるようになる。厚生省は、都市に普通国保組合を設立することを目標とする昭和十九年度国民健康保険組合普及方針に基づき「昭和十九年度において全都市に組合設立の完遂を期し、厚生行政の綜合的下部組織たらしめ、決戦下健民育成の基盤たる使命を達せんとする」ことを狙いとした都市国民健康保険組合設立準備要綱を定め、組合の設立を奨励した結果、昭和19(1944)年度末には、全国196都市の6割に当たる118都市に国保組合が設立されるに至った[62]。
　このような第 2 次改正後の国保組合の普及状況については「まことに驚嘆に値するものがあつたが、いわゆる国民皆保険という標識の下に、大政翼賛会式な普及が行われたことも、またみのがしがたい事実である。そのため、組合員の理解と協力とによつてこの事業を運営するということが、比較的なおざりになり、官選市町村長ひとりの手で一夜づけの組合が作られた場面もすくなくなかつた。つまり量的発展につれて、質的低下を来したというわけであ［る］」[63]と評されている[64]。

---

60)　国保二十年史238-239頁。
61)　社会保険時報18巻 1 号（昭和19年 1 月）の平井章保険局長の「年頭の辞」〔同号 2 頁〕。
62)　国保二十年史222-226頁。
63)　国保小史42頁。
64)　このため、厚生省は、国保の事業水準の引き上げを図ることを目的として、昭和19(1944)年 4 月以降、他の国保組合のモデルとなるような最高水準の組合を「標準的な組合」として指定している〔国保小史273-292頁、国保二十年史256-258頁〕。また、国保の普及は真に驚異的なものであったが、開店休業の状態にあるものも少なくはなく、保険経済の維持に喘ぐのは全組合といっても過言ではなかったといった次第から、当時保険局内では、国保の市町村営への移

そして、昭和20(1945)年度には残された都市における国保の普及が当面の目標とされたが、戦争がさらに激化したため、都市への普及は前年度から殆ど進捗しないままに[65] 8月の終戦を迎えたのである[66]。

第4節　第2次改正を巡る論点

1　健兵健民と国民皆保険

(1)　小泉厚相と健兵健民政策

保健国策の「震源」[67]でもあった小泉親彦は、昭和16(1941)年7月18日に第3次近衛内閣の厚生大臣に就任するや、いわゆる健兵健民政策を主唱し、その在任期間（在任は昭和19(1944)年7月22日まで）を通じてこれを精力的に推進した[68]。

管論や保険税の新設論等種々の提案を含む国保の改善策がしばしば論議されたとする伊藤謹二保険局長（在任期間は昭和19(1944)年8月〜昭和20(1945)年4月）の回想もある〔国保二十年史10頁〕。

65)　国保二十年史251-252頁では、普及が進まなかった理由として、①昭和19(1944)年6月16日閣議決定の決戦非常措置要綱により、都市に対する新規普及に関しての厚生省の積極的指導が停止されたこと、②各都市当局が厚生事業に対して熱意を失っていたこと、③国策たる国保制度に対する都道府県首脳部の認識不足から、その部下も国保普及の積極的活動を避ける傾向が強まったことの3点を挙げている。ただし、①は、より正確には、昭和19(1944)年2月25日に閣議決定された決戦非常措置要綱〔同要綱の全文は国立国会図書館議会官庁資料室のHPより閲覧・入手可能〕中の「平時的又ハ長期計画的事務及事業ノ停止」に基づき、その具体案が同年6月16日に閣議決定され、その中の一つとして「都市に対する国民健康保険制度の新規普及に関する本省の積極的指導」も含まれていたというものである〔医事新報1133号（昭和19年6月24日）25頁、中静285頁〕。

66)　国保小史266頁、国保二十年史224-226頁及び251頁の記述を参照。

67)　中静228頁。

68)　「健兵健民」という言葉自体も小泉厚相が作り出したとされるが〔国保二十年史26頁〕、彼が何もないところから単独で健兵健民の語を発明したという訳

147

第4章　旧国保法の第2次改正（1942年）と第1次国民皆保険の達成

　小泉の健兵健民政策がまとまった形で示されたのは、昭和16(1941)年12月の日米開戦直後に厚生省において取りまとめられた「戦時緊急対策」においてである。厚生省が東条首相の求めに応じて示した5項目の政策案の1つとして「健兵健民対策ノ整備強化」が挙げられ[69]、そこでは、「健兵健民ノ確保ハ第一線戦闘兵ノ予備的兵力ノ増強並ニ武器弾薬補給ノ原動力タル労力ノ確保ノタメ必要不可欠」であるので、「銃後兵力ノ基幹ヲ為ス青少年層ニ対スル体力練成ト結核予防」、「結核其ノ他ノ療養ノ国家管理」、「将来ノ国力確保ノ為必要不可欠ナル乳幼児ノ保護」の3点に重点を置くことが謳われた。そして、具体策として、①医療の統制強化のための「医療法（仮称）ノ制定」と「医療営団ノ設立」、②国民体力法の改正による「国民体力管理制度ノ拡充強化」、③保健所を中心とした「国民保健ノ指導網ノ確立ト其ノ内容改善」、④「社会保険制度ノ拡充」、⑤妊産婦申告制による保健指導の整備充実や栄養品配給確保等による「乳幼児ノ保護」、⑥「医薬品及衛生材料等ニ関スル生産並ニ配給統制ノ強化」が掲げられ、このうちの「社会保険制度ノ拡充」

　　　ではない。例えば、昭和16(1941)年7月11日の朝日新聞朝刊5頁、同日の読売新聞朝刊3頁及び医事新報985号（昭和16年7月19日）54頁には、我が国の国民保健問題に抜本的な対策を樹立すべく権威者を網羅して「健民懇話会」（医事新報の記事では「健民懇談会」）が設立され、同月10日には「健民運動」実施に向けての打合せ会が開催された旨の記事が載っており、「健民」の語は、小泉が厚相に就任する前から既に用いられていたことが窺える（ただし、同会の発起人となった「権威者（貴族院議員8名、衆議院議員7名、一般6名）」中には小泉も含まれていた）。ちなみに、この健民懇話会は、7月23日には、近衛首相に対し総合的な国民保健厚生施策の確立実施を求める進言書を提出し、その中で「健民人口政策の基調を結核の絶滅と乳幼児対策とに集中［すること］」などを述べている〔医事新報987号（昭和16年8月2日）57頁〕。また、厚生省創設以前から「健民主義」という言葉があったとする回顧もある〔小泉座談会23頁〕。これに関し、中静は、以前から陸軍内で「健兵対策」の語も「健民」の語も用いられていたが、「健兵健民」という熟語としてスローガン化したのは小泉であるとしている〔中静291頁〕。

69）　それ以外の4項目は、「戦時労務動員体制ノ強化徹底」、「軍人援護事業ノ整備充実」、「国民生活ノ確保対策ノ強化」及び「民族政策ノ確立」であった。

第4節　第2次改正を巡る論点

においては、「国民生活ノ安定、国民体位ノ向上並ニ労働力ノ確保ノタメニハ、社会保険制度ノ活用ガ最モ捷径」であるので、職員健康保険を含む健康保険を拡充するとともに、「国民健康保険制度ヲ強化シ、組合ノ強制設置制ヲ新設スルト共ニ強制加入ノ制ヲ強化シテ、急速ニ国民全般ニ此ノ制度ノ普及ヲ期スル」との（既に人口政策確立要綱等で示された）既定方針が確認されたのである[70]。翌年の第79回帝国議会では、こうした方針に基づき国保法の第2次改正を含む諸法案が提出され成立した。

そして、昭和17(1942)年8月21日には結核対策要綱が閣議決定された[71]が、これは、「国家喫緊ノ要務ニシテ大和民族ノ隆替ニ関スル重大事」である「結核撲滅ニ関スル強固ナル国家意思ヲ確立シ…〔中略〕…行政各分野ヲ挙ゲテ結核ノ予防撲滅ヲ枢軸トスル各般ノ施策ヲ強力且徹底的ニ実施」しようとするもので、具体的には、「青壮年層ヲ主攻目標トシ対策実施ノ基底ヲ国民体力法ニ依ル国民体力管理ノ徹底強化ニ置キ」、体力検査の結果に基づいて、それぞれ「健康者ニ対スル措置」「弱者ニ対スル措置」「病者ニ対スル措置」を実施しようとするものであった。そして、既に述べたように、それらの中心的措置に続く一般的措置の一つとして、「保健指導網ノ整備」「日本医師会ノ総動員」と並び「社会保険制度ノ拡充」も規定された[72]。すなわち、この要綱により健兵健民政策は「結核対策を主眼とする形に整理」[73]されたのである。

その後、結核対策要綱を受けて、昭和17(1942)年12月11日には、厚生省に

---

70)　「戦時緊急対策ニ関スル件」を参照。
71)　これも小泉厚相が原案を書き、働きかけたものとされる〔小泉座談会26頁及び中静283頁〕。
72)　結核対策要綱とそれに基づく対策の概要については、取り敢えず厚生省20年史187-191頁、厚生省五十年史454-455頁等を参照。なお、同要綱の全文については、前掲注51)を参照。ただし、「大和民族ノ隆替」は公文類聚昭和17年における文言（閣議に提出されたもの）であり、医制百年史資料編300頁では「日本民族の隆替」と、また、国立国会図書館議会官庁資料室HPの資料では「皇国民ノ隆替」となっている。
73)　中静283頁。

第4章　旧国保法の第2次改正（1942年）と第1次国民皆保険の達成

より「結核撲滅対策の徹底強化に関する具体策」が取りまとめられている。この具体策は、①昭和18(1943)年度において結核病床3万5,000床［の確保］を目途として極力増設に努めるとともに結核患者収容経費の補助を行うこと、②「弱者」に対し療養指導と生活修練を実施するため全国に健民修練所を設置すること74)、③全国の保健所を増加し、特に結核予防に重点を置いて事業を行い、体力管理実施の中枢機関とすることなど10項目よりなっていたが、その中の1項目として「社会保険制度を拡充すること」も含まれ、国保制度については「農山漁村民の全部を被保険者たらしむべく之を拡充すると共に組合費補助を増額すること」が決定された75)。また、それに伴い、昭和18(1943)年度の国保関係予算額も対前年度比で2,150万円余り増額されている76)。こうして、国保制度の普及は「結核対策の一環として推進されることになった」77)のである。

厚生省五十年史では、健兵健民政策のポイントを、①医療制度を改革して医療と医療担当者を国防目的のために協力させられるようにすること、②国民への医療の普及と保障を実現すること、③結核、乳児死亡の増加として表れている国民体位の低下問題への対策として国民の体力管理を強化すること、というように整理しているが78)、こうした政策を通じて「外にあつては勇躍銃を儋[にな]つて米英撃滅の戦場に馳せ参じ…［中略］…内にあつては、国防生産その他の産業陣にどしどし従事し得るに足る優秀にして且つ健全なる肉体と魂を鍛へあげる」79)ことが目指されたのである。

---

74)　健民修練所については、取り敢えず厚生省五十年史455頁を参照。
75)　医事新報1057号（昭和17年12月19日）24頁、厚生省五十年史454頁。
76)　医事新報1057号（昭和17年12月19日）24頁。
77)　中静284頁。
78)　厚生省五十年史344頁。もっとも、①及び③はともかく、②はやや綺麗ごとという感じもしないではない。社会保険の拡充という形での「国民への医療の普及と保障」はそれ自体が目的ではなく、あくまでも健兵健民の手段であったことは忘れてはなるまい。
79)　昭和17(1942)年10月29日の朝日新聞朝刊1頁に掲載された小泉厚相の寄稿文「時局と健民―明治神宮練成大会に際して」中の言葉。

第4節　第2次改正を巡る論点

(2)　健兵健民と皆保険及び第2次改正との関係

　それでは、小泉厚相が熱心に推進した健兵健民政策と第1次国民皆保険及び旧国保法の第2次改正との関係はどのように理解すべきであろうか。これまでの記述を、時系列的に改めて整理しておきたい。

　もともと、厚生省の保険担当部局は、旧国保法成立当時から国保をはじめとする社会保険の適用拡大による皆保険を志向していたと思われるが、それが政府全体のレベルでオーソライズされたのは、昭和16(1941)年1月の人口政策確立要綱において「健康保険制度ヲ拡充強化シテ之ヲ全国民ニ及ボス」ことが決定された段階においてと考えられる。そして、それは、「東亜共栄圏の建設・発展→我が国人口の発展増殖→（その手段としての）死亡減少の方策→（方策の一つとしての）健康保険の拡充強化」という一連の「目的→手段」系列中の手段として位置付けられていたことに留意する必要があろう。皆保険はそれ自体が目的ではなく、東亜共栄圏の建設・発展という大目的の手段の一つに過ぎなかったのである。もっとも、この時点では、「皆保険」という言葉自体は使われておらず、もちろん「健兵健民」という言葉も登場していない。

　「健兵健民」の語が定着するのは、既に述べたとおり昭和16(1941)年7月に厚相となった小泉の力によるところが大きい。そして、その小泉が主導した平成17(1942)年2月の旧国保法の第2次改正の段階においては、日中戦争に加え、強大な経済力を誇る米英を相手とした大東亜戦争（太平洋戦争）が既に始まっていたため、優秀な労働力たる健民の確保が強調されるようになる。すなわち「（東亜共栄圏の建設の前提としての）大東亜戦争の勝利→（人口国策に加えて）健兵健民（＝強壮な兵士と優秀な労働力の養成確保）、特に健民の強調→（労働力養成確保の根幹たる）社会保険の拡充の必要→健保法改正と相俟った旧国保法の第2次改正」という流れの中に第2次改正は位置付けられたのである。その後は、「国保制度が健兵健民の基盤或いは根幹をなす」旨の発言・用法が多出するようになるが、一方「皆保険」の語は、第2次改正の時点では未だ人口に膾炙していなかった。

151

第4章　旧国保法の第2次改正（1942年）と第1次国民皆保険の達成

　話がやや横道に逸れるが、そもそも、「皆保険」という言葉自体がいつ作られたのかが必ずしも明らかではなく、国保の歴史を述べた文献等を見ても次のように幾つかの見解が示されている。

① 「小泉親彦氏は昭和十六年十月厚生大臣に親任され、同年十二月には…［中略］…いわゆる国民皆保険の政策をとることを明かにした」[80]、「小泉厚相は昭和十六年十二月、…［中略］…『国民皆保険政策』を打ち出した」[81]、「昭和十六年十二月、小泉厚相が…［中略］…『国民皆保険政策』の採用を明らかにした」[82]というように、昭和16(1941)年12月に、小泉により初めて「皆保険」の語が用いられたとするもの。このうち、後二者の厚生省五十年史の記述は前者の国保二十年史の記述を参考にしたものと思われるが、しかし、国保二十年史は「いわゆる国民皆保険」と述べており、「皆保険」という言葉自体がこの時点で使われたかどうかについては必ずしも明確ではない[83]。

② 木村清司保険院社会保険局長（在任は昭和15(1940)年12月～昭和17(1942)年4月）の事後的回想として、木村自身が「国民皆保険の構想を立て」旧国保法の第2次改正を行った旨の記述[84]があり、これが正しければ、「皆保険」は第2次改正前に木村が考え出したようにも読み取れる[85]。しかし、木村が皆保険という言葉を実際に用いたのか、皆保険という言

---

80) 国保二十年史242頁。
81) 厚生省五十年史361-362頁。
82) 厚生省五十年史546頁。
83) 国保二十年史が刊行された昭和33(1958)年は、（第2次）国民皆保険体制確立のために現行国保法が制定された年であることも考慮する必要があるかもしれない。
84) 国保二十年史64頁。
85) さらに木村は「私の国民皆保険の構想は、当時銃後の生活の安定を期そうという風潮に乗つて、大理想の実現に燃えていた。この理想は関係者の理解と協力によつて達成せられたものであるが、厚生大臣小泉親彦氏の努力の賜が大いにあつた」とも述べている〔国保二十年史64-65頁、傍点は筆者〕。

第 4 節　第 2 次改正を巡る論点

葉を使うことなく「全国民に医療保険を充実する」[86]という実質的な皆保険構想を考えたに止まる[87]のかはやや分かりづらい。後述するとおり、私見では、後者のように思われる。

③ 「『国民皆保険』という言葉は、昭和十七年九月、当時の小泉厚生大臣が、第三回中央協力会議の席上で言明し、『結核患者の療養を確保し、併せて患者家族の生活を援護するため、三カ年計画によつて全国民に社会保険制度を拡充する』旨を強調したことに始まつている」[88]と述べて、昭和17(1942)年9月に、小泉により初めて「皆保険」の語が使われたとするもの。

④ 昭和17(1942)年4月から昭和17(1942)年10月まで保険院社会保険局長、引き続いて昭和19(1944)年7月末まで厚生省保険局長であった平井章による「そもそも『国民皆保険』という言葉を初めて使つたのは昭和十八年で、人は小泉親彦厚生大臣であつた。当時私は保険局長であつて、その当時の模様をマザマザと記憶しているが、学士会館の大広間で国民健康保険保険者の会合が催され、その席で国民皆保険が厚生行政の中核であると小泉厚生大臣は述べられた」との回顧[89]があり、これが正しければ、「皆保険」の語は、昭和18(1943)年になってから小泉が案出したことになる。

以上に対する私見であるが、管見の限りでは、既に述べたように、当時の文献・資料で「皆保険」という言葉が初めて見出せるのは、昭和17(1942)年9月の第3回中央協力会議総常会の第六委員会における平井章社会保険局長の「来年度をもちまして農山漁村には全部国民健康保険組合を設立せしめまして、国民健康保険組合か、さもなければ健康保険組合をもちまして国民皆保険を目指して居る」との説明においてであり[90]、また、皆保険の語が広

---

86)　国保二十年史63頁。
87)　この点につき、国保二十年史242頁も参照。
88)　厚生省20年史263頁。
89)　国保二十年史79頁。

第4章　旧国保法の第2次改正（1942年）と第1次国民皆保険の達成

く国民に知られるようになったのは昭和18(1943)年2月の道府県国保主務課長会議における平井章保険局長の「明後年度は国民皆保険とする意図で、国庫補助金も来年度より増額すべく予算を計上してゐる」旨の説示が報道され[91]て以降と思われる。すなわち、「皆保険」という言葉自体が使われるようになったのは意外と遅く、昭和17(1942)年9月以降ではなかったかと推測されるのである。そうだとすれば、「皆保険」の初出時期については、前述の③の見解を支持することになろう。しかし、同月の中央協力会議総常会においても、翌年2月の道府県国保主務課長会議においても「皆保険」の発言をしているのは小泉ではなく平井であった。ちなみに、中央協力会議総常会において小泉が述べたのは、当時の資料によれば、3か年で全国民に社会保険を拡充する旨の他、国民勤労力発揚に関し「国民皆働」の体制をさらに一段と徹底すること等であった[92]。このことは、平井がその回顧で小泉が皆保険の言葉を初めて使った時の「模様をマザマザと記憶している」ととことさら強調していることと照らし合わせると、「皆保険」の語の本当の発案者が平井ではなかったのかと疑わせるものがある。この点については今後さらに精査したい。しかし、誰が最初に「皆保険」と述べたにせよ、社会保険の拡充（内容としての皆保険）は昭和16(1941)年1月の人口政策確立要綱或いはそれ以前から志向されていたことや、当時は（国民）皆保険だけでなく、（国民）皆働[93]、（国民）皆健[94]、（国民）皆農[95]といった様々な言葉が国民皆

---

90)　須崎378頁。
91)　昭和18(1943)年2月6日の朝日新聞朝刊3頁、医事新報1063号（昭和18年2月13日）32頁等。
92)　詳しくは須崎70-72頁を参照。この他、医事新報1046号（昭和17年10月3日）28頁も参照。
93)　例えば、須崎71頁、昭和16(1941)年10月1日の読売新聞朝刊3頁（ただし記事ではなく国民皆働標語懸賞募集の広告である）、医事新報1046号（昭和17年10月3日）28頁、昭和17(1942)年11月15日の朝日新聞夕刊1頁等。なお、厚生省20年史149-161頁（「国民皆働」の項）も参照。
94)　例えば、医事新報1071号（昭和18年4月10日）23頁。
95)　例えば、昭和19(1944)年5月29日の朝日新聞朝刊2頁、昭和20(1945)7月31

第4節　第2次改正を巡る論点

兵をもじって創出されていたことからすると、「皆保険」という言葉自体は、2文字ではなく3文字であった点は別として[96]、それほどオリジナリティーのある言葉ではなかったようにも思われる[97]。皆働、皆健、皆農などと並べてみると、「皆保険」の語は、公正や平等といった高い理念に裏打ちされた言葉というよりは、戦争を乗り切るためにともかく国民総てが揃って同じことをするという、戦時統制色も加わった昔ながらの横並び意識の産物という気がしないでもない[98]）。

　「皆保険」の初出時期についてのこのような理解が正しければ、「皆保険」の語が初めて公式に用いられたのは、昭和17（1942）年9月の第3回中央協力会議総常会開催の時ということになるが、この段階では、その前月の8月に結核対策要綱が閣議決定され、健兵健民政策も結核撲滅を主眼とするものとして位置付けられたことから、新しい言葉である「皆保険」もそうした色合いを帯びることとなった。すなわち「大東亜戦争の勝利→（結核撲滅対策に重点化された）健兵健民の強調→（健兵健民の根幹たる）『社会保険の拡充

　　日の同紙朝刊2頁等。
96）　ただし、「国民皆勤労」という用例もある〔昭和17（1942）年11月15日の朝日新聞夕刊1頁等〕。
97）　もっとも、小泉自身は非常に独創的で企画力のある人物であったとのことである〔小泉座談会30頁、42頁等〕。
98）　さらに言えば、当時「皆保険」という言葉が国民の間でどれだけ普及し定着していたかについても検証が必要ではないか。ちなみに、昭和17（1942）年1月～昭和20（1945）年12月の間の新聞記事で「皆働」の語が用いられた例は、朝日新聞で35件、読売新聞で57件、また、「皆兵」の語が用いられた例は、朝日新聞で19件、読売新聞で3件となっている。また、「国民皆働」の語が用いられた例は、朝日新聞で13件、読売新聞で36件、また、「国民皆兵」の語が用いられた例は、朝日新聞で16件、読売新聞で34件となっている（ただし、「皆働」、「皆兵」と重複してカウントされている部分あり）。これに対し、「皆保険」の語が用いられた例は、本書で述べた朝日新聞の1件のみ（「国民皆保険」でも同じ記事のみ）であり、読売新聞では用いられていない〔「朝日新聞戦前紙面データベース」及び「読売新聞紙面検索システム（CD－ROM）」による検索結果〕。

第4章　旧国保法の第2次改正（1942年）と第1次国民皆保険の達成

＝皆保険』の推進→その基盤としての、旧国保法の第2次改正（強制設立、強制加入の規定の強化）を活用した国保組合の普及」という「目的→手段」関係の中で国保組合の普及による皆保険の達成が目指されたのである[99]。

このように、国民皆保険が、健民育成の手段であり、さらに、大東亜戦争勝利のための手段であったことが、旧国保法の第2次改正のプロセス及び内容に、次の2で述べるような影響を及ぼしたと考えられる。

2　第2次改正法の主要論点

(1)　強制設立及び強制加入の規定の強化

前述のとおり、旧国保法の第2次改正においては、普通国保組合の強制設立に係る規定が創設されるとともに、組合員の強制加入に係る規定が強化された。この点につき、当時保険院事務官であった山本幸雄は、第2次改正法の解説の中で、「改正の眼目は、本制度の対象たるべき国民を洩れなく本制度に包擁せんが為、組合組織の拡大強化を図り、併せて組合運営の整備を目ざした点にあ」り、組合強制設立規定の創設は「従来の任意勧奨に依る普及方針より茲に一転して全国に本制度の網を布かんとする積極的方針に移行した事を示すものに外なら」ないので、「強制設立の運用は決して床の間の置物でなく、」①住民の多数が診療費負担の重圧に特に悩んでいる地方であっ

---

99) このことを端的に述べたものとして、例えば、社会保険時報昭和18年1月号2-3頁の平井章厚生省保険局長の「年頭の辞」を参照。また、国保実務提要(1944)では、国保の意義の第一として「国民健康保険は健兵健民を目途とする」〔同書1頁〕ことを掲げ、国保は「国家意思を国民の隅々までも押しひろめるべく創設されたおほらかなる日本的社会保険である」〔同書5頁〕が故に、「総合的健民施設たるの適格性を有する」〔同書6頁〕としている。このため、国保組合の「理事者の間では、国保制度は、戦時政策の一つであると独断しているものもすくなくなかつた」という〔国保二十年史273-274頁〕。なお、制度としての皆保険体制ではなく、国保組合普及運動としての皆保険運動であった点に着目して、戦後（昭和36(1961)年）に達成された皆保険との違いを述べるものとして、佐口(1995)25-26頁を参照。

第 4 節　第 2 次改正を巡る論点

て、国保組合又は代行法人が設立されていない場合、②住民の疾病率が特に多い地方であって、国保組合又は代行法人が設立されていない場合、③組合設立に多数は賛成しているが、一部少数者の無理解や感情的その他の個人的理由により、組合が設立できない場合等[100]の「市町村に於て住民の福利増進の為全体の利益を擁護するの要ある場合には断固発動さるべきである」と述べている[101]。また、加入強制の強化についても、全住民の洩れなき加入を目標に、その運用も従前よりも一層の積極的方針を以て臨むこととしたと述べて[102]、社会保険の全国民への適用、すなわち皆保険実現への強い意欲を示している。

　このように、法施行後わずか 3 年余りで法律改正を行い、運用面も含めて強制設立及び強制加入の度合いを強めた背景には、大東亜戦争勝利のための健民育成という「時局の要請」に便乗して社会保険の拡充を図ろうとした当局の思惑が存在したことは勿論であるが、それに加えて、任意設立・任意加入を建前としつつ運用により事実上強制加入と同様の効果を上げようとの法制定当初の当局の方針が、現実には必ずしも貫徹し得なかったことも、第 2 次改正を促した一因となったと思われる。強制設立規定を断固発動すべき場合とした上記①から③の例示は、そうした事例が現実に存在したことを推定させるものであり[103]、また、「最も苦心を重ねたのは周囲がこの〔国保〕制度を…〔中略〕…理解しようとはしないことであった。従つてこの事業を行

---

100)　本文①〜③の例は、昭和17(1942)年 5 月13日付で社会保険局長より地方長官宛に通牒された「国民健康保険法第十一条の二の規定に依る普通国民健康保険組合の設立に関する件」に示された例である〔医界週報379号（昭和17年 5 月16日）31頁〕。
101)　山本幸雄 8 - 9 頁。ちなみに、最初の強制設立命令が出されたのは、大宮市の国保組合であったという〔国保二十年史70頁〕。
102)　山本幸雄10頁。実際、強制加入については、国保組合の普及につれて、強制加入指定を行うものが増加してきたとの記述がある〔国保小史272頁〕。
103)　医界週報374号（昭和17年 4 月11日）40頁では、「村内の少数無理解者の為に、或は其地方医師の無理解に依て、多数村民の福利が犠牲となり普及を妨げるといふ事例がある」と述べる。

第4章　旧国保法の第2次改正（1942年）と第1次国民皆保険の達成

うには、当該理事者は殆んど孤立無援、多くの批難と町村民の白眼視のうちに事業を進めてゆく覚悟が必要であ［った］」104)や「［国保普及指導の］結果は案外振わなかつた。なぜならば、立法の精神である共済組織には表面だけの賛成が多く、医師の協力にもまた積極性がなく、有産層や健康家庭の態度は特に打算的であり、性格的批判力の強い者の反論など、その理解を得るに容易ではなかつたからであつた。その後、大東亜戦に突入し、健兵健民の銘を打ち、強制設立の法制化によつて、それらの反論に威圧を加えてからの普及は急速に進展をみた」105)といった当時の関係者の回顧もそれを裏付けるものと言えよう。

　強制設立及び強制加入の規定の強化の理由は以上のようなものであるとして、それでは、この改正についての法制的な問題はなかったのであろうか。この点に関しては、改正当時の社会保険局長であった木村清司が、戦後になって「国民健康保険組合の強制設立制度の創設、強制加入制度の強化…[中略]…等純粋の組合主義や自由主義の理論よりすれば法制的にはどうかと思われる節は無いでもなく、法制局等に於いて多少難点無きにしもあらずであつたが、国民皆保険の見地より強く押して主張が通つた訳である」と述べている106)ことに注意すべきであろう。すなわち、法制的な問題は存在した。法制局で具体的にどのような議論が行われたかは定かではないが、ここで言われている法制的な「難点」とは、本来の組合は何らかの共通要素を持つ有志が任意的に参加する自治的組織であるべきとの立場からの難点であることは想像がつく107)。そして、保険当局はそれを法理論的というよりは政策論

---

104)　国保二十年史12頁。
105)　国保二十年史86頁。
106)　国保小史・序13頁。同旨・国保二十年史64頁。
107)　本文で述べたのは主として組合主義の立場から見た難点である。これに対し、自由主義の立場からの難点は、個人の自由（自己決定）或いは利益・福祉を尊重する個人主義的立場から、組合の設立や組合への加入を強制することを問題視する指摘であったと思われる。自由主義をそのように個人主義的意味合いで解する例は、当時健康保険の使命を論じた論説中の「健康保険も亦従来の

第4節　第2次改正を巡る論点

的乃至政治的に乗り切ったのであり、そのときの理由付けが、社会保険の拡充（後の皆保険実現）、健民育成、さらには大東亜戦争勝利といったより上位の目的達成のために有効な手段としての旧国保法改正の必要という論理であったことは言うまでもない。こうして、制度発足時から建前としては「自治」が強調されながらも相当程度の政府のコントロールを受けていた国保組合は、大東亜戦争勝利の大義名分の下、さらに強力な統制下に置かれることとなって、その後、組合の末端行政機関化は一段と進んだのである108)。

また、そのことにより、「相扶共済ノ精神」も、「有機体的な家族国家のための相互扶助」としての性格を一段と強めたと考えられる。

(2) 保健事業の強化

第2次改正においては保健事業の拡充強化も図られたが、これも健兵健民の育成に資することを目的とするものであった。医療給付だけでなく「予防ニ必要ナル諸般ノ給付」にも力を入れていく旨は既に昭和16(1941)年1月の人口政策確立要綱で示されており、第2次改正はその具体化を図るものとも言える109)。この改正点に関し、国保小史は木村の「組合の事業は、保険給付を行うのは勿論であるが、これと併行して積極的に保健施設を実施して、常に町村民全体の健康の保持増進に努力し、両々相まつてはじめて健兵健民対策として、その重要なる使命を果たし得るのである」及び「［国民健康保険組合の性格は］保健を中心とする生活協同体であ［る］」との言葉を紹介

　　自由主義的な観点を一擲し［なければならない］…［中略］…即ち今日では単に労働者個人何某を救済する為ではなく」といった記述〔財津2-3頁〕からも窺うことができよう。
108)　既に述べた昭和17(1942)年11月10日の国民健康保険普及協力委員代表者協議会の決議では国保組合を「総合的厚生施設実践ノ下部組織」として〔社会保険時報昭和17年12月号43頁〕、また、昭和19(1944)年度の都市国民健康保険組合設立準備要綱では国保組合を「厚生行政の綜合的下部組織」として〔国保二十年史223頁〕、明確に位置付けている。
109)　この点に関し、戦後の解説であるが改訂詳解国保17頁を参照。

第4章　旧国保法の第2次改正（1942年）と第1次国民皆保険の達成

し110)、国保組合も「その事業の重点を医療給付から保健施設におきかえていつた」と記している111)。さらに、木村の後を襲って社会保険局長となった平井章も、昭和17(1942)年9月の第3回中央協力会議総常会の場において、療養の給付よりも保健施設による積極的な健康の保持増進こそが社会保険の第一義的使命であり、今後はその方面に力を入れる旨を強調し112)、昭和18(1943)年9月には、厚生次官通牒（「国民健康保険組合ニ於ケル保健施設ノ拡充強化ニ関スル件」（昭和18年9月14日厚生省発保第227号地方長官宛厚生次官通牒））により「国民健康保険組合保健施設実施要綱」が定められたが、同要綱はその趣旨において「国民保険組合は…［中略］…健兵健民を目途とする諸施策施行の基盤たるの性格に鑑み之が真価を発揮せしむるには保健施設の適正なる企画と強力なる運営に俟たざるべからず」と述べている113)。このように、第2次改正のより上位の目的が健兵健民とされたことが、改正後の国保制度及びその普及において、病気となった被保険者に対する医療給付の実施（という事後的対応）よりも、兵力・労働力となり得る壮健な人間（壮丁）の養成に資する保健施設に重点が置かれることとなった（という医療保険の本来的目的からすると本末転倒の形になったことの）原因であることは、改めて確認しておかなければならないだろう114)。

そして、第2次改正の結果、（普通）国保組合は、（制度的にも実態的にも）地域住民のために医療給付を行う自治的な保険者115)としての性格よりも、

---

110)　国保小史41-42頁。また、小島(1943)266頁も「最近の国民健康保険組合を中心として、保健協同体たらしめんとする機運が熟し［つつあるが］…［中略］…望むらくはさらに一歩を進めて、保健協同体をひろく生活協同体の構想にまで発展せしめ」るべき旨を述べる。

111)　国保小史37頁。

112)　須崎378-379頁。

113)　同要綱の全文は国保実務提要(1944)290-294頁に所収されている。

114)　こうした重点の移行が生じたのが当時の「時局の要請」によるものであることはもちろんであるが、それに加えて、もともと医療(費)政策よりも国民の体力体質の向上に関心のあった〔中静219頁及び222頁を参照〕小泉が厚生大臣を務めていたという属人的理由による影響も大きかったと思われる。

第 4 節　第 2 次改正を巡る論点

健兵健民に象徴される保健国策遂行の為の末端行政組織（保健事業実施機関）としての性格を強めるようになり116)、その変化は終戦が近づくにつれ加速度的に進行していったのである117)。次章で述べる戦後の旧国保法の第 3 次改正の検討に当たっては、こうした当時の組合の実態を考慮に入れる必要がある。

(3)　国保と健保の調整問題

最後に、第 2 次改正法自体の論点ではないが、国保と健保の調整問題について簡単に触れておく。これは、昭和17(1942)年の健保法改正（昭和17年法律第38号による）により被扶養者（家族）への給付が任意給付から法定給付に改められ、また、共済組合も健保に倣うこととなった結果118)、これらの家族は、制度上、健保の被扶養者と国保の被保険者の両方の地位を有し得ることとなったため、その調整が問題化したというものである119)。具体的には、①世帯主たる健保の被保険者（世帯内に国保被保険者の有資格者がいる場合（旧国

---

115)　もっとも、国保組合を、健康保険組合と同様の保険者でなく、一種の厚生団体と捉える傾向は制度創設時から存在していたようである〔前出木村の言葉の他、国保二十年史266-267頁を参照〕。また、「自治的」とはいっても、実際には相当程度の政府のコントロールを受けていたことは既述のとおり。

116)　代行法人についてのものであるが、保健事業が保健国策としての性格の強いものであることを実証的に明らかにした研究として高嶋(2005)及び高嶋(2006b)（特に199-204頁）を参照。

117)　この点につき蓮田262頁を参照。実際問題としても、軍に徴用されて医師の激減した内地においては、保健婦による保健活動が中心とならざるを得なかったとの指摘がある〔吉田85-86頁〕。また、国保二十年史は、昭和20(1945)年 6 月時点では保険給付が低調なのに対し保健活動は比較的活発に行われていたこと〔国保二十年史252頁〕、終戦直後においては医療給付は休止したが保健施設のみは辛くも存続して組合たる名目を維持した保険者が全国に少なくなかったこと〔国保二十年史267頁〕等を述べている。

118)　健保法の改正概要については健保二十五年史128-144頁、健保三十年史（上）312-313頁等を参照。

119)　国保小史42-43頁を参照。もっとも、中静287頁は、国保組合サイドは従前から健保家族給付の国保への吸収を主張していたとする。

第 4 章　旧国保法の第 2 次改正（1942年）と第 1 次国民皆保険の達成

保法第10条第 2 項但書きを参照））については、強制加入の場合（旧国保法第13条を参照）であっても、その者が加入しないことで国保組合の設立又は存続が困難とならない限り、強制加入の範囲から除外すること、②世帯主たる健保の被保険者が国保組合の組合員として加入している場合には、健保の被扶養者でかつ国保の被保険者でもある者については、健保の家族療養費の支給を国保の療養費の支給に優先させること、また、分娩に関しては両保険の給付を併給すること、③健保の被保険者たる組合員については、国保の保険料を軽減することその他の調整が図られた[120]。ここでは、当時、健保の被扶養者については、国保への二重加入が（制度的に）あり得たことに注意しておきたい[121]。

---

120)　「国民健康保険ト健康保険等トノ調整ニ関スル件」（昭和18年 3 月18日保発第644号庁府県長官宛厚生省保険局長通牒）〔健康保険関係施行文書・昭和18年〕及び「国民健康保険ト健康保険等トノ調整ニ関スル件」（昭和18年 9 月27日保発第1664号都庁府県長官宛厚生省保険局長通牒）〔健康保険関係施行文書・昭和18年、社会保険時報昭和18年10月中旬号22-23頁〕による。なお、前者の通知の宛先に東京都長官が入っていないのは東京都制（昭和18年法律第89号）の施行（昭和18(1943)年 7 月 1 日）前のためである。調整の詳細については、国保実務提要(1944)272-288頁を参照。

121)　この話は戦後も尾を引くことになる。この点については、取りあえず佐口(1995)85頁等を参照。

第5章　旧国保法の第3次改正（1948年）による市町村公営原則の採用

はじめに

　終戦後の昭和23(1948)年に旧国保法の第3次改正が行われた。同改正は「改正とは言うものの、その内容においては、制度の性格の変改でもあ」[1]る抜本改正であった。したがって、改正内容も多岐にわたるが、本書では冒頭に掲げた問題関心に沿って、保険者に係る改正（特に市町村公営原則の採用）と加入者に係る改正（特に強制加入制の強化）に焦点を絞って、検討を行うこととしたい。また、保険者が原則市町村となったことと密接に関連する制度改正として、昭和26(1951)年の国民健康保険税（以下「国保税」という）の創設があるが、これについても本章第3節で簡単に触れることとする。

第1節　第3次改正に至るまでの経緯

1　終戦後の国保の状況

　終戦後の国保の状況は「混迷の一語に尽き」[2]た。戦後いち早く始まった社会的混乱やインフレの亢進は国保制度にも大きな影響を与え、休眠組合や財政難の組合が続出した。これに加えて医薬品や衛生材料の欠乏が保険診療に大きな支障を与え、国保の運営はいっそう困難になったという[3]。

　当時の国保組合の活動状況をみると、終戦から10か月ほど経った昭和21(1946)年6月の時点で、全国9,061組合（100%）のうち、事業を活発に行っている組合が1,165組合（12.9%）、事業を普通に行っている組合が4,914組合（54.2%）、事業が不振状態にある組合が2,328組合（25.7%）、事業を休止した組合が654組合（7.2%）との事業状況調査結果がある[4]。さらに、それか

1）　国保小史201頁。
2）　国保小史44頁。
3）　国保小史45頁。

第5章 旧国保法の第3次改正（1948年）による市町村公営原則の採用

ら1年後の昭和22(1947)年6月時点の調査によると、全国10,342組合（100％）のうち、事業を活発に行っている組合が1,675組合（16.2％）、事業を普通に行っている組合が4,654組合（45.0％）、事業が不振状態にある組合が2,576組合（24.9％）、事業を休止した組合が1,438組合（13.9％）となっていて[5]、不振組合と休止組合が全体の約4割を占めていたことがわかる[6]。また、「昭和二十年度末における全国の組合の赤字額は約一億八千万円と推定されたが、戦後幾ばくもなくして発生したインフレは異状な昂進となつてその止まるところを知らず、組合の赤字はさらに漸増の傾向を示し」[7]ていたのである。

このような国保組合の事業の休止・不振の原因としては、①戦時中に普及した国保組合の中には形だけを作り上げたものも多く、全体として制度の趣旨が普及・認識されていなかったこと、②実際の医療（自由診療）の価格と保険診療の価格との格差が広がり、医師が保険診療を嫌ったため、患者もまた国保のメリットを感じず、保険料を滞納しがちであったこと、そして、③

4） 荒木1頁及び社会保険時報21巻5号（昭和22年6月発行）26頁。ただし、この結果につき、国保二十年史260-261頁は、国保組合が最も普及した昭和19(1944)年度末（昭和20(1945)年3月末）との比較では、組合数が1,374組合減少していることから、実際の休止組合数は654組合ではなく2,028組合になるものと推計しており、さらに不振組合の中には名目のみのものや保健施設のみで命脈を保っているものも含まれていること等からすると、「［国保組合］総体の四割ないし四割五分程度の大部分が［終戦から調査時点までの］約半年のうちに没落したものとみることができる」と分析していることに注意する必要がある。なお、国保二十年史56頁も参照。
5） 国保小史49頁、国保二十年史276頁、国保三十年史27頁等。ただし、各組合の比率は筆者が計算した。
6） この状況は、昭和22(1947)12月時点になるとさらに悪化し、全国10,224の国保組合（100％）のうち、事業を活発に行っている組合が1,611組合（15.7％）、事業を普通に行っている組合が4,190組合（41.0％）なのに対し、事業が不振状態にある組合は2,769組合（27.1％）、事業を休止した組合は1,654組合（16.2％）に増えている〔国保小史61-62頁、国保二十年史279頁、国保三十年史27頁等〕。
7） 国保二十年史268頁。

第1節　第3次改正に至るまでの経緯

診療報酬自体も再三引き上げられ医療費が高騰したことが挙げられる[8]が、当時の国保のこうした状況は、終戦後しばらくして保険局長（昭和21(1946)年1月～昭和22(1947)年2月）を務めた上山顕の「[国保は]戦争中健民健兵対策といつた背景もあつて、ほとんど全国的に普及されたが、関係者の十二分の理解のうえでの自発にもとずいた（ママ）というよりも、むしろ当局の強い勧奨のもとに設立されたものが多かつたため、一朝敗戦により、経済は混乱し人心は虚脱状態に陥るにおよび、保険料の納入は悪くなり、全面崩壊の危機に瀕し、事業を休止するもの、保険給付を休止し単に保健活動のみを行うものが、続々と現われた」との回顧[9]によく示されていると言えよう。

2　国保再建への始動

厚生省においては、国保の窮状を打開するために種々の方法が考えられたが、起死回生の妙手は見当たらなかった[10]。昭和21(1946)年5月には、国保組合の存続を図るため組合指導方針が改訂されて、地方庁における国保指導係の強化、事業の全部的休止や解散の防止方策（寄付金等の受入れ、準備金の繰入れ、一部負担割合の引上げ、保険給付の種類・範囲の縮少等）、国保制度の趣旨の徹底、保健施設の優先的実施等に係る指導が行われ[11]、さらにこの

---

[8]　国保二十年史261-262頁、268頁及び276-280頁、国保三十年史35-36頁、厚生省五十年史598頁及び815-816頁等。この他、時期的にはやや後になるが、第3次改正法案が提出された第2回国会の政府委員答弁では、国保組合への国庫補助が不十分なこと、国保組合の幹部が交代して国保への熱意が薄れてきたこと等も、事業の休止・不振の理由として挙げられている〔衆2予算委1号（昭和23年6月29日）10頁〕。

[9]　国保二十年史33-34頁。また、国保組合の理事長を務める市町村長からは組合解散の要求が強まり、大蔵省からは有名無実化した国保組合はふるい落として運営可能なもののみを集中的に助成すべきといった制度の出直し要求も出ていたようである〔同書34頁及び283頁〕。

[10]　国保二十年史262頁。

[11]　「昭和二十一年度国民健康保険組合指導方針に関する件」（昭和21年5月16日

167

第5章　旧国保法の第3次改正（1948年）による市町村公営原則の採用

他にも、厚生省は「組合再建方策や運営指導方針等を再三に亘つて地方に通ちょうし、その建直しを企図した」が、「畢竟これらは机上論の範囲を出でず、到底組合の窮状を救うことはできなかつた」し、その他の手段や方法も「概ねハウルに終つた」のである[12]。

このようになかなか国保事業の運営改善効果が上がらない中、厚生省は、昭和21(1946)年5月29日に愛知県三谷町（現在の蒲郡市）で全国国民健康保険組合連合会主事会議[13]を開催して[14]当面の対策を協議した結果、①社会保険の統合整備、②国庫補助金の増額、③保険医制度の合理化、④医薬品及び衛生材料の実績配給の実現により国保制度の危機を切り抜けるとの対策がまとまり[15]、そのための運動団体として国民健康保険組合連合会協議会が結

　　保発第406号地方長官宛厚生省保険局長通牒）を参照〔同通牒は健康保険関係施行文書・昭和21年に所収〕。なお、国保二十年史264-265頁にも通牒の要旨が載っているが、「保険給付の種類・範囲の縮少等」は、「国保制度の趣旨の徹底」に係る項目ではなく「事業の全部的休止や解散の防止方策」に係る項目の誤りである。

12)　国保二十年史268頁。

13)　国保の十年26頁では、会議の名称は全国国民健康保険組合連合会主事事務打合会となっている。

14)　この他、国保二十年史274頁及び国保四十年史19頁には、同月に佐賀県武雄町（現在の武雄市）でも全国会議を開催した旨の記述があるが、開催日は確認できなった。なお、他方で、社会保険時報20巻6号（昭和21年6月発行）26-29頁には、同年5月9日及び10日に同町で国民健康保険組合九州連絡会及び同連合会九州連絡会が開催された旨の報告があり、この会議にも全国会議にも厚生省から堀岡吉次事務官が出席していることからすると〔国保二十年史14頁も参照〕、会議が混同されている疑いもあるが、両者の異同についてはさらに精査したい。

15)　「財政難にあえぐ組合にカンフル注射をやろう。それには国庫補助金の増額交付をやる一手あるのみだと［会議で］一決した」との会議に出席した厚生省担当官（前注の堀岡）の述懐がある〔国保二十年史14頁〕。また、当時（昭和21(1946)年1月～昭和22(1947)年6月）国民保険課長をしていた荒木和成は、国保組合の再建方策として、①国庫補助金の増額、②社会保険医制度の再検討とその合理化、③医療薬品及び医療衛生材料の確保と、社会保険診療の実績を基準とする配給の実施、④組合の運営に対する積極的合理的指導の4項目を挙

成された。それが後に全国国民健康保険制度刷新連盟（以下「国保刷新連盟」という）となって政府・議会方面に働きかけを行い、特に国庫補助金の増額に当たっては大きな役割を果たした[16]とされる。こうした活動もあって、国保制度に対する国庫補助は、昭和21(1946)年度の当初予算7,000万円に年度途中で1億5,000万円が追加され、さらに、翌年度には3億7,943万円、翌々年度には約5億6,480万円と急増していった。もっとも、大蔵省は保険給付費本体への補助とすることには抵抗を続け[17]、また、この期間は診療報酬も急騰していたため、国庫補助は必ずしも国保再建の切り札とまではならなかったが、その契機となったとの評価はできるであろう[18]。その後、昭和20年代の国保は、制度的な梃入れ（第3次改正、国保税の創設等）と国庫補助の拡充を支えとして、再建の道を歩むことになる。

3　第3次改正の経緯

(1)　社会保険制度調査会答申から国保の単独改正へ

終戦直後から第3次改正に至るまでの3年弱の間の医療保険制度の再建整備の流れは、一言で言えば、理想と現実のせめぎ合いの中で当面の現実的対応が次第に力を得ていくプロセスとして捉えることができよう。すなわち、

　　げている〔荒木2-3頁、その要旨は国保二十年史262-264頁に所収〕。
16)　前注の荒木和成は「殊に忘れ難いのは全国国民健康保険制度刷新連盟の活躍であつた」と述べている〔国保二十年史56頁〕。
17)　国庫補助は、事務費や直営診療施設に対する補助とされた。
18)　国保刷新連盟に係る本文の記述については、荒木3頁、社会保険時報20巻9号及10号（昭和21年10月発行）8-11頁、同21巻5号（昭和22年6月発行）26頁、近藤剛三12頁、小池13-14頁及び丹木(1954)25頁の他、国保小史45頁及び395頁、国保二十年史274-275頁、285頁及び287頁、国保四十年史18-19頁、厚生省五十年史598頁（ただし、国庫補助の金額がやや不正確なところがある）、中静298-300頁等を参照。なお、この国保刷新連盟は、国保制度創設10周年を機に解体し、それを引き継ぐ形で昭和23(1948)11月11日に社団法人全国国民健康保険団体中央会が発足している〔国保小史396頁、国保二十年史275頁〕。

第5章　旧国保法の第3次改正（1948年）による市町村公営原則の採用

当初は、社会保険から（社会扶助とも統合された）新たな社会保障制度への転換、或いは社会保険制度全体の再編統合といった壮大な構想の一部として国保を含む医療保険制度の改革も論じられたが、その全面的実現が直ちには困難な状況の中で、現実には、早急な対応が必要とされた個別制度（労災保険制度等）の創設や現行制度の改善（第3次改正等）が優先的に進められていったのである。

昭和21(1946)年2月12日の閣議で社会保険制度調査会の設置が決定され、同調査会は同年3月29日に勅令第167号（社会保険制度調査会官制）により、「国民生活ノ安定ヲ図ル為失業保険其ノ他各種社会保険ノ整備拡充等ニ関シ対策確立ノ為調査研究ヲ為ス」[19]ことを主目的として設置された。そして、同年4月24日、芦田均厚生大臣より調査会に対し「今後ノ事態ニ処スル社会保険制度整備ノ方策如何」との諮問が行われた。調査会は、3つの小委員会[20]に分かれて調査審議を行い、同年12月13日、金森徳次郎会長から河合良成厚生大臣に「現行社会保険制度の改善方策」を答申した[21]が、この答申では、①政管健保と国保を統一し、原則として市町村単位で設立した地域組合により運営すること、②地域組合は強制設立強制加入とし、職域組合に所属する被保険者以外のすべての者を対象とすること、③被用者の公傷病については、現行の労働者災害扶助責任保険等を吸収した労働者災害補償責任保険制度を別途設けること等を謳っている[22]。しかしながら、この答申の実現については、昭和22(1947)年4月に労働者災害補償保険法（昭和22年法律

---

19) 勅令を定めるための閣議請議の理由中の文言である〔「社会保険制度調査会官制ヲ定ム」の他、大内15頁（末高信稿）も参照〕。

20) 第一小委員会は社会保険制度の統合を含む「国民年金、家族手当及び社会保障制度の創設並に制度の統合」について、第二小委員会は社会保険医療制度の改善、その他各種社会保険制度の改善を内容とする「制度の改善」について、第三小委員会は「失業保険制度の創設」について調査審議することとされた〔国保小史46頁〕。

21) 併せて、「失業保険制度要綱」の答申も行っている。

22) この他、厚生年金保険や船員保険についても述べている。

第50号）が制定される[23]ことにより労働者災害補償制度が独立の体系の下に統一されただけで、医療保険の統一についての具体的な進展はみられなかった。

　その後、社会保険制度調査会は、社会保障制度の創設並びに制度の統合についてさらに審議検討を重ね、昭和22(1947)年10月9日には、全国民を対象として、傷病・廃疾・死亡・出産・育児・老齢・失業という保障事故に対して給付を行う総合的社会保障制度の確立を内容とする「社会保障制度要綱」を答申した[24]。しかし、当時の我が国の経済社会状況からして、巨額の費用を要する要綱の急速な実現は望みがたいという見方が多く[25]、他方、国保の財政状況は非常に悪化していたため、まずは旧国保法の単独改正を行うことになったのである[26]。この点について、中静は、各種社会保険の統合

---

[23]　労災保険法制定の経緯については、取り敢えず大内26-27頁（末高信稿）、厚生省20年史329-330頁、426頁及び428-429頁、厚生省五十年史602-603頁及び810-811頁、労災補償行政30年史59-66頁及び126-136頁等を参照。

[24]　要綱の決定自体は10月8日に開催された調査会総会において行われている〔社会保険時報21巻9号（昭和22年10月発行）20頁、大内24頁（末高信稿）〕。

[25]　要綱の起草者の一人である末高信自身が社会保険制度調査会第一小委員会において「吾々が構想したプランは理想案であり、之を直ちに実施に移すと云う無限な考えはない」と述べている〔社会保険時報21巻9号（昭和22年10月発行）19頁〕。そして、当時の厚生省保険局サイドは、思い切って金のかかる理想案ならGHQも軽々しく手をつけることもあるまいからかえって結構なことと、思っていた節がある〔戦後医療証言51頁〕。また、要綱に対しては「夢物語」との批判〔昭和22年10月12日の朝日新聞朝刊1頁を参照〕が加えられたという〔大内25頁（末高信稿）、戦後医療証言47頁等〕。

[26]　本文で略述した社会保険制度調査会の設置から「社会保障制度要綱」の答申に至るまでの経緯の詳細については、大内15-25頁（末高信稿）、国保小史45-49頁及び52-61頁、国保二十年史269-273頁、280頁及び288-295頁、厚生省20年史328-330頁及び424-426頁、中静292-297頁、村上215-225頁及び257頁等を参照。なお、「現行社会保険制度の改善方策」の全文は社会保険時報21巻1号（昭和22年1月発行）16-17頁、大内21-23頁（末高信稿）等に、また、「社会保障制度要綱」の全文は社会保険時報21巻9号（昭和22年10月発行）21-25頁、国保小史53-61頁、国保二十年史289-295頁等に所収されている。

第5章　旧国保法の第3次改正（1948年）による市町村公営原則の採用

整備を構想し実現を期していた保険局が消極姿勢に転じたのは、健保サイドが国保との統合に反対していたこと等に加え、国保自体が崩壊状態に陥ってしまっていたことが原因だとの分析を行っているが[27]、このことは、第3次改正を担当した森本潔国保課長[28]の「当時既に社会保険制度の考え方は関係者の間では研究論議され始めていたが、これが世論となり政治の具体的題目となるには未だ早過ぎた。一方昭和二十三年は法律〔旧国保法〕施行十周年に当る年であるので、瀕死の状態で十周年を迎えることは何としても出来ぬことであるし、また関係者の要望〔組合の強制設立、組合員の強制加入、国庫補助の拡充〕をそのまま制度化するには機が熟しておらない。起死回生とは行かなくても、絶望の底から引上げ将来の方向づけだけはしたいというのが精一杯の考えであつた。約半年間様子を見た後昭和二十三年一月からこんな考え方の下に法律改正に着手した」[29]との述懐からも窺うことができよう[30]。

なお、この間、昭和22(1947)年6月14日、連合軍最高司令部（正式名称は

---

27) 中静296-297頁。
28) 正確には、森本潔は、昭和22(1947)年6月から昭和23(1948)年1月まで国民保険課長をし、引き続いて昭和24(1949)年7月まで国民健康保険課長を務めている。これは課名の変更によるものである。昭和17(1942)年11月1日に設置された厚生省保険局国民保険課は、終戦後の昭和20(1945)年10月27日にいったん廃止されてその事務は保険課の一係として移管されたが、昭和21(1946)年1月26日に課として復活し、その後昭和23(1948)年1月19日に、業務の実態は正しく呼称されるべきものとの趣旨から、（昭和15(1940)年5月末までの課名である）国民健康保険課に再び改称された〔国保二十年史211-212頁〔ただし年月日は別の組織改正と混同されており誤りがある〕、厚生省20年史・資料頁の18-26頁、厚生省五十年史623-624頁及び630頁等〕。
29) 国保二十年史81-82頁。
30) ちなみに、昭和22(1947)年6月13日に開催された第2回社会保障研究会〔社会保険時報21巻6・7号（昭和22年8月発行）32-33頁、大内24頁（末高信稿）、中静295頁等を参照〕の場では、友納武人保険課長が、GHQ側に対し、「国保は現在瀕死の状態にあり、まずその再建が第一に解決されなければならないので、それに主力が注がれているため、健保と国保の統合は保険局としては考慮していない」旨の説明を行っている〔社保大5851〕。

第1節　第3次改正に至るまでの経緯

General Headquarters / Supreme Commander for the Allied Powers（総司令部/連合国軍最高司令官）、略称はGHQ/SCAP又は単にGHQ）の公衆衛生福祉局（Public Health and Welfare Section（略称PHW））[31]が、定例新聞会議で国保について、①国保への中央政府補助金を大巾に増額すること、②国保の直営診療施設のために厚生年金保険積立金より長期低利融資を行うこと、③任意社会保険制度固有のあらゆる弱点に悩んでいる国保を、健保、厚生年金及びその他の日本の社会保険プログラムと同列線上に置くこと、④現存の各種健康給付制度を、統一された国保制度に統合すること等により、「連合軍最高司令官は、国民健康保険が、再生し且つ強力なものになるのを見たいと思ふ」旨の声明を発表している[32]。PHWはもともと国保の再建支援に積極的であったとされるが[33]、この声明が前述の国保刷新連盟の運動に対する一つの援護射撃となり、国庫補助金の増額に結びついたと評されている[34]。

(2)　第3次改正の検討経緯

昭和23(1948)年1月、厚生省保険局は旧国保法の単独改正準備にとりかかったが、改正の目標は、①あくまで当面の改正であり、改正法が直ちに実施される程度のものであること、②国保事業の運営が改善され、制度の復活に役立つものであること（特に保険診療の円滑化と保険財政の弾力化）、③改正により社会保険制度としての面目を発揮し、社会保険統合の線へ一歩でも近づけること、の3点[35]に絞られていた[36]。ここでは、第3次改正法の成立

---

31)　GHQ及びPHWの組織概要については、取り敢えず村上12-16頁を参照。
32)　社会保険時報21巻6・7号（昭和22年8月発行）42頁、国保小史50-52頁、国保二十年史285-287頁等。
33)　中静299頁。
34)　国保二十年史287頁。
35)　第3次改正解説13頁では「(1)国保不振の原因を除去すること、(2)直に施行して即効的効果を収め得ること、(3)将来制定を予想される社会保障制度の準備的段階たらしめることを目途として立案された」としている。
36)　国保二十年史82頁及び280頁。なお、中静300頁では、法改正の立案に着手したのは昭和23(1948)年1月であるが、改正の検討を始めたのは前年の秋頃から

第5章　旧国保法の第3次改正（1948年）による市町村公営原則の採用

に至るまでの経緯を概観するが、保険者及び加入者に係る検討経緯の詳細については、次節の2及び3で改めて述べることとしたい。

　昭和23(1948)年2月19日には、一松定吉厚生大臣が、保険者は組合（代行法人を含む）又は地方公共団体とすること、任意設立の組合については組合員有資格者の2/3以上が組合員となったときは有資格者全員を組合員とすること等を内容とする国民健康保険法改正案要綱案を社会保険制度調査会に諮問した[37]。これに対し、社会保険制度調査会においては、この程度の改正では国保の現状改善は望めないのでいま少し制度の根本に触れた改正を行う必要があるとの意見もあったが、法改正は急を要するということで、結局、①地方公共団体が保険者となる場合、国保事業運営の適正を図るため、その地方公共団体に委員会を設置すること、②診療報酬額の決定を都道府県知事の認可事項とする必要があるか否かにつき、更に検討すること、③社会保険制度全般につき、速やかに根本的改正を行うことという希望意見を付して、諮問案に賛成（同月28日答申）している[38]。

　その後、厚生省は、改正案要綱に基づき、GHQを始めとする各関係方面の意見を求めたが、いずれももっと根本的改正をする必要があるとの意見が強く、再三改正案に変更が加えられた[39]。このうち、GHQとの折衝については、GHQも国保制度の再建が必要なことは原則的に了解し、法律改正の

　　であると述べている。その根拠は必ずしもはっきりしないが、管見の限りでは、第3次改正解説12頁に「[国保]制度の根本的改革が企図され、昭和二十二年秋以降当局に於ては専ら其の調査研究に当り、昭和二十三年一月一応の成果を得」とある他、丹木(1954)25頁にそれを窺わせるような記述（1947(昭和22)年9月［6月の誤りと思われる］に着任した森本潔国保課長が改正案の構想を練っていた旨の記述）がある。

37)　国保小史62-63頁、国保二十年史280-282頁等。ただし、諮問の年が、昭和22年〔国保小史62頁〕、同13年〔国保二十年史280頁〕とあるのは、いずれも昭和23年の誤りである。また、諮問時の名称は「国民健康保険法改正案要綱案」が正式のようである〔社保大5850〕。

38)　国保小史63頁、国保二十年史282-283頁、社保大5850。

39)　第3次改正解説12頁、国保小史63-64頁、国保二十年史283頁。

必要性もよく認識していたが、細かい点になると折衝は遅々として進まず、「いわゆるお百度を踏まなければならなかつた」[40]と記録されている。

　こうした経緯を経て、最終的な国民健康保険法改正要綱が決定され[41]、それに基づき（或いは要綱作成と並行して）「国民健康保険法の一部を改正する法律案」が作成され、昭和23(1948)年6月4日の閣議決定を経て[42]、同月12日に[43]第2回国会に提出された[44]。同法律案は、同日参議院厚生委員会

---

40)　国保二十年史296-297頁。
41)　要綱のうち保険者及び加入者に係る部分は後述するが、全文については第3次改正解説13-18頁（逐条的解説付き）、国保小史202-204頁、国保二十年史283-285頁を参照。この改正要綱がどの時点で決定されたかは国保小史や国保二十年史の記述からは必ずしも明らかではないが、第3次改正解説12頁には「四月に最後案を決定し」たとあり、これを昭和23(1948)年4月26日の局議に附されたと思われる「国民健康保険法改正案要綱」（「秘」と「二三・四・二六局議」の書込みあり）〔社保大910108〕と比べると、両者はほぼ同内容ではあるものの、前者の「国民健康保険運営協議会」が後者では「国民健康保険運営委員会」となっているなどなお数か所の違いが認められることから、要綱の最終決定はこの局議からしばらく後（おそらくは4月末）のことではないかと推測される。
42)　第3次改正解説12頁。
43)　第3次改正解説12頁では6月11日に国会に提出されたと記されているが、参2本50号（昭和23年6月15日）575頁では同月12日提出となっていることから、後者が正しいものと思われる。なお、社保大910108中の「国民健康保険法の一部を改正する法律案」（「二三、六、三」の書込みあり）に、「六月四日閣議決定」、「六月八日 PHW Rollick」（法改正のGHQ側の担当者の一人〔国保二十年史82頁〕である PHW 社会保障課のローリック〔社会保険時報21巻6・7号（昭和22年8月）33頁及び中静331頁を参照〕であろう）、「六月十一日 GHQ 承認」とのメモ書きがあることからすると、GHQ の最終的な了承は法案提出の直前であったことが窺える。これに関連して、国立公文書館には、国保法案について、昭和23(1948)年6月10日付で、GHQ の要求により「主務大臣」を「厚生大臣」に改める訂正を依頼する旨の、また、同月12日付で、GHQ の要求に基づき主務大臣から申し出があったので第8条の4（療養の給付の担当者に係る規定）後段の文言の訂正を依頼する旨の、法制長官から内閣官房長官宛の文書が残されている〔公文類聚昭和23年及び内閣法制局・法令案審議録に所収〕。
44)　提出された同法律案の全文は衆2委10号（昭和23年6月16日）9-13頁、参

第5章　旧国保法の第3次改正（1948年）による市町村公営原則の採用

に付託され、4回（6月19日の提案理由説明を除く）の審議を経た後原案通り議決され、同月28日に参議院本会議に委員長から報告され、報告どおり可決された45)。そして、同日衆議院に送付されて厚生委員会に付託され、2回の審議を経て、6月30日に衆議院本会議に報告され、政府原案通り可決成立し、同日昭和23年法律第70号として公布された。そして、翌7月1日から施行された46)のである47)。

(3) 第3次改正後の展開

第3次改正後の国保の市町村公営への移行状況であるが、国保二十年史314-317頁によれば、改正法施行後8か月経った昭和24(1949)年2月末時点で、全国1万51市町村のうち国保事業が行われている市町村の数は4,146市町村であり、そのうち市町村公営のものは3,288市町村となっていて、数字の上では市町村公営への切替えが急速に進んだことが窺える。しかし、事業自体の再建及びその指導は、①診療担当者側の理由としては、診療報酬の安

　2本54号（昭和23年6月29日）720-723頁等に所収。
45)　当時の森本潔国保課長は、参議院で中山、榊原、谷口、藤森各委員から療養担当者の指定、診療報酬算定協議会の医師委員数について修正意見が出て結局否決にはなつたが一時は気をもんだと回顧している〔国保二十年史82頁〕。しかし、議録を見ると、修正意見があったのは、①国保診療報酬に係る都道府県知事の認可を知事への届出に改めること、②社会保険診療報酬算定協議会の構成について、各同数の保険者代表、被保険者代表、医師・歯科医師代表、公益代表の四者構成とあるものから「各同数」の要件をはずすこと、及び③国民健康保険審査会における斡旋の場合の療養担当者側の臨時委員の人数の三点であり、修正に基本的に賛成する方向で発言をしたのも、藤森眞治、中山壽彦、谷口彌三郎、草葉隆圓の各議員となっていて、ややずれがある〔参2委17号（昭和23年6月26日）6-8頁〕。
46)　この点につき、森本潔国保課長は「七月一日の国保法施行日に改正法律を公布したいという希望を申出て無理に六月三十日に成立させてもらつた」〔国保二十年史82頁〕と後に述べている。なお、第3次改正解説19頁及び参2委17号（昭和23年6月26日）5頁の宮崎太一保険局長の答弁も参照されたい。
47)　国会での審議経過については、議録の他、国保小史204頁及び207-208頁、国保二十年史297頁及び300頁等を参照。

さと支払いの滞り、診療取扱手続の複雑さ、医薬品類の欠乏、②市町村側の理由としては、保険料徴収の困難さ、国保組合時代の赤字処理の困難さ、国保財政が市町村財政本体に及ぼす悪影響へのおそれ、③被保険者側の理由としては、国保事業への不信感、保険料納付は損との意識、一般診療と保険診療との格差（差別診療）の存在等の理由から、容易なものではなかったという[48]。市町村公営化をめざした第3次改正は、結局、事態を急激に収拾する「特効薬」とはなり得ず[49]、国保の本格的な再建は、その後の国保税の創設、さらには国庫補助の拡充[50]を俟たねばならなかったのである。

また、第3次改正法が公布・施行されて間もない昭和23(1948)年7月13日、連合軍最高司令部（GHQ）から日本政府に対し「日本社会保障に関する調査団報告」が送達されている。調査団（アメリカ社会保障制度調査団）[51]の団長（William H.Wandel）の名前を冠していわゆるワンデル勧告と呼ばれるものである[52]。同報告は、「日本の現存社会保障制度の改革計画の樹立並びに実行に際しての、日本国民の参考及び指導の書として提供」[53]された260頁[54]に

---

48) 国保二十年史313-314頁、厚生省五十年史817-818頁等。市町村公営に移行しても事業は休止状態といったところも多かったようであるが〔戦後医療証言90頁〕、そうした状況については中静301-302頁が要領よく整理している。

49) 佐口(1995)81頁。

50) 国保の保険給付費への国庫補助が本格的に行われるようになったのは昭和28(1953)年度予算においてであり、国庫補助が法定化されたのは昭和30(1955)年のことである（昭和30年法律第115号による改正）〔厚生省五十年史832-835頁等〕。

51) 調査団は、昭和22(1947)年8月に来日し、60日間にわたり調査を行った〔大内34頁（末高信稿）、厚生省20年史425頁、国保小史76-77頁等〕。なお、後述するワンデル勧告邦訳の「訳者のことば」には同年初秋に来日したとある。この他、T.HONJOの「社会保障研究会」についての回顧〔『社会保険情報』2巻11号（昭和23年11月号）14-15頁〕も参照のこと。

52) 同報告の日本語訳（以下「ワンデル勧告邦訳」という）は、厚生省『社会保障制度えの勧告　米国社会保障制度調査団報告書　Report OF The Social Security Mission』として昭和23(1948)年10月に公刊されたが、国保に関するかなり詳しい概要が国保小史65-138頁にも所収されている。

53) ワンデル勧告邦訳中の「連合軍最高司令部より日本政府への送達書

第5章　旧国保法の第3次改正（1948年）による市町村公営原則の採用

も及ぶ膨大なものであり、国保についても、①自治体（県、市町村）の投票により、その自治体内で他の健康保険制度の適用を受けない総ての者に適用するものとして採用されるべき（自治体による国保の採用は任意）、②運営は、地方庁の一部門として直接運営することも、組合員制の一組合として運営することもできる、③国保に対しては国庫補助を行うべき、④地方庁の公衆衛生活動を、国保運営の中にも織り込ませていく、等々の種々の勧告を行っている55)。しかし、調査団は前年に来日し、厚生省や社会保険制度調査会関係者とも接触していたとはいえ56)、勧告自体の公表は第3次改正後のことであるから、勧告が第3次改正に直接強い影響を及ぼしたとまでは言えないであろう57)。そして、このワンデル勧告に基づき社会保障制度審議会が設置され、やがて、社会保障制度研究試案要綱の作成等を経て、昭和25(1950)年10月16日の「社会保障制度に関する勧告」に繋がっていくこととなる58)59)。

（SCAPIN5812-A）」中の言葉。国保小史65-66頁にも掲載。

54)　原文（英文）の勧告の頁数である〔ワンデル勧告邦訳の「序」及び「訳者のことば」、国保二十年史318頁による〕。ちなみに、ワンデル勧告邦訳は、本文184頁、付録を含めると326頁となっている。他方、国保小史はワンデル勧告の全文が160頁に互るとしているが〔国保小史64頁〕、これは勧告送達時（昭和23(1948)年7月）に新聞発表用資料として翻訳・作成された勧告書の要旨中の記述を転載したためと思われる〔ワンデル勧告要旨1頁を参照〕。

55)　ワンデル勧告邦訳9頁、138-143頁及び169-170頁の他、国保小史80頁、117-122頁及び136-138頁、国保二十年史320-326頁等を参照。

56)　前掲注51)を参照。

57)　同旨、佐口(1995)83頁。ただし、このことは勧告案が第3次改正に一定の影響を及ぼしたことを全く否定するものではない。現に、「国民健康保険関係諸報告について」（昭和23年3月27日保発第407号都道府県民生部長宛厚生省保険局国民健康保険課長通牒）〔健康保険関係施行文書・昭和23年（1～3月分）所収〕と題する通牒中には、GHQにおいて、ワンデル勧告案、第3次改正案及び国保組合の実体等が併せて検討されている旨の記述がある。

58)　この間の経緯については、取り敢えず、制度審十年50-211頁、制度審五十年338-365頁、厚生省五十年史836-837頁、大内39-67頁（末高信稿）、中静310-312頁等を参照。ちなみに、勧告の検討・作成過程においては、国保の保険者として市町村と都道府県のいずれを採るかや、国保の実施を任意とするか強制とす

第2節　第3次改正の概要

1　改正の全体概要

　第3次改正は、国保制度の性格を変えるような大改正であったが、その改正のポイントは次のとおりである[60]。

　① 　国保事業を行う者を、原則として市町村（特別区を含む）[61]とした。市町村国保については、被保険者資格、保険給付、保険料等の重要事項は、

　　 るかについても様々な検討が行われている〔社保大5859も参照〕。
59）　村上219頁では、「軍人恩給停止に伴う善後策→社会保険制度調査会答申→ワンデル報告→社会保障制度審議会勧告、といった一連の流れの中で社会保障制度に関する新たな方向づけを見出すことが重要である」との指摘を行っているが、蓋し妥当であろう。もっとも、昭和24（1949）年から実施されていたドッジ＝ラインによる緊縮財政の下で社会保障制度審議会勧告が示したような理想主義的社会保障を実現することは不可能であったことも事実であった〔杉田213-218頁、制度審十年34頁の今井一男発言等を参照〕。
60）　改正法律の全文については、官報（昭和23年6月30日号外㈠）や法令全書以外に、国保小史208-227頁や（法律案の段階のものであるが）前掲注44）の議事録を、改正要綱については、国保小史202-204頁、国保二十年史283-285頁等を参照のこと。ただし、国保小史所収の法律は、注82）で後述するとおり幾つか誤記がある。また、「改正の要点」が、国保二十年史300-303頁、栃本1144-1146頁、蓮田280-282頁等に掲載されている。
61）　改正要綱や衆議院厚生委員会における竹田儀一厚生大臣の提案理由説明においては、「市町村組合」も加えている〔衆2委10号（昭和23年6月16日）13頁〕が、これは解釈による〔蔵田（1951年）2頁〕。具体的には、「改正国民健康保険法の施行に関する件」（昭和23年7月13日保発第9号都道府県知事宛厚生省保険局長通牒。以下「第3次改正施行通牒」という。）〔健康保険関係施行文書・昭和23年（7～8月分）所収〕で「〔法〕第二条中の市町村は、地方自治法の規定により市町村の一部事務組合又は市町村の全部事務組合を含む」とされた。参議院厚生委員会における喜多楢治郎厚生政務次官の提案理由説明〔参2委13号（昭和23年6月19日）2頁〕及び第3次改正解説14頁も同旨。この点に関しては、改訂詳解国保142-145頁等も参照。

第 5 章　旧国保法の第 3 次改正（1948年）による市町村公営原則の採用

当該市町村の条例で規定される。ただし、市町村が事業を行わない場合には、国保組合又は非営利の社団法人（従来の代行法人）が事業を行うことができるものとした62)。手続的には、(a)普通国保組合の設立にあたっては、関係市町村の議会の議決と都道府県知事の認可、(b)特別国保組合の設立にあたっては、都道府県知事の認可、(c)社団法人の事業実施にあたっては、関係市町村の議会の議決と都道府県知事の許可が要件とされた。

②　第 2 次改正で導入された普通国保組合の強制設立に係る規定が削除された。

③　国保事業が実施される場合（市町村が国保事業を行うとき、普通国保組合が設立されたとき、社団法人が国保事業を行うことを都道府県知事より許可されたとき）には、事業対象地区内の世帯主及び世帯に属する者は、(a)健康保険及び船員保険の被保険者、(b)特別国保組合の被保険者、(c)特別の事由のある者で条例・組合規約等で定めるもの63)を除き64)、すべて国保の被保険者とした。すなわち、強制加入制を採用した。

④　普通国保組合の組合員を、地区内の「世帯主」から、地区内の「世帯主及其ノ世帯ニ属スル成年者」に拡大し、「多数の者を組合の運営に参

---

62)　そして、市町村、国保組合、社団法人の三者の総称として、旧国保法に初めて「保険者」という言葉も登場した（法第 2 条ノ 3 等）。これについては、改訂詳解国保136-137頁も参照。

63)　具体的には、外国人（被保険者とすることが不適当）、医師（被保険者とする必要がない）、生活保護受給者等が想定された〔第 3 次改正解説15頁〕。このことも通牒（「国民健康保険の事務取扱に関する件」（昭和23年 7 月14日保発第10号都道府県知事宛厚生省保険局長通牒）〔健康保険関係施行文書・昭和23年（7 ～ 8 月分）所収〕）で示されている。

64)　衆議院厚生委員会における竹田儀一厚生大臣の提案理由説明においては、「法令による共済組合の組合員」も加えている〔衆 2 委10号（昭和23年 6 月16日）13頁〕が、これも第 3 次改正施行通牒において解釈として示された。参議院厚生委員会における喜多楢治郎厚生政務次官の提案理由説明も同旨〔参 2 委13号（昭和23年 6 月19日） 2 頁〕。

画させて組合の存立を強化しようと」[65]した。また、普通国保組合の地区を「市町村」から「一又ハ二以上ノ市町村」に改め、「危険分散の範囲を拡大して、組合の財政的基礎を強固にしようと」[66]した。

⑤　国保の療養の給付を担当する者（療養給付担当者）については、都道府県知事による強制指定制を改め、医師・歯科医師・薬剤師からの申し出を受けて、保険者と医師等が契約を結ぶことにより決定するものとした。また、療養給付担当者に支払う診療報酬額についても、保険者と療養給付担当者とが協議の上定め、都道府県知事の認可を受けるものとした。

このうち、以下では、市町村公営原則の採用（上記①及び②）と強制加入制の強化（上記③）を中心に、少し詳しく見ていきたい。

2　市町村公営原則の採用

(1)　改正経緯とその内容

第3次改正の検討における国保の市町村公営化に係る規定の推移は、管見の限りでは、次のようになっている[67]。

---

65)　衆議院厚生委員会における竹田儀一厚生大臣の提案理由説明〔衆2委10号〕（昭和23年6月16日）13頁）。なお、第3次改正解説16頁では「その狙とする所は、広く成年男女をすべて組合員として組合運営に参加させ、事業運営の適正を図らむとするに在る」と説明している。
66)　前注の提案理由説明に同じ。第3次改正解説16頁も同旨。
67)　本文に掲げたものの他、国立公文書館所蔵文書（「内閣法制局・法令案審議録」等）の中にも途中段階の要綱や法案が幾つか散見されるが、作成乃至修正年月日が不明な上、本文に掲げたものとさほど大きな相違は認められないので、紹介することはしなかった。

第5章　旧国保法の第3次改正（1948年）による市町村公営原則の採用

(i)　国保法改正の当局の意向（社会保険旬報168号（昭和23年2月1日）掲載記事）（2/1記事）[68]

昭和23(1948)年2月1日付の社会保険旬報に「国保再建の積極策／強制加入義務強化／法改正で指定医制度も確立か？」という見出しの記事が掲載された。同記事は、政府当局が不振の国保組合の帰死回生のために第2回国会に国保法の一部改正案を提出することとなりその内容を検討中であるとした上で、「大体当局の意向を綜合すると」①国保組合員の加入義務強化（後述）、②組合と医師との合意による指定医制度の改善、③健保と国保との地域的統合をなし得る途を開くこと、④国保の給付と共に健康の保持増進の目的化、⑤財政確立のための組合費の負担方法の明示、⑥国庫負担金と国庫補助金の限界の明確化等を期していると述べている。これが正しいとすれば、改正の主眼として検討されていたのは加入義務の強化であり、市町村公営化は中心的な検討課題ではなかったことが窺える[69]。

(ii)　国民健康保険法の「改正の要点」（昭和23年2月12日保発第183号都道府県民生部長宛厚生省保険局国民健康保険課長通牒）（2/12要点）[70]

標記通牒は、「国民健康保険法改正に対する意見取纏めについて」と題して、国保課長が各都道府県の民生部長に対し、「国民健康保険法の改正を図り制度の充実を期するため、広く関係方面[71]の意見を聴取」し報告するよう求めたものであり、その中に「改正の要点」及び「改正の趣旨」が記載されている。

国保の運営主体については、要点では、「国民健康保険は地方公共団体に

---

68)　社会保険旬報168号（昭和23年2月1日）5頁。
69)　この点に関し中静300頁も参照。
70)　社保大900562所収。巻末資料15を参照。なお、同通牒は、健康保険関係施行文書・昭和23年（1～3月分）にも所収されている。
71)　通牒では、「意見を聴取するものの範囲」として、都道府県知事、市町村会及び主なる市町村長、国保組合連合会及び主なる国保組合、農業会若しくは農業協同組合、医師会及び歯科医師会、官公立病院又はその団体、農民組合、青年団等が挙げられている。

おいてもなし得ることとすること」とされ、趣旨では、「今回は一応原則として現行の保険組合の形態によつて、その機能が発揮できるようにすることを目標とすること。然し機の熟したる地方にあつては組合主義によらず、地方公共団体の事業としてこれを行わしめ、その財政を特別会計とし処理せしめる方途をひらくこと」との説明がなされていた。以上の記述からは、この段階では、保険局国保課は、国保の運営主体としては引き続き国保組合を原則とし、地方公共団体による国保運営は例外的なもの（すなわち事業実施能力のある地方公共団体に限る）と考えていたことがわかる。

この他、普通国保組合の地区に関し、要点で「組合の地区を一又は二以上の市町村とすること」とした上で、趣旨において、「組合の地域を郡又は都道府県単位まで拡大し危険分散を図ることに関しては、自治体としての現在の市町村の実情からして法律上強要することは避け、関係者の合意による組合の合併促進や、数か町村単位の組合設立、さらに必要あるときは郡単位の連合会設立で対応する」旨の説明を行っていることが注目される。

(iii) 国民健康保険法改正案要綱案（昭和23(1948)年2月19日社会保険制度調査会諮問版）(2/19要綱案)[72]

社会保険制度調査会への諮問については既に述べたとおりであるが、諮問された要綱案においては、①保険者は組合（代行法人を含む）又は地方公共団体とすること、②地方公共団体は主務大臣又は都道府県知事の認可を受けて国民健康保険を行い得ること、とされていて、規定の仕方からは、やはり国保組合による国保運営を原則と考えていたことが窺えよう。

これに対し、調査会が答申に「地方公共団体が保険者となる場合、国民健康保険事業運営の適正を図るため、その地方公共団体に委員会を設置すること」との希望意見を付したことも既に述べたとおりである。

---

72) 社保大5850、国保小史62-63頁、国保二十年史281-282頁に所収。巻末資料16を参照。

第5章　旧国保法の第3次改正（1948年）による市町村公営原則の採用

(iv)　国民健康保険法改正案要綱（昭和23(1948)年4月26日局議附議版）（4/26要綱）73)

　ところが、昭和23(1948)年4月26日の局議に附されたと思われる「国民健康保険法改正案要綱」（「秘」と「二三・四・二六局議」の書込みあり）では、①保険者は原則として市町村（特別区を含む）又は市町村組合とすること、②国民健康保険組合又は営利を目的とせざる社団法人にして一定の要件を具備するものは関係市町村の承認を得たる上都道府県知事の認可を受け保険者となり得ること、というように原則と例外が入れ替わり、市町村による国保運営が原則となっている。

　こうした逆転が生じた経緯乃至理由について、国保二十年史296頁は「GHQで問題となつた主なる点をあげると、まづ第一は、経営主体について市町村公営の原則には反対がなく、むしろ国保組合といえども市町村の責任においてこれを行わしめるという意見であつた」と述べて、前段の組合主義から市町村公営主義への修正意見が日米いずれの側からなされたかを曖昧にしているが、中静は、当時厚生省社会局長をしていた木村忠二郎の執務メモの記録等74)を基に、修正はGHQ/PHW側の意見によるものと論じている75)。中静の推定が妥当であろう。

---

73)　社保大910108所収。巻末資料17を参照。なお、最終の国民健康保険法改正要綱〔国保小史202-204頁、国保二十年史283-285頁〕は作成月日が不明のため、ここでは取り上げないこととした。

74)　木村の執務メモ中に、昭和23(1948)年4月27日の局長会議における保険局長（宮崎太一）の報告として、「国民健康保険法案　GHQ ポーラック／組合ハ市町村ノ出来ナイ場合ニ限ルコトトセヨトノ意見…［中略］…［組合の］設立ハ市町村議会ノ議決　解散モ同様／自治課　地方財政委員会モ同意」との記述がある〔木村419頁〕。このうち、後段の「市町村議会ノ議決」というのは、4/26要綱においては「市町村の承認」とされていた部分に係るGHQ側の意見と思われる。なお、その他、社保大910112所収の「GHQノ意見」中にも、「第二条　市町村営ヲ原則トスルコト」、「第十一条　(3)市町村ノ承認」との記述が、また、同資料所収の「GHQノ要求ニ基ク改正案」中にも、「市町村営ヲ原則トシ」、「［普通国保組合の］設立ニ付市町村ノ承認ヲ受ケルコト」との記述がある。

75)　中静301頁。

また、この4/26要綱には「国民健康保険を行う市町村に、国民健康保険に関する重要事項を審議するため国民健康保険運営委員会を設けること」も盛り込まれていた。「国民健康保険運営委員会」は後に「国民健康保険運営協議会」に修正されるが、これは、前述の社会保険制度調査会の希望意見を素直に反映させたもののようにも思われる。しかし、国保二十年史296-297頁によると、国民健康保険運営協議会（以下「国保運協」という）の設置はGHQの強い主張によるものとされている。この点については後ほど検討したい。

(v) 国民健康保険法の一部を改正する法律案（昭和23(1948)年5月13日版）(5/13法案)[76]

第3次改正の法律案で日付のあるものとしては、手書きで「昭二三、五、一三」の書込みのある標記法律案がある。同法案では、国保の保険者に関しては、①国民健康保険ハ市町村（特別区ヲ含ム以下同ジ）之ヲ行フ（法案第2条）、②国民健康保険組合（以下組合ト称ス）又ハ営利ヲ目的トセザル社団法人ハ市町村ガ国民健康保険ヲ行ハザル場合ニ於テ之ヲ行フコトヲ得（法案第2条ノ2第1項）、③組合ヲ設立セントスルトキハ十五人以上ノ発起人ニ於テ規約ヲ作リ組合員タル資格ヲ有スル者ノ二分ノ一以上ノ同意ヲ得タル上関係市町村ノ議会ノ議決ヲ経テ都道府県知事ノ認可ヲ受クベシ（法案第11条第1項本文）、というような規定となっていた[77]。

これらの規定は4/26要綱を具体化したものと言えるが、実際に成立した第3次改正法の対応条項と同文であることからすれば、市町村公営の骨格については既にこの段階、或いはより早く4/26要綱の段階でほぼ固まっていたと考えてよいであろう。言い換えれば、国保の保険者を原則として市町村とす

---

76) 社保大910108所収。
77) なお、作成の日付は不明だが、この前の段階の版と思われる改正法律案も社保大910108には所収されており、その版では、普通国保組合設立に当たっての「関係市町村ノ承認」が「関係市町村ノ議会ノ議決」に、また、「国民健康保険運営委員会」が「国民健康保険運営協議会」に見え消しで修正されている。

第5章　旧国保法の第3次改正（1948年）による市町村公営原則の採用

ることについての保険局とGHQとの調整は、基本的には昭和23(1948)年4月下旬までに終わっていたことになる。

一方、この5/13法案では、国保運協についての規定は、第8条ノ18として、国保事業の運営に関する事項を審議するため国保を行う市町村に国保運協を置く旨とその委員構成に係る条文が置かれているのみであり、最終的に第3次改正法によって設けられた市町村長からの諮問を受けての答申や市町村長への建議に係る規定、国保運協から市町村長への報告に係る規定等（第3次改正後の旧国保法第8条ノ19～第8条ノ21）は、まだ規定されていなかったことに留意する必要があろう。

(vi)　国民健康保険法の一部を改正する法律案（昭和23(1948)年5月30日版）
　　（5/30法案）[78]

この5/30法案（「昭二三、五、三〇」の手書きの書込みあり）の段階では、上で5/13法案に関して述べた内容については、大きな変化は見られない[79]。

(vii)　国民健康保険法の一部を改正する法律案（昭和23(1948)年6月3日版）
　　（6/3法案）[80]

6/3法案（「昭二三、六、三」の手書きの書込みあり）には、既に述べたとおり「六月十一日GHQ承認」の書込みがあるが、この段階で、国保運協につき、第8条ノ19～第8条ノ21として、(v)で触れたような諮問・答申、建議、報告等に係る規定が盛り込まれたのである[81]。国保運協に係る規定の立案過程についてはさらに精査が必要であるが、前述のとおり、国保二十年史が国保運協の設置はGHQの強い主張によるものとしていること、6月11日に第3次改正法についてのGHQの最終的な承認が出ていること等を考え合わせる

---

[78]　社保大910108所収。

[79]　ちなみに、この間の5月24日には、厚生大臣から内閣総理大臣に対し、改正法案を決定し国会に提出するための閣議請議がなされている〔公文類聚昭和23年〕。

[80]　社保大910108所収。

[81]　もっとも、5/30法案には、これらの規定が法案本体に事後的に貼付されていることからすると、条文の修正時期は多少遡る可能性がある。

第2節　第3次改正の概要

と、この国保運協に関する規定の追加には、GHQの意向が反映されているとの推測も成り立つように思われる。

こうして、最終的に内容が固まった法案[82]が字句の微修正等を施されて昭和23(1948)年6月12日に第2回国会に提出され、原案通り成立し、公布・施行されたのである。

(2)　論　点
(i)　市町村公営原則が採用された理由

第3次改正で国保の市町村公営原則が採用された理由について、衆議院厚生委員会における竹田儀一厚生大臣の提案理由説明では、「[国保]制度の性質に鑑み、市町村が行うことが適当であると考えたのと、事実本事業が市町村行政と密接な関係にありまして、むしろ市町村の行政の中に取入れることが事業運営上便利であり、かつ、効果的と思われる点が多いからであります」と説明している[83]。また、同改正の担当者の一人であった小島米吉は、「国民健康保険に関する十年間の経験からして、この制度が社会保険としての強制的性質を強くしなければならないこと、及び地方自治制度の改革に伴なつて[84]、自治体が民主化され、かつその権限が著しく拡張せられたこと

---

82) ちなみに、社保大910108には、国会提出直前版と思われる法案も所収されている。この版では、前掲注43)で述べた昭和23(1948)年6月10日付のGHQの要求による修正は施されているが、同月12日付の要求は反映されていない。国保小史208頁以下掲載の第3次改正法は、「国民健康保険組合連合会」を「国民健康保険連合会」〔同書208頁〕と、また、「第三十七条ノ七」を「第二十七条ノ七」〔同書219頁〕と誤記していること等からすると、国保小史の最初の原稿としてこの段階の版を使用した可能性がある。

83) 衆2委10号（昭和23年6月16日）13頁。第3次改正解説13-14頁においても、①国保事業の性質上、国又は地方公共団体が直接管理することが適当（公営から国営へと漸進的に進める）、②事業の運営上、市町村公営とすることにより運営不振の原因を除去できる、③市町村行政との関係上、国保事業（療養の給付と保健施設）と市町村の保健衛生とは一体不離であり、市町村で併せて行うことが適当、とほぼ同旨を述べる。

84) 地方自治法は、昭和22年法律第67号として制定されている。

第5章 旧国保法の第3次改正（1948年）による市町村公営原則の採用

からして、予防及び公衆衛生に関する多くの市町村の事務と同じように、国民健康保険も、市町村で行う事を原則とすることに改正された」と改正理由を述べた上で、市町村公営の長所として、①国保（その事業の中心は医療・公衆衛生関係業務）の公共的性格が一層強くなり、社会保険としての効果を期待できること、②市町村が既に受け持っている予防、公衆衛生、生活保護の仕事と不可分の関係にある国保の仕事を同時に行うことにより、事務の総合的な運営が期待でき、また、事務能率を増進できること、③保険料の徴収方法を市町村税と同様にすることによって、組合としてはできない賦課徴収上の便宜が得られ、国保の財政問題を緩和することができることを、また、短所として、(a)国保事業が市町村の議会を通じて行われる場合、往々にして党派的感情に差配されやすくなること、(b)国保が、役場事務のように、事務的・機械的・形式的に扱われ、国保事業の自由闊達な成長を妨げるおそれがあることを挙げている[85]。こうした説明からは、市町村公営が原則とされた理由は、制度的な理由としては地方自治体の民主化と権限拡大が進んだこと[86]であり、実際的な理由としては前記長所①～③（特に②）のメリットが前記短所(a)～(b)のデメリットを上回ると考えられたことであると、要約できそうである[87]。

こうした理由付けは、誤りではあるまい。しかし、本書でこれまで見てきた旧国保法の制定から第3次改正に至るまでの経緯からすると、なお次のような点に留意する必要があるのではないか。

第一に、既に述べたとおり、市町村公営原則の採用は、GHQ側の意見によるものであった。国保課は最終的にはそれに反対しなかったが、当初（2/12要点）の段階では、地方公共団体による国保事業の運営は、その能力の

---

85) 小島（1948a）47-49頁。
86) 「社会保険としての強制的性質の強化の必要」は、市町村公営化というよりは、次に述べる強制加入制の強化に係る理由付けと考えられる。
87) もちろん、より大きな理由として市町村公営化による国保事業の維持・再建があることは言うまでもない。

第 2 節　第 3 次改正の概要

ある自治体にのみ例外的に認める方針であったことからすると、権限は拡大したとはいえ、すべての自治体が国保事業を運営できる能力があるかどうかについて、国保課は否定的に（或いは時期尚早と）考えていた節が窺われる。それにもかかわらず、GHQ 側が市町村公営化を主張した理由が気になるが、国保二十年史296頁の「［GHQ 側は］国保組合といえども市町村の責任でこれを行わしめるとの意見であつた」との記述からすれば、GHQ 側が国保事業に好意的であり[88]、同事業は公的責任で運営されるべきと考えていたことがその理由の一つとして挙げられるのではないか[89]。昭和21(1946)年に制定された日本国憲法に第25条が規定され、昭和25(1950)年に出された「社会保障制度に関する勧告」に「国が社会保障制度に対する綜合的企画をたて、国自からの責任において、この制度の実施に当ることを原則とする」と記述されたことに象徴されるように、戦後の日本においては社会保障の実施・運営についての公的責任が強調されるようになり、そのことが市町村公営原則の採用を促した旨の指摘[90]もある。確かに、そうした時代的趨勢が市町村公営原則の採用に極めて大きな影響を与えた[91]ことは事実であるが、より直

---

[88]　昭和24(1949)年7月から昭和28(1953)年3月まで国保課長を務めた山本正淑は、「GHQ の係官が国保に非常に熱心だった」〔戦後医療証言89頁〕、また、「［GHQ の］民生担当当局の人達はわが国のこのユニークな国保制度を高く評価しており、国保発展のために積極的に協力する態度を示していた」〔医療保険半世紀269頁〕と回顧している。また、川村秀文も、同様に、米軍は国保には多大の興味を持ったらしいとの回顧をしている〔川村(1953) 4頁〕。なお、GHQ 側の国保理解については、取り敢えず GHQ 日本占領史・24巻79-85頁を参照。

[89]　江口(1996)183頁は「わが国では、民主制の契機によってではなく、GHQ の主導により戦後の［社会保障の］基本的な価値機軸が設定され」たと述べる。

[90]　改訂詳解国保149頁、江口(1996)183頁及び202頁等を参照。

[91]　例えば、第3次改正解説20頁にも「社会保険関係者の気持は、社会保険より既に社会保障制度を目標としている」との記述がある。また、当時厚生事務官であった仲田良夫は、より直截に「将来、日本の社会保障制度が本格的に実現される暁を予想するにしても、社会保障の取扱機関としては、国家乃至国家の系統機関が、その運営の責任機関となることは当然に予想せられるところで、

第5章　旧国保法の第3次改正（1948年）による市町村公営原則の採用

接的な理由としてGHQ側からの意見の影響があったことは留意されて然るべきであろう。

　第二に、「地方自治体の民主化と権限拡大が進んだ」との理由に関してであるが、旧国保法制定時に保険者を市町村ではなく組合とした大きな理由の一つが衛生・医療行政が警察部局ルートで行われていたことだとすると、国保課が市町村公営化を進めた（或いは少なくもそれに反対しなかった）動機としては、地方自治体の民主化と権限拡大の一環として、都道府県レベルでは予防・公衆衛生関係の権限・事務がほぼ完全に警察部局から衛生部局等に移管され、さらに新保健所法（昭和22年法律第101号）の制定等により都道府県レベルから市町村（或いは、少なくとも市）レベルへの権限委譲も進んだ[92]ことの影響も大きいと見るべきであろう[93]。

　第三に、市町村公営の短所とされる前記(a)及び(b)は、国保制度創設時において既に当局において認識され、それらも含めての検討の結果、組合主義が採用されたということがある。したがって、第3次改正の段階でこれらの短所の評価がどう変わったかが問題となろう。このうち、(a)については、地方自治体の民主化が進められたことにより党派性に左右される危険性が減少したと評価されたというよりは、むしろその危険性は変わらずに存在するものの市町村公営の長所がそれを上回るようになったと評価されたと、考えるべきであろう。これに対し、(b)の評価は微妙である。制度創設時に組合主義採用の理由として組合による自治的な事業運営のメリットがあれほど強調されたにもかかわらず[94]、市町村公営に切り替えるに当たってそれを放棄す

　　この点においても、市町村による国保事業の経営は社会保障えの移行を示すものということができる」と述べている〔仲田5頁〕。
92)　厚生省五十年史588-589頁、625-626頁、698-699頁及び722-725頁、GHQ日本占領史・22巻17-18頁等。
93)　もっとも、衛生行政関係の権限・事務の府県警察部局（警察部）・警察署から府県衛生部局（内政部）・市町村等への移管は、昭和17(1942)年11月に行われた行政の簡素合理化の際にかなり進められていたことにも留意する必要がある〔厚生省五十年史411-412頁等〕。

デメリットが殆ど考慮されなかった理由としては、①地方自治制度が改革されたので、市町村が保険者となっても（地方自治の一環として）十分自治的運営が可能と評価されたか、②国保の組合自治はもともとかなり形式的なものであったが、それが戦時中の第1次国民皆保険運動の過程において完全に形骸化して、組合は厚生行政の末端組織と化したため、市町村行政の一部に国保を組み入れるにあたって、そのことにより保険者自治の要素が失われるデメリットを改めて考慮する必要がそもそも生じなかったかのいずれかしか考えられないように思われる。そのいずれの理由であったのかについてはなお精査が必要であるが、本書で述べてきたような国保の歴史からすれば、前者（①）も多少は考慮されていたにせよ、どちらかといえば後者（②）に重点が置かれていたというのが現実ではないか[95]。そして、さらに言えば、市町村公営原則の採用（行政主体が保険者となること）が殆ど抵抗なく受け入れられた背景には、公的責任に基づく社会保障という理念の高まりと従来の保険者であった国保組合の一般行政組織化とが、時期的に上手くマッチングしたことがあったと言えよう。

(ⅱ) 国保の運営単位が見直されなかった理由

市町村公営に関連しては、国保の保険者の運営区域が郡単位或いは都道府県単位にまで拡大されなかった理由、すなわち、第3次改正当時、保険当局は、①本当は運営区域を拡大したかったのだが時期尚早と考えていたのか、それとも、②そもそも論として市町村単位の運営の方が郡単位或いは都道府県単位の運営よりも望ましいと考えていたのかも、一応論点となり得る。

既に述べたように、当局は、2/12要点を示した通牒の中で、普通国保組合の地域の郡又は都道府県単位への拡大については、自治体としての現在の市

---

[94] また、国保ということを離れて社会保険の一般論として考えれば、保険者自治がどの程度実現できるかは、保障方式として社会保険制度を採用するか否かの決定や、社会保険方式を採用するとした場合にどのような保険者とするかの決定に当たっての重要な判断要素であることが普通であろう。

[95] この点については、社会保険一般についての指摘ではあるが、江口（1996）201-202頁の記述も参照。

第5章　旧国保法の第3次改正（1948年）による市町村公営原則の採用

町村の実情からして法律上強要することは避けることとしたものの、関係者の合意による組合の合併促進や数か町村単位の組合設立、郡単位の連合会設立等による運営区域の拡大には積極的な姿勢を示していた。

また、塚本重蔵参議院厚生委員長による第3次改正法案の審議経過・結果報告においては、「国保組合は、将来構想としては、郡単位即ち地方事務所単位に拡大することが危険分散上望ましいものと考えられるが、今直ちに一律に郡単位を法に規定することは現実から困難であるから、将来に譲った」旨の政府答弁があったとの報告がなされている[96]。さらに、第3次改正解説16頁においても、法律上都道府県単位の組合設立を原則とすることは時期尚早とする旨の説明がある。

以上は国保組合の区域についての説明ではあるが、これらからすると、当局は時期尚早論（前記①）を採っていたことが窺える[97]。しかし、区域拡大を望ましいとする理由は危険分散の確実化という保険運営上の観点からのものであり、逆に、区域拡大により「相扶共済ノ精神」が希薄化するのではないかといった問題について検討された形跡は見られない。運営主体は原則組合から原則地方公共団体に変わったものの、運営区域は結果的に原則市町村単位でさほど変わらなかったことから、「相扶共済ノ精神」を改めて強調する必要がなかっただけのことかもしれないが、区域を市町村単位とすることの理由付けにおいて「相扶共済ノ精神」の持つ重みが一段と軽くなったことの表れと解釈する余地もあると思われる。

(iii)　国民健康保険運営協議会（国保運協）の位置づけ

国保二十年史は、国保運協はGHQの強い主張に基づき法案要綱が修正されて設置されることとなった旨を述べる。「しかし修正されるまでには、この運営協議会と、市町村議会の委員会との関係をどうするかで、種々意見の交換が行われ」、GHQの担当官の意見は、「この運営協議会は、住民に直接

---

96)　参2本54号（昭和23年6月29日）724頁。

97)　ちなみに、国保刷新連盟は、健保を国保に吸収統合した上で運営区域を都道府県単位に拡大することを主張していたとされる〔中静300頁を参照〕。

第2節　第3次改正の概要

つながるものであり、国保事業の窓口を民主化する意味において、この運営協議会は必要である」というものであった[98]。

しかし、江口も指摘するとおり、国保運協は、市町村議会との関係上は決定機関ではなく諮問機関という位置づけにならざるを得ず[99]、他方、市町村議会は当該市町村の（国保被保険者だけでなく被用者保険の加入者も含む）全住民の代表で構成される以上、市町村議会を市町村国保の最高意思決定機関とするのは、間接民主制における代表の同質性という点で問題があったと言える[100]。すなわち、地域住民全体を対象としその代表者で議会が構成される市町村が、住民の一部である国保被保険者（非被用者）のみを対象とする国保保険者を兼ねているため、両者のずれが生じ、国保保険者の立場からすれば、保険料負担者による民主的決定という（内部的な）保険者自治を貫徹できず、また、これを対外的自立という方向から捉えれば、市町村は、国保被保険者のみの利害を純粋に代弁するエージェント足り得ないということになるわけである[101]。

このように聊か中途半端な機関の設置に至った「種々意見の交換」の内容

---

[98]　国保二十年史296-297頁。

[99]　そのことは、当時の厚生省当局も十分認識していた。すなわち、昭和23（1948）年9月に厚生省から都道府県に送付された第3次改正の参考資料（以下「第3次改正参考資料」という）の中で、国保運協は諮問機関であり意思決定機関である市町村議会とはその性質を異にする旨を述べている。また、第3次改正解説15頁は「〔国保〕事業の性質上、専門的知識と専門的研究とを以て運営の適正を図る必要があるので、専門の諮問機関として協議会が設置された」とのやや要領を得ない説明をしている（第3次改正参考資料にも同旨の説明あり）。

[100]　江口（1996）184頁。

[101]　ただし、これに対しては、現行の国保法第75条（市町村一般会計から国保特別会計への補助又は貸付）を前提としたものであるが、市町村議会の関与は、保険者（国保特別会計）としての市町村の決定と、地方公共団体全体の経営者（国保特別会計への補助・貸付を行う一般会計）としての市町村の決定を一挙に行うためのものと理解する立場〔碓井27頁〕もあることに留意する必要があろう。

第5章　旧国保法の第3次改正（1948年）による市町村公営原則の採用

は現在までのところ定かではないが、3の強制加入制の強化のところで後述するように、GHQは全住民を強制加入とする国保事業の実施に当たっては直接的な住民投票（住民の過半数の同意）を要件とすることを考えていたものが、最終的には市町村議会の議決を以って事業の実施を認めることとしたため、直接投票的要素を補完するものとして国保運協を設置することとなったとの経緯を辿ったのだとすると、国保運協の位置づけが中途半端となった理由が多少は理解できるように思われる。すなわち、間接民主制の枠組みを所与としつつ可能な限り直接民主制的要素を取り入れようとした結果が、国保運協の中途半端さということではなかったのか。

3　強制加入制の強化

(1)　改正経緯とその内容

　第3次改正の検討における強制加入制の強化に係る規定の推移は、次のようになっている。

　　(ⅰ)　国保法改正の当局の意向（社会保険旬報168号（昭和23年2月1日）掲載記事）（2/1記事）[102]

　前述の2/1記事は、加入義務の強化について、「国保法第十三条の強制加入に関する条文を実際に生かすため『二分の一組合員たる場合』を『三分の二組合員たる場合［」］』に改め、之によって国保組合員の加入義務を強化すること」と述べている。すなわち、この時点で、次の(ⅱ)で述べる2/12要点の中身はほぼ固まっていたことが窺える。

　　(ⅱ)　国民健康保険法の「改正の要点」（昭和23年2月12日保発第183号都道府県民生部長宛厚生省国民健康保険課長通牒）（2/12要点）[103]

　2/12要点では、普通国保組合の組合員を世帯主だけでなく世帯主以外の成年者まで拡大した上で[104]、「組合員たる資格のある者が三分の二以上組合員

---

102)　社会保険旬報168号（昭和23年2月1日）5頁。
103)　巻末資料15を参照。

第2節　第3次改正の概要

となつたときは、当然未加入組合員の加入が義務付けられること」とされ、さらに「必要ありと認めるときはこれまでのように知事が［組合員有資格者全員が加入するよう］指定することができる」こととされていた。すなわち、従来どおりの都道府県知事の指定に基づく組合員有資格者全員の強制加入の他に、(組合員有資格者の加入割合は第2次改正時の1/2以上から制度創設時の2/3以上に引き上げられているものの) その要件を満たしたときは都道府県知事の指定を要することなく「当然」有資格者全員が加入を義務付けられるという条項も加えることで、強制加入制の強化を図ろうとしたのである。ただし、この段階では保険者は原則として組合を想定していたため、市町村国保の加入者については明言されていないことに留意する必要がある。

そして、この点につき、「改正の趣旨」では、「組合員の加入義務制の確立については医療制度が全面的に解決されざる今日、全国民にこれを法律上強制することはなお研究の余地があると認められるので、組合自体の努力によつて、医療組織を整え組合員が三分の二以上加入するに至つたとき自然と組合員たることが義務づけられるようにする」即ち「組合自体の事業及び組織内容によつて、加入義務制を確立し、漸次その地域を拡大して法の目的を達するようにする」との説明を行っている。

このほか、要点には「代行法人に対する義務加入の指定をやめること」が規定されている点が注目されよう。

(iii)　国民健康保険法改正案要綱案（昭和23(1948)年2月19日社会保険制度調査会諮問版）（2/19要綱案)[105]

2/19要綱案では、加入者に関する規定に関しては2/12要点からの大きな内容変更は見られない。すなわち、要綱案では、①普通国保組合の組合員有資格者を世帯主及び［その世帯に属する］世帯主以外の成年者とすること、②任意設立の組合につき、組合員有資格者が2/3以上組合員となったときは、

---

104)　所得のある組合員はすべて組合費を負担するが、その納付義務は世帯主たる組合員が負うものとされた。
105)　巻末資料16を参照。

第5章　旧国保法の第3次改正（1948年）による市町村公営原則の採用

有資格者全員を組合員とすること、が規定されているが、地方公共団体が国保の保険者となる場合の加入者については明示されていない。また、「代行法人における強制加入の規定を削ること」も引き続き規定されている。

(iv)　国民健康保険法改正案要綱（昭和23(1948)年4月26日局議附議版）（4/26要綱）106)

　4/26要綱では、国保の保険者が原則国保組合から原則市町村公営へと転換されているが、加入者についても「市町村が国民健康保険を行うとき又は普通国民健康保険組合が設立されたとき、若は社団法人に対し国民健康保険を行うことの［都道府県知事の］許可があったときは、其の地区内の世帯主及其の世帯に属する者（健康保険其の他の被保険者を除く）はすべてこれを被保険者とすること」と規定された107)。また、普通国保組合の設立要件についても、組合員有資格者の2/3以上の同意ではなく、1/2以上の同意とされた。この結果、（知事の指定による強制加入ではなく、当然強制加入となったという意味で）加入強制の度合いが大きく強められ、この時点で、実際に成立した第3次改正法とほぼ同じ内容となった。

　この修正もまたGHQ側との折衝内容が大きな影響を与えているわけであるが、その内容については(2)の論点の項で改めて検討したい。

(v)　国民健康保険法の一部を改正する法律案（昭和23(1948)年5月13日版）
　　（5/13法案）以降

　4/26要綱をベースに作成された5/13法案は、市町村が国保を行おうとするときは都道府県知事の認可を受けて国保に関する条例を制定し、その中に被保険者資格に関する事項も規定することとした上で、「国民健康保険ヲ行フ市町村ノ被保険者ハ其ノ区域内ノ世帯主及其ノ世帯ニ属スル者トス　但シ左ノ各号ノ一ニ該当スル者［健康保険及び船員保険の被保険者、特別国保組合の被保険者、特別の事由のある者で条例で定めるもの］ハ此ノ限ニ在ラズ」と規

---

106)　巻末資料17を参照。
107)　第3次改正解説15頁では、強制加入制の採用は市町村公営主義を採ったことの当然の帰結であるとしている。

定した[108]。また、普通国保組合や代行法人についても「普通国民健康保険組合ノ設立アリタルトキハ其ノ組合ノ組合員タル資格ヲ有スル者ハ総テ組合員トナルモノトス」(ママ)等の規定が置かれ、国保事業を実施する場合には被保険者資格を有する者は原則全員強制加入となる旨を明定したのである。そして、これらの規定は、5/30法案や6/3法案、国会提出法案においても基本的にそのまま引き継がれ、第3次改正法として成立し、公布された。

(2) 論　点

(ⅰ) 強制加入制強化の理由

強制加入制が強化されたのは、言うまでもなく、国保の体質を強化しその再建を図るためであった。さらに、市町村或いは国保組合において国保事業が開始される場合には住民（被保険者資格有資格者）全員が強制加入となるとしたことで、(実現は「はるか彼方のこと」[109]だったとは言え、）国民皆保険体制に制度的に一歩近づいたことも否定できまい。こうした理由を、第3次改正法の提案理由説明では、「現在の任意制度に一歩進めて、ある程度強制保険の方向によらしめ、もつて本制度の弱点を補い、また将来わが国に実施せらるることと予想せられる社会保障制度に近づけたものであります」と明快に述べている[110]。また、小島も、3次改正の解説の中で、①国保制度をして一層社会保険としての特色を発揮せしめ、その内容を充実する必要があること、②新憲法の条章に基いて社会保障を実施する前提として国保制度を全面的に普及する必要があり、それには加入義務制を採用することが実際上必要であること、③国保を市町村公営の原則に移した以上、一部の住民に限ってこれを行うことは不合理であり、社会保険の特質を否めることになる

---

108) ちなみに、前掲注77)で述べたこの前段階版と思われる法案において、既に同趣旨の規定が置かれている。
109) 佐口(1995)79頁。
110) 衆2委10号（昭和23年6月16日）13頁。参2委13号（昭和23年6月19日）2頁もほぼ同文。

第5章　旧国保法の第3次改正（1948年）による市町村公営原則の採用

こと、といった理由を挙げている[111]。

　だが、幾つか疑問がないわけではない。一つには、国保を再建し皆保険を強力に推し進めるという立場からは、なぜ、市町村による国保事業の実施乃至国保組合の設立を、任意的ではなく強制的なものにしなかったのかということがある。また、逆に、本人の意思に反してまで加入を強制し保険料を徴収することを問題視する立場からは、なぜ強制加入とすることが許されたのかという批判もあり得よう。これらは、いずれも加入強制をいかなる理由でどの程度まで正当化できるのかという問題に関わっていると考えられる。そこで、次に、強制加入制強化の正当性については当時どのように考えられていたのかを見ておきたい。

(ii) 強制加入制強化の正当性の根拠

　強制加入制強化の正当性の根拠を検討するに当たっても、(1)で述べたような要綱・法案の推移からは、やはり4/26要綱が作成される段階での経緯が重要になってこよう。この点につき、国保二十年史は、GHQで問題になった主な点の一つとして、「［市町村公営原則には反対がなかった。しかし、］任意設立強制加入については問題がある。国保制度再建の必要性は十分認めながらも、民主主義の原則からして、強制加入に難色を示した。そして市町村住民の過半数の同意があるならば、強制加入は当然であるという意見であつた。ところが、過半数以上の同意を、どういう形で得るかということが問題となり、GHQでは住民投票のような形を考えていたらしいが、それでは日本の実情として到底、国保制度の再建にはならないということになり、種々説明を加えて、市町村議会が住民の代表であるから、その議会の議決によつて、強制加入とすることは差支えないという了解を得るまでには、相当の日子を要した」[112]と述べている。

　しかし、この国保二十年史の記述にはやや分かりにくいところがある。つまり、結局のところ、GHQは、①法律に基づく国保組合の強制設立乃至市

---

111)　小島(1948a)106-107頁。
112)　国保二十年史296頁。

町村における国保事業の強制実施に難色を示したのか(強制実施自体に反対)、②任意設立・任意実施にもかかわらず、被保険者資格有資格者全員を強制加入とすることに難色を示したのか(強制加入自体に反対)、③実施は任意であるが実施するときは有資格者全員を強制加入とするような事業の実施決定を、直接的な住民投票ではなく、間接的な市町村議会の議決で行うことに難色を示したのか(住民投票手続によらない強制加入に反対)が、はっきりしないのである。

これを判断するのに役立つ資料は管見の限りではさほど多くなく迷うところであるが、まず、上記①については、強制設立・実施の場合、被保険者に関しては有資格者全員の強制加入が想定されることが一般的であろうことからすると、GHQ が問題視しているのは、地域住民の意向が直接的に反映されない国の法律によって当該市町村の国保事業の実施が決定され、結果的に強制加入となること(事業の強制実施による強制加入)ではないかと推測される。そして、それに対する GHQ の反対はかなり明確であったと思われる[113][114]。そうだとすると、①を前提とした上で、さらに問題となったのは②か③かということになるが、国保二十年史の記述で最も意味がはっきり読み取れるのが「市町村住民の過半数の同意があるならば、強制加入は当然であるという意見であつた」及び「過半数以上の同意を、どういう形で得るかということが問題とな［った］」という部分であることからすると、GHQ の

---

[113] 戦後医療証言63-64頁には、社会保障制度審議会の「社会保障制度に関する勧告」(昭和25(1950)年10月)の作成に関連しての話として、国保の設立については、原案は強制設立・強制加入であったものが、GHQ が強制という言葉を社会主義的として嫌っていたことから、任意設立・強制加入に改められた旨が述べられていることも、本文で述べた推測の傍証になろう。なお、この点については、中静312頁も参照。

[114] ちなみに、第3次改正参考資料の中では、当局は、強制設立・実施を規定しなかった理由を「地方自治権の尊重ということと、国民の理解及び協力を俟たずして設立を強制し、形式的な制度の普及という結果を避けるため」と説明しつつ、「規定上は、強制設立ではないが、すべての市町村に、この制度［＝国保制度］が普及されることを予想している」とも述べている。

第5章 旧国保法の第3次改正（1948年）による市町村公営原則の採用

難色の真意は、（事業の任意実施の場合の）強制加入自体に反対するということ（上記②）ではなく、その場合に住民の過半数の同意は住民投票で直接的に確認されるべきとの手続面の注文（上記③）にあったように思われる。そして、これに対して、住民投票では到底国保の再建にならないと考えた日本側[115]が、相当の日数をかけて説得を行い、直接的な住民投票ではなく、間接的な市町村議会の議決で強制加入の国保を実施できるとすることの了解を取ったということであろう。逆に言えば、この限りで、GHQ側は譲歩・妥協したことになる。

なお、GHQが住民の直接投票を重視していたことは、時期的には第3次改正と併行して作成されたワンデル勧告（昭和23(1948)年7月）においても、「地方の健康保険制度［＝国保］は、自治体—県、市、町若しくは村—の投票によつて、その自治体内に於ける他の健康保険制度によつて保護せられない総ての者に適用するものとして、採用せらる可きである。投票による採用は、かゝる制度実施が、その自治体の責任である事を明確にし、それを自治体内の総ての者に適用する事によつて、二つの目的を果す事になる。即ち、(a)此の制度の支持に安定を与え、且つ、(b)此の制度を公的活動の一つと考へさせて、公衆保健分野に於けるその他の公的活動と一聯の関係に於て、行はしめる事の論拠を与へる事になる」と述べられている[116]ことからも窺えよう。

以上述べてきたことからは、第3次改正当時においては、（最終的には直接的な住民投票ではなく間接的な市町村議会の議決となったものの）市町村住民（被保険者資格有資格者）の国保への強制加入は、当該住民の過半数（と見做される）同意があれば正当化されると考えられていたことが明らかになったと言える。すなわち、強制加入制強化の正当性の根拠としては、過半数の民意（の表れと見做されるもの）による決定という手続的要素が重視されたので

---

115) この点につき、中静301頁は、「［国保課官僚は、］行政の指導督励で辛うじて形を留めている国保［の実施］に住民投票で同意を得られるわけがないと判断した」と述べている。
116) ワンデル勧告邦訳139頁の他、国保小史118頁、国保二十年史321頁。

ある[117]。

　本節では、第3次改正の概要を見た上で、市町村公営化と加入強制強化に係る論点の検討を行った。小島は、第3次改正について、「市町村公営の原則を立てながら、組合及び社団法人にも保険者になることを認めていること、及び被保険者、または組合員の加入義務制を確立しながら、その設立を任意としていることなど…〔中略〕…改正後の法律全体としては、観念的に幾分ちぐはぐなものが残つた」と述べているが[118]、本節の検討で、ちぐはぐさの理由を多少は明らかにできたのではないかと考える。

第3節　国保税の創設（1951年）

1　背　景

　第3次改正後の国保事業の状況は既に述べたとおりであるが、昭和26（1951）年の国保税の創設は、国庫補助の強化や国保の強制実施制の導入が、前者については大蔵省、後者についてはGHQ/PHWの強い反対で実現しなかった中で、わずかに実現できたものであり[119]、その背後には国保の財政困難に喘ぐ市町村の従前からの強い要望があった[120]。

---

117)　ただし、この点については、小島米吉が第3次改正の解説の中で「富の平均化という意味から、むしろ民主主義的原則に立つてはじめて、被保険者の加入義務制が実現したものと見るべきではなかろうか」〔小島（1948b-1）4頁〕と述べて、全員を加入させ富を再分配して貧富の格差を是正することによる社会的平和の維持という要素を「民主主義的」なものとして重視していることにも留意すべきであろう。
118)　小島（1948a）38頁。
119)　中静309頁を参照。
120)　その一例として、全国都市国民健康保険局部課長大会の陳情の記事（陳情事項の一つとして「保険料は市町村国民保険税（仮称）として徴収すること」がある。）等を参照〔全国国民健康保険団体中央会『国民健康保険情報』7号

第5章　旧国保法の第3次改正（1948年）による市町村公営原則の採用

　この間の事情は、国保税を創設した地方税法改正法案の提案理由説明において「［国保の］保険料の徴収成績が必ずしも良好でなく、ために国民健康保険財政は、その運営に困難の度を加え、ひいては市町村の一般財政に重大な圧力を加えている…［中略］…点にかんがみまして、保険料にかえて国民健康保険税を市町村の目的税として創設し、もつて…［中略］…相互扶助の精神の徹底化をはかりますとともに、国民健康保険財政の確立をはかることにいたしたのであります。このことは国民健康保険事業を行う市町村年来の要望であります」と述べられ[121]、また、同改正に国保課長として立ち会った山本正淑により「国民健康保険税の創設は、政府当局の考案の結果というよりは[122]、むしろ保険者としての市町村、あるいはさらに広く、市町村全体の要望の法制化と見ることが妥当のようである」、「［要望の契機は］シャウプ勧告において社会保障税がとりあげられた[123]ことにあると思われるが、その実際的な動機はむしろ、国民健康保険の財政的困難にあ」り「保険税としての徴収による保険財政の健全化が期待された」と説明されている[124]。

　（昭和25年1月10日）9頁］。
121）　衆10地行委16号（昭和26年2月27日）23頁。参10地行委17号（昭和26年3月1日）2頁もほぼ同文。
122）　なお、第3次改正参考資料においては、国保料の目的税化は今後の検討課題とされていた。
123）　シャウプ勧告と社会保険税法案を巡る議論については取り敢えず制度審十年90-94頁を参照。
124）　国保二十年史331-332頁において引用されている山本正淑『国民健康保険税』（以下「山本国保税」という）中の記述であるが、残念ながら原典を確認できなかった。しかし、基本的説明として重要と思われる部分も多いので、以下では、それらの説明を間接引用の形で紹介するが、その場合には、間接引用であることを示すため、例えば「山本国保税（国保二十年史331-332頁で引用）」というように書き表すこととする。なお、この他、改訂詳解国保24-25頁も同旨を述べる。また、山本は、戦後医療証言91頁でも、シャウプ勧告が国保税の創設に影響を与えたとの説を否定している。

第 3 節　国保税の創設（1951年）

2　内　　容

　国保税の創設を含む「地方税法の一部を改正する法律案」は、昭和26(1951)年2月26日に政府提案により第10回国会に提出され、同年3月31日に可決・成立し[125]、同日に昭和26年法律第95号として公布され、公布日から施行された（適用は昭和26年度分の地方税から）。また、国保税の創設と併せて、国民健康保険診療報酬審査委員会の設置、国保料に関する規定の整理等を内容とする「国民健康保険法の一部を改正する法律案」も、同年3月20日に議員提案により第10回国会に提出され、同月30日に可決・成立し[126]、翌31日に昭和26年法律第90号として公布され、4月1日から施行された（旧国保法の第5次改正）[127]。

　国保税創設の制度的理由としては、①旧国保法の第3次改正の結果、保険者の大部分が組合から市町村公営に切り替わり、課税権を有する地方公共団体としての市町村が、自ら保険者として国保を行う体制がほぼ確立した、②税に対する国民心理の状況に鑑み、保険料としてよりも保険税として徴収する方が、よりよい徴収成績が見込まれる、③国民感情に即した徴収方法とすることで、徴収成績が向上し、その見通しが確実となることによって、国保を行う市町村の財政計画が明確に立てられ得る、④国民生活に対する公的負担の軽重が明確に判定されることになる、といったことが挙げられ[128]、その具体的内容としては、①課税総額は、当該年度の「療養の給付に要する費用の総額の見込額」の70/100に相当する額とすること、②課税総額に対する

---

125)　参10本35号（昭和26年4月1日）636頁。
126)　参10本34号（昭和26年3月31日）568頁。
127)　第5次改正の内容については、第5次改正解説7-14頁の他、取り敢えず国保二十年史327-330頁、国保三十年史42頁、改訂詳解国保25-26頁、栃本1147-1148頁等を参照。
128)　山本国保税（国保二十年史331頁で引用）。同旨・改訂詳解国保1178-1179頁、五訂実務国保税7頁、山本正淑(1951a)4頁、山本正淑(1951c)17頁、吉井(1951a)159-160頁、吉井(1951b)30-31頁等。

第5章　旧国保法の第3次改正（1948年）による市町村公営原則の採用

応能割と応益割の標準割合は、応能割50/100（所得割40/100、資産割10/100）、応益割50/100（被保険者均等割35/100、世帯別平等割15/100）とすること、③課税額の最高限度は1万5,000円とすること、等が定められた（当時の地方税法第703条の2）[129]。

また、国保税の性格については、国保事業という一定の事業に要する費用に充てるために賦課徴収する税であって一般行政の費用に充てるものではないという意味においては目的税としての性格を持つが、他の目的税[130]が課税額は当該事業により「特に利益を受ける」限度を超えることができない旨の制限を受ける応益税であるのと異なり[131]、国保料と同じく応能原則と応益原則[132]をかみ合わせて算定する方式を採る点で、「目的税の一種として規定されているが…〔中略〕…独特の性格をもつた特別の租税」であると説明された[133]。

---

[129] 山本国保税（国保二十年史332-334頁で引用）、五訂実務国保税125-128頁、蔵田(1951c) 9-11頁、吉井(1951a)162-164頁、岡田2-3頁、吉井(1951b)33-35頁等。なお、本文①の70/100という割合は患者一部負担金の割合を5割とすることを前提とするものとの説明がなされているが、途中の検討段階においては、負担割合5割は保険の本旨に鑑み極めて不適当であるのでこれを3割に引き下げる（その場合の課税総額の割合は85/100となるとされた）ことも検討されたようである〔社保大5794所収の「国民健康保険税議案に関する説明資料」を参照〕。

[130] 国民健康保険税以外の市町村の目的税としては、当時、水利地益税と共同施設税があった（当時の地方税法第5条第4項）。

[131] 目的税は、厳密には、「最初から特定の経費に充てる目的で課される租税であって、個別の租税法上にその使途が特定されているもの」をいうが、多くの目的税は受益者負担金（その典型例が水利地益税や共同施設税）乃至原因者負担金的性格を持つとされる〔金子16-17頁、水野28-32頁〕。

[132] 応益原則は、具体的には、他の目的税と異なり、被保険者均等割及び世帯別平等割の採用と課税最高限度額の制限という形で示される〔山本国保税（栃本602-603頁で引用）、改訂詳解国保1180頁の他、蔵田(1951b-3) 8頁及び蔵田(1951c) 9頁も参照〕。

[133] 山本国保税（栃本601-603頁で引用）。同旨廣瀬10-11頁。また、この山本の説明を踏まえ、栃本も、国保税は「応益主義に応能主義を加味した特別の性格

第 3 節　国保税の創設（1951年）

　そして、国保税創設の最大の効果としては、既に述べたように、税に対する国民心理の状況に鑑み徴収成績が改善されることが期待された。すなわち、当時は、保険料と税とでは、納付しなければならないとの義務観念の強さが非常に異なっていたことから、国保税の方が国保料よりも徴収が容易であると考えられ[134]、実際にも改正法が施行されると、徴収率が相当程度向上したのである[135][136]。

3　論点――税と料の異同――

　上記のとおり、国保税は、「税」という名前に対する国民の納付義務意識の強さを利用して収納率の向上を図り、国保財政の再建に役立てることを目的として導入された。
　したがって、国保料と国保税については「地方自治を尊重するとゆう見地から二者選択の規定となつてい」[137]て、その何れを選択するかは「市町村の

をもつた目的税である」と述べる〔栃本599頁〕。これに対し、地方税法を所管する当時の地方自治庁の国会答弁には、国保税の応益主義的側面（すなわち目的税的性格）を強調するものも見られる〔衆10地行委22号（昭和26年3月13日）7頁の鈴木俊一地方自治庁次長の答弁、岡田2頁、吉井(1951a)163頁、吉井(1951b)35頁等〕。当時の安田巌保険局長が、国保税の課税標準についてはより応益主義的なものを望んだが、大蔵省主税局の注文により従来の国保料の徴収基準の若干の手直しに止まった旨の回顧〔国保二十年史46頁〕をしていることからすると、応益主義と応能主義のバランスについて、保険局、地方自治庁、主税局の三者の間で議論があったことが窺える。
134)　改訂詳解国保1178頁、衆10地行委18号（昭和26年3月2日）19頁の奥野誠亮地方自治庁財政課長の答弁、参10地行委30号（昭和26年3月27日）3頁の安田巌厚生省保険局長の答弁等を参照。
135)　山本正淑は、80％弱の保険料徴収成績が94〜95％になり大成功だったと回顧している〔戦後医療証言90頁〕。その他、山本昇25-26頁等も参照。
136)　その他、国保税創設の機会に普通国保組合及び社団法人（代行法人）の国保がなるべく市町村公営に切り換えることも期待された〔山本国保税（栃本604頁で引用）〕。
137)　山本国保税（栃本604頁で引用）。

第5章　旧国保法の第3次改正（1948年）による市町村公営原則の採用

任意にまかせてあ」り[138]、「何れの方法をとつた方が収入をよりよく確保することができ、かつ国民健康保険の進展を促進する効果を挙げ得るかという見地から選択されることが適当」[139]との説明がなされつつも、「一般には、[保険税の方が保険料の場合より良好な徴収成績を挙げ得ると見込まれる場合、及び徴収費用も安価にすむと考えられる場合には、]保険税として徴収することが期待される」[140]し、地方自治を尊重するというのも「市町村が自発的に、保険税を採用することを期待するという意味であつて…［中略］…原則として保険税によるという立前である」[141]というように国保税を採用することが強く奨励されたのである。

一般論としての社会保険料と租税の異同については種々の議論があるが、少なくも法的には、保険料と保険給付との間には「けん連性」が認められるという点で（目的税を含む）租税とは異なる点があると言える[142]。そして、国保税に関して言えば、実質的には保険料であるものを、形式的・名目的に租税の形で徴収することとしたものであることは、これまでの説明から明らかであろう。しかし、形式的にせよ租税としたことで、国保税は租税としての性格・特徴もある程度帯びることになり[143]、結果的に、典型的な保険料とも典型的な目的税とも異なる「独特の性格」を持つこととなった[144]。

---

138) 蔵田(1951a) 6頁。同旨蔵田(1951c) 9頁、山本正淑(1951b) 4頁、吉井(1951a) 161頁等。
139) 山本国保税（栃本603頁で引用）。
140) 山本国保税（栃本603-604頁で引用）。同旨・蔵田（1951c）9頁。
141) 山本国保税（栃本604頁で引用）。
142) この点については、いわゆる旭川市国民健康保険条例事件の最高裁判決（最大判平成18年3月1日民集60巻2号587頁）及び同判決に対する菊池評釈を参照されたい。
143) 当時の地方税財政当局の解説では、「保険料を税制化した結果、先取特権の点から見ても、時効の点から見ても有利になり、一般的に見て本事業［国保事業］の財源措置にいわば『筋金』が入つた」と説明されている〔地税解説170頁（前川47-48頁にも所収）〕。なお、現在の国保税と国保料の異同に関しては、取り敢えず五訂実務国保税90-96頁、田中102-103頁等を参照。
144) 「独特」というと聞こえはよいが、言い換えれば「曖昧」ということでもあ

第 3 節　国保税の創設（1951年）

そして、このような特別な性格の租税の創設が認められたのは、国保財政再建の必要性がそれだけ強かったからだとも言えるが、その他にも、次の二つの理由が挙げられよう[145]。一つは、既に述べたように、第 3 次改正により、課税権を有する地方公共団体としての市町村が、自ら保険者として国保を行う体制がほぼ確立したことである。しかし、これは、言い換えれば、国保事業は市町村が行う諸々の行政施策の一つに過ぎず、国保が社会保険であることの意義を殆ど認めていない説明とも言える[146]。そして、もう一つは、国保税については、山本正淑が「私は大体一〇年ぐらい国保税でやりたい。一〇年ぐらい経ったら、保険料の本来の姿に返すべきだと、こういう考えだった…［中略］…暫定的な応急策です。それが今日まで続いているのは非常に不思議ですけれども…［後略］…。」[147]と述べていることからも明らかな

る。実際、国保税を創設した地方税法改正案の国会審議の中でも、「保険金が法律で税金と同じように取立てられることが、税の本質から考えて、正しいものであるかどうか」との質問が出ているが、それに対する政府委員の答弁は、「国民健康保険税を創設いたしましたのは、社会保障制度の一環としてこれを許可してまいりたいという考え方から出ておる…［中略］…［国保税は］目的税の性格において取扱うことが、事業の性質から言つて妥当である。また、税体系から申しましても理論上も可能であろう」というような、やや要領を得ないものとなっている〔衆10地行委18号（昭和26年 3 月 2 日） 7 頁〕。また、当時の解説では「所得に応じての差別的負担面と、他方フラットレイトの平等的負担面の混稀が見られる［という］保険税のヤヌス的性格」と説明しているものもある〔蔵田(1951b-1) 8 頁〕。

145)　なお、昭和25(1950)年の社会保障制度審議会の「社会保障制度に関する勧告」において、社会保険の被保険者の保険料はすべて目的税とし、市町村営の保険については市町村が徴収する旨の指摘がなされていることも、国保税創設に影響を及ぼしたとされる〔栃本604頁、衆10地行委22号（昭和26年 3 月13日） 8 頁、参10地行委29号（昭和26年 3 月26日） 8 頁等〕が、同勧告が社会保険税採用を勧告した実質的理由は、勧告中には明示されていない。

146)　例えば、第 3 次改正参考資料では、「市町村が国保を行うとなればその事業は市町村本来の事業であり他の市町村行政と何等区別するところはない」と説明している。また、吉井(1951a)159頁も、国保制度について「市町村の公営であるものであれば、この保険制度は、何ら他の一般の道路改良とか都市計画等の事業と変るところはなく…［後略］…」と述べる。

第 5 章　旧国保法の第 3 次改正（1948年）による市町村公営原則の採用

とおり、国保財政が再建されるまでの暫定的な応急措置と考えられていたことがある[148]。すなわち、暫定措置なのだから、少しくらい理屈に合わないところがあっても目をつぶろうという思いも多少あったのではないか。しかし、結果的には国保税制度は恒久的なものとなり、現在でも多くの市町村は国保税で徴収を行っていることは周知のとおりである。島崎は、これについて「国民の間に国保が保険制度であるという意識が喪失していることの証左」と述べているが[149]、国保税の創設により、国保事業の一般行政化（言い換えれば社会保険として行う必然性の消滅）は一応の到達を見た[150]と評することもできよう[151]。

---

147)　戦後医療証言91頁。その他、厚生省五十年史1486頁や医療保険半世紀270-271頁の山本の回顧も参照。
148)　ちなみに、国保税創設から約10年後の昭和35(1960)年に発行された詳解国保1186-1187頁では、早くも「現在においては…［中略］…心理上の問題としては保険料と保険税もさして異るものではなく、この点で徴収率の向上を図るという意味は少なくなつてきている」との当局の認識が示されている。
149)　島崎(2005)48頁。
150)　新潟国保四十年誌29頁には、国保税創設をもって「国民健康保険制度もようやく市町村行政の仲間入りをした」と云わせしめた旨の記述がある。
151)　もっとも、既に述べたように、当時「社会保障制度」といった場合には、一般に、国が責任を持って積極的に事業運営に携わる制度というニュアンスがあったことを背景として、国保事業の一般行政化に肯定的な評価を行う向きもあったことに注意する必要がある。例えば、小島は第 3 次改正の段階で「いうまでもなく、国民健康保険の究極の目的は、やはり医療の公営ということにあろう」〔小島(1948b-2) 5 頁〕と述べ、蔵田は国保税創設について「税とすることは、市町村の狭い範囲内における、相扶共済的精神を一歩すすめて、国民保険を市町村の一般行政化させる意味をもつものとして、より近代化された形であると思う。そういう意味において、社会保障との関連を想起すべきである…［中略］…社会保障ということは、国家の責任を増大させることにある…［中略］…保険税の創設は、一つの組織の体系をうちたてた点において、国民保険の近代化を意味するものに他ならない」（蔵田(1951b-2) 6 - 7 頁）というような積極的評価を行っていた。国保の市町村公営化から国保税創設に至る経緯の理解・評価に当たってはそうした時代状況も考慮する必要があろう。

第6章　これからの国保
──歴史に学ぶ──

第1節　研究結果の要約

　本書においては、国保制度の創設から第1次国民皆保険を経て市町村公営原則の採用に至るまでの制度の変遷を、主として保険者及び被保険者に焦点を当てて眺めてきた。ここでこれまでに明らかになったポイントを改めて整理してみると、次のようになる。

　まず、国保制度創設時（昭和13(1938)年）に保険者を組合としたのは、①自治的な組合により地域の実情に応じた適切な事業経営を行わせることと、②相扶共済の精神を徹底し、加入者相互の責任感の徹底（相互監視）により制度の濫用を防止することが主たる理由であり、その保険者（普通国保組合）の区域を原則として市町村単位としたのは、（最終的には任意加入の建前となったため表面上は消えてしまうが）地域住民（非被用者）の加入強制を前提とした場合には被保険者管理の必要上から地区・地域を保険者の単位とせざるを得ないということを背景的理由としつつ、①隣保相扶や郷土的団結の精神を基調とする円滑な事業運営を期することと、②保険者たる組合と市町村との密接な連携を保つことが主たる理由であった。これらの理由には重複する面もあるが、地域差を前提とした自治的運営と相扶共済・隣保相扶・郷土団結といった精神面の強調と併せて、加入者の相互監視、被保険者管理、市町村との連携といった運営実務の効率性・円滑性も重視されていたことに留意する必要がある。また、組合の自治や相扶共済の精神の意味が、現在の保険者自治や社会連帯とは異なる時代的色彩を帯びていたことは既に述べたとおりである。一方、保険者を市町村自身としなかった理由としては、①医療・衛生行政に係る事務の所管問題、②市町村会の議決で国保事業を行うことの妥当性、③市町村会が政党性を帯びていることの弊害、④市町村の事業実施能力への疑念といったものが挙げられよう。

　さらに、旧国保法制定過程における被保険者の範囲については、当局の姿勢が、多額収入者や貧困者は社会保険の性質上当然に除外するといった検討

第6章 これからの国保——歴史に学ぶ——

当初のスタンスから、最終的には、(組合員が強制加入から任意加入になったにもかかわらず) 加入を望めば加入できるという意味での潜在的加入者の範囲を多額収入者や貧困者まで拡大し、しかも、運用上は拡大された潜在的加入者 (全町村民) の全員加入を目指すというスタンスへと変化していったことが注目される。そして、その背景には、社会保険の理論的整合性よりも、郷土団結や農村内の協和による地域共同体の安定をより重視しようとする方向への当局の考え方の変化があった。

次に、第2次改正 (昭和17(1942)年) においては、運用面も含めて強制設立及び強制加入の規定が大いに強化され、これが第1次国民皆保険達成の制度的基盤となった。しかし、それは、保険給付を主目的とする国保制度自体の自律的な発展ということではなく、あくまでも、健兵健民の育成、さらには大東亜戦争の勝利という上位目的達成のための手段としての (やや強引な) 皆保険達成であり、国保に期待された機能も、事後的な療養の給付 (乃至医療費の保障) ではなく保健施設による積極的な健康の保持増進に重点があったことは、いくら強調してもし過ぎることはないであろう。第1次皆保険と戦後の第2次皆保険とは、言葉は同じ皆保険であっても、その内実は全く異なるのである。そして、この第2次改正を契機として、国保組合に僅かながらも残されていた「自治」の要素も殆ど失われ[1]、国保組合は主として保健事業を担う「厚生行政の綜合的下部組織」として国の行政端末に完全に組み込まれることとなった。このことが、第3次改正による市町村公営化に向けてのいわば地ならしとなったことは否定できまい。しかし、それでも、社会保険の全国民への適用拡大という点のみに着目すれば、国保制度創設時からの拡大指向が、一つの到達点に達したとも評価できないことはない[2]。

---

[1] 直接的には厚生大臣による診療報酬の公定についての指摘であるが、江口は、昭和17(1942)年の健保法 [及び国保法の] 改正は、社会保険における自治機能の喪失という観点からも重要な意味を持っていたと指摘する〔江口(1996)182頁〕。

[2] さらに言えば、保険官僚の立場からすれば、国保制度の創設から第2次改正までの間を通じて、農村匡救、保健国策、健兵健民といった国政全体の時流に

そして、第3次改正（昭和23(1948)年）では、国保の運営主体が原則国保組合から原則市町村へと大きく改変されたが、当初市町村公営原則を採ることに慎重であった保険当局の姿勢を変えたのは、国保は公的責任で運営されるべきと考えていたGHQ側の意見によるところが大きかったことに注意すべきであろう。また、市町村公営化に当たり、組合主義の長所とされた自治的要素や相扶共済の精神が後退乃至希薄化する恐れへの検討が殆ど見られなかったことは、前述の国民皆保険運動の結果としての国保組合の完全行政組織化という実態を反映したものと言える。すなわち、市町村公営原則の採用に当たっては、「公的責任に基づく社会保障」という理念の強まりと「国保組合の一般行政組織化」という実態の徹底化との時期的な合致がかなりの影響を及ぼしていたと考えられる。さらに、昭和26(1951)年の地方税法の改正において国保税の導入がすんなりと決まったことも、こうした国保事業の一般行政化の延長線上の出来事として捉えることができよう。その意味で、制度創設から市町村公営化に至るまでの国保保険者の歴史は、保険者自治の喪失の歴史であったと評することもできるのである。この他、第3次改正における強制加入制の強化については、強制の正当性の根拠が住民（被保険者有資格者）の過半数の同意が正当と認められる手続きに基づき確認されることに求められた点（民主制の要素と手続的正当性の要素が重視されたこと）に注意する必要がある。

第2節　保険者の在り方及び被保険者の範囲を巡る論点

前節で述べたような知見は、2006年改革を受けて現在進められている医療保険制度改革に対してどのような示唆を与えてくれるのであろうか。以下、本節で保険者の在り方と被保険者の範囲についての論点の整理を行った上で、次節において、知見から得られる改革への示唆を探ることとしたい。

巧みに乗りながら、彼ら本来の目的である社会保険の拡充を着々と押し進めていっただけのことかもしれない。

第6章　これからの国保——歴史に学ぶ——

1　保険者の在り方についての論点

　本書冒頭で触れたように、保険者の規模や保険の運営主体を見直すに当たっては、見直しが適切なものとなるよう、保険財政の安定性、医療供給面との関連性、保険者自治の強度などの種々の要素について、その長短を総合的に検討する必要がある。

(1)　保険者の規模についての論点
　保険者の在り方のうち、その規模を検討するに当たっては次のような点に留意する必要があろう。
　（i）保険財政の安定性
　突発的な高額医療費の発生等への対応を念頭に置くと、一般論としては、保険者規模が大きい方がリスク分散が図りやすく、保険財政は安定すると考えられる。しかし、リスク分散のために財政規模の拡大を目指すのであれば、それは保険者自体の規模を拡大するということでなく、再保険システムを上手に組むことによっても達成可能である。その意味で、2006年改革における国保の高額医療費共同事業の拡大や保険財政共同安定化事業の創設については一定の肯定的評価を与えることができよう。しかし、他方で、共同事業の拡大は保険財政の最終的責任の所在を曖昧にする危険性も否定できないので、その利害得失をよく検討する必要はある。ここでは、保険者規模の拡大が保険財政の安定を図る唯一の手段ではないことに注意しておきたい。
　さらに、保険者規模を拡大することによって保険財政が黒字基調を維持できるようになるかと言えば、必ずしもそうとは言えまい。小規模赤字保険者が複数集まって規模を拡大しても大規模赤字保険者になるだけのように思われるし、現に、比較的大きな都市で赤字の国保保険者も多いようである[3]。

3）　例えば、大阪市や札幌市などのホームページ上に掲げられた国保の財政状況説明等を参照。なお、厚生労働省が発表した平成18（2006）年度の市町村国保の財政状況（速報）によると単年度収支差引額が赤字の保険者は948市町村と全

第2節　保険者の在り方及び被保険者の範囲を巡る論点

被保険者要件が法定され保険者が被保険者を選択できないということを前提とする限り、保険財政が黒字基調と赤字基調のいずれになるかは、保険者規模よりも、むしろ所得や傷病リスクの多寡といった保険集団構成員の特性や当該保険制度の財源構成（公費投入や保険者間財政調整の有無・程度など）に左右される面が大きいと言える。

(ⅱ)　保険運営の効率性

　保険者間の競争により保険運営効率化へのインセンティブが高まるとすれば、保険者は複数存在する方が妥当ということになる（すなわち保険者の規模を全国単位に一本化するほど大きくすることは適当ではない）。もっとも、その場合には、公的医療保険において効率性を高めるような保険者間の競争条件乃至競争環境はいかなるものかということが問題となろう。というのも、もともと医療については、その専門性（情報の非対称性）、侵襲性（危険性）、必需性等の特性[4]から完全な市場原理に基づく競争は困難な上に、前述のとおり保険者も被保険者も相互に相手を選択できない（したがって、甲という被保険者にはAという保険者の排他的独占が生じてしまう）という我が国の現状では、単に保険者が複数存在して横並び的な相互比較・評価を行うだけで本当に意味のある競争が成立し給付管理等が効率化されるであろうと期待するのは楽観的に過ぎるからである。むしろ、相対的に低いレベルの保険者の水準に揃ってしまう危険性すら存在する。しかし、一般論としては、競争による効率化が期待できる程度の規模[5]の複数の保険者が存在することが望ましいと言うことはできよう。

　　体の過半数（52.1％）を占めている〔厚生労働省のホームページの他、国保実務2592号（平成20年1月21日）2-10頁等を参照〕。
4)　これらの医療の特性については、取り敢えず新田(2000)77-79頁を参照。
5)　ただし、保険者間の競争があるドイツやオランダの医療保険の管理費がフランスや日本の管理費よりも高いこと等に注目すれば、競争的要素と保険者の規模の経済との比較考量が重要であるとする見解〔社会保障制度改革4-5頁（府川哲夫・金子能宏稿）〕に注意する必要がある。

第6章　これからの国保 ──歴史に学ぶ──

(iii)　医療供給面との関連性

　当該保険者の加入者の居住地域と加入者に医療サービスを提供する施設（病院、診療所等）の所在地域との対応関係を明確にする方向で（地域保険の）保険者の規模を決定すべきとの主張には、医療サービスの受益とその費用負担との対応関係が常識的にわかりやすくなる（すなわち当該地域の医療費の高低に応じて保険料が設定される）という点で、一定の説得力があるように思われる。しかし、この説明は、①その論理を徹底すれば、受益と負担を完全に一致させるためには保険者の規模を全国単位とすることが最も適当となってしまう点、②社会保険の保険原理（給付・反対給付均等の原則）の側面のみが強調され、扶助原理・社会原理の側面が軽視されている嫌いがある点、そして何よりも、③保険における受益と負担の対応関係の有無・強弱は、本来的には加入者の住所や医療施設の所在地の如何に左右されるものではないにも拘らず、それらに関連があるかのような説明をしている点の3点において問題も有している。

　医療供給面と関連付けて保険者規模を決定すべきとの主張が意味を持つとすれば、それは、保険者に医療供給面をコントロールする何らかの権限が与えられている場合であろう。しかし、その場合には、医療保険の保険者は医療について費用保障責任のみならず、サービス提供責任も負わなければならないのか、仮に負うとすれば、その内容・程度は如何なるものなのかについての検討・判断も、改めて求められることとなる。

(iv)　保険者機能の強度

　保険者機能が何を指すかについては論者により差があるが、具体的な機能の例としては、被保険者の管理、保険料の賦課・徴収、保険給付の実施の他、専門的情報機関としての機能、保険契約の当事者としての機能、被保険者の適切な受診や健康の保持増進を促す機能などが挙げられることが多い[6]。

　こうした保険者機能の多くは、規模を拡大した方が強化される、あるいは

---

6)　山崎9-16頁、尾形219-221頁等。

効率化されることが期待できるので、保険者機能の強化を目指すことは、一般的には保険者規模の拡大を促す方向に作用すると言えよう。また、保険者内部の総務・会計・人員管理等の一般的な事務処理も、規模を拡大した方が規模のメリットが働き効率化するものが多いのではないか[7]。

しかし、保険者機能の中でも、かなり重要な機能である保険料（税）の徴収及び保健（ヘルス）事業の実施については、規模の拡大が必ずしもメリットをもたらさないと考えられる。むしろあまり大きな規模でない方が、地域に密着し地域特性に応じたきめ細かな事業展開ができる可能性が高い。したがって、保険者規模を拡大或いは縮小するに当たっては、規模の大小による個々の機能毎のメリット・デメリットを比較・検討した上で、その適否を総合的に判断することが求められよう[8]。

(v) 保険者自治の強度

医療（費）保障を社会保険方式で運営することを前提とする限り、保険者の対外的自立（＝特に国家に対する、財政・人事・管理面等での独立）と保険者の内部的自律（＝保険加入者の参加による事業の民主的運営等）を柱とする保険者自治の確保・拡充は、保険者自治が社会保険が「保険」であることの本質をなすものと考えられる[9]ことからすると、極めて重要と言える。

したがって、あるべき論としては、保険者規模は、保険者自治が十分有効に機能するような規模であることが望ましい。特に、対内的には、保険集団のメンバーが当事者として参加し、その意見が保険者の管理運営に十分反映されること（＝被保険者集団における民主的な決定）[10]が重要であるとすると、

---

7) 平成6（1994）年度から平成9（1997）年度までのデータを基に、当時の国保制度を前提として一定の仮定を置き分析すると、世帯当たりの保険運営費（支出費目でいう総務費のことであり、その中心は保険料徴収費である）を最小化する保険者数は47保険者となる、との研究がある〔泉田121-136頁〕。
8) なお、保険者機能の強化を論ずるにあたっては、当然のことながら、その前提として、保険者がそうした保険者機能を行使できる自由を制度的に保障されていることが必要である。
9) この点に関し太田83-85頁を参照。

第6章 これからの国保——歴史に学ぶ——

それが可能な最適規模は、それほど大きなものにはならないと考えられる。その意味で、保険者自治を強化すべきとの主張は、保険者規模の拡大に一定の歯止めをかける方向で作用すると言える[11]。

(vi) 加入者の連帯の強度

連帯乃至社会連帯は極めて多義的な概念で[12]、その強弱も一義的には決まらないのが通常であるが、少なくとも連帯意識に関しては、規模が小さく身近なメンバーの多い集団の方が、メンバーの同質性が高く連帯意識は強いものと、一般的には想定される。しかし、現代において、地域における連帯意識の「実際の」強度は、保険集団の大小によりなお有意に（保険者規模の決定に影響を与えるほど）異なり得るのか否かについては別途検証が必要であろう。仮に、規模と連帯意識の相関が極めて弱くなっているのならば、連帯意識を維持する必要性は、保険者規模拡大の動きに歯止めをかける理由とはならなくなる。

また、そもそも論として、同一企業・同一産業といった形で保険集団を構成しその同質性を重視する被用者保険の連帯に比べると、多様な職種・社会的階層からなる同質性の乏しいメンバーを被用者保険加入者以外の者という括りで1つの保険集団として構成しようとする国保の連帯は弱いと言わざるを得ない旨の指摘[13]も存在する。しかし、一方で、あまり地域における連帯意識の弱さを強調してしまうと、地域のまとまりを心理的に支える根拠が

---

10) 倉田37頁。
11) 本文で述べたことを国保の保険者でもある市町村（地方公共団体）に引き寄せて考えれば、対外的自立は主として地方自治の団体自治に対応し、対内的自律は主として住民自治に対応することになろう。そうだとすると、地方自治全般で分権化の流れが加速しているときに、医療保険乃至国保の分野だけ（例えば国を保険者とする一本化などといった）集権化の方向を目指すのは、その流れに逆行するようにも思われるが如何であろうか。もし、そうした主張をするのであれば、それを正当化するだけの合理的理由（すなわち、いわゆる国保一本化と地方分権推進との整合的説明）を示す必要があるのではないか。
12) 連帯概念の多義性については、取り敢えず新田（2008）72-80頁を参照。
13) 藤井24-25頁。

第 2 節　保険者の在り方及び被保険者の範囲を巡る論点

無いということになってしまうので、地域連帯を基盤とする全ての活動（例：地域保険や地域福祉）、ひいては市町村という地域単位で行政を行うことそのものの否定（どんな行政・事業でも全国一本で国がやればよいという極論）に繋がりかねないことにも留意する必要があろう。

そして、以上のようなアンビバレントな評価軸の中で、日本における社会連帯の特性、特に国保の「相扶共済ノ精神」をどのように理解し評価するかが課題となる。

(2) 保険の運営主体についての論点

保険運営の主体に関しては、特に我が国においては、専ら保険運営を行うことを目的とした法人（例：保険組合）に運営を担わせるか、国・都道府県・市町村といった公共団体（行政主体）が保険者も兼ねるかが論点となる。

まず、保険者を保険組合とした場合の長所としては、①保険組合は、地域に関連のある種々の公共的役務を行わなければならない（地方）公共団体と異なり、保険の運営のみに専念することとなるので、保険者としての専門性が向上し、保険者機能も強化されて、効率的な保険運営を行うことが期待できる、②（地方）公共団体の議会は保険加入者以外の者も含む住民の代表である議員により構成されるのに対し、保険組合の執行・議決等の機関は基本的に被保険者の代表のみで構成されるので、保険者としての自治・自律がより徹底されるといったことが挙げられる[14]。これに対し、保険組合の短所としては、（地方）公共団体のようにその存在が憲法上保障されているわけではなく、保険事業の継続不可能等の理由により解散する可能性も否定できないことを指摘できよう。

次に、保険者を公共団体（行政主体）が兼ねた場合の長所としては、市町

---

[14]　しかし、法人形式の保険者であっても、国家公務員共済組合の運営審議会（国家公務員共済組合法第9条）や全国健康保険協会の運営委員会（健康保険法第7条の18）のように、その委員が任命制の組織にあっては民主的統制が十分とは言えないとの指摘〔碓井29頁〕があることにも留意する必要がある。

第6章　これからの国保——歴史に学ぶ——

村公営化のところで前述したとおり、保険事業の公共性を強化できること、関連する行政・事業との総合的・一体的運営を進めやすいこと、現実には一般財源（租税財源）からの補助を受けやすいことなどが挙げられる。しかし、これらは、裏を返せば、いずれも社会保険の保険的性格を弱める可能性があることに留意すべきであろう。また、（地方）公共団体の議会が保険加入者以外の者も含む住民の代表である議員により構成されているために、間接民主制における代表の同質性という点で問題があることも、既に述べたとおりである。

　保険の運営主体の違いによる長短は、理論的には上記のとおりであるが、どちらの主体の方が望ましいかは一概には決められない。社会保険の保険としての純粋性を重んじる立場に立てば前者（保険組合による運営）が本来の在り方ということになるが、国保の保険者が原則市町村であって、現実には、保険者（保険事業の経営を担当する主体）としての市町村と行政主体（国保法の執行という行政作用を担当する主体）としての市町村という二面性を持つことを所与とすれば、医療保険なかんずく地域医療保険の運営主体については、両者のバランスがいかにあるべきかを探究することの方が、議論としては建設的ということになろうか[15]。

2　被保険者の範囲についての論点

　被保険者の範囲についての中心的論点としては、言うまでもなく、非被用者を中心とした地域住民を対象とした医療保険において、加入強制は何を根

---

[15]　国保審査会の裁決の取消訴訟の原告適格を国保の保険者たる市町村が有するかが争われた最高裁判決（最判昭和49年5月30日民集28巻4号594頁）では、市町村は専ら行政主体としての地位に立つものと認めるのが国保制度の趣旨に合致するとして原告適格が否定されたが、これには「保険者のした保険給付等に関する処分の審査に関するかぎり」との限定が付されていることに留意すべきであろう。なお、同判決への批判として、阿部26-27頁、山本隆司196-197頁、石森4-5頁、亘理30-31頁、村井66-69頁等を参照。

拠としてどの範囲及び程度まで認められるのかということがあり、そのコロラリーとして皆保険の意味と意義（或いは問題点）をどう考えるかということがある。

　社会保険における加入強制の範囲と程度は、理論的には、受益に応じて負担し貢献に応じて受給する保険原理（≒等価交換原則・給付反対給付均等の原則）と能力に応じて負担し必要に応じて受給する扶助原理[16]のバランスで決まる。その実際のバランスを決めるのは、最終的にはその時代と地域における国民（乃至地域住民）のコンセンサスということになるが、我が国におけるその内容の検討に当たっては、本書で見てきた国保の歴史から一定の示唆（コンセンサスの歴史的規定要因の一部）を得ることができよう。また、現在の我が国においては、憲法第25条に基づき、国はすべての国民に対し適切な医療保障を行う責務を有していると解されるが、その中心的な実現手段が国民皆保険体制の確立ということであった。この場合の「皆保険」の目的は、国の責任として医療の機会均等を確保すること（＝国民の誰もが、適切な医療サービスを公平に受けられるようにすること）にあったといってよいであろう。そして、皆保険の内容としては、医療費の保障というレベルでのいわば形式的意味での皆保険と、医療サービスの提供自体の保障というレベルでのいわば実質的意味での皆保険の両方が考えられるが、このうち、行政実務が念頭に置いてきたのは基本的に前者の形式的意味での皆保険、すなわち「原則として全ての国民に医療保険制度を提供すること＝（いずれかの）公的医療保険への全国民の強制加入」ということであったので、本書では（筆者の能力の問題もあり）主としてそちらの論点を取り上げることとしたい[17]。

　その場合の第一の論点としては、地域医療保険は、保険料負担能力のない

---

16)　両原理の内容については、取り敢えず堀39-47頁を参照。
17)　医療サービスの提供自体の保障という実質的意味での皆保険の実現の方が国民にとってはより重要であるが、そのためには、地域的偏在の是正を含む医療機関の適切な整備や適正な医療従事者の養成・確保といった医療提供体制面についての別途の検討が必要となるので、今後の課題としたい。

第6章 これからの国保 ──歴史に学ぶ──

低所得者（貧困者）まで加入させなければならないのかということがある。社会保険制度の組立て方としては、貧困者を保険に加入させず別途公費による給付を行う方式（例：我が国の国保と生活保護）、保険に加入させた上で保険料徴収を免除する方式、或いは保険に加入させた上で別途公費による保険料支給を行う方式（例：我が国の介護保険と生活保護）等があり得るわけであるが、どのような仕組みが適当かという問題である。結局、前述の保険原理と扶助原理のバランスをどう取るかということになるが、形式的意味での国民皆保険実現の意味を厳密に解するならば、貧困者も医療保険へ加入させなければならないことになろう。しかし、そもそも貧困者を加入させなければならない根拠が貧困者にも国の責務として他の国民と同様の公平な医療サービスを保障するためであるとすると、貧困者に対する適切な医療（費）保障が医療保険制度とは別に講じられている場合は、貧困者も含めた全国民の保険加入は皆保険の必要条件とはならなくなる（すなわち、国民全てに適切な医療が実質的に保障されるのならば、費用システムがすべて保険システムである必要は必ずしもない）。もっとも、現実に貧困者に対する「適切な」医療（費）保障制度を構築するということになれば、スティグマの発生をどう防止するかについての十分な検討が必要となろう。

　第二の論点としては、その逆に、少なくても短期的には傷病に伴うリスクに十分対応できる者（自助が可能な者≒高所得者）について、その自由（財産権或いは思想・信条の自由）を侵害してまで公的医療保険への加入を強制できるのか、できるとすればその根拠は何かということがある。仮にその答が、現在は高所得者であっても長期的に見ればリスクに対応できなくなるかもしれず、またそのことを本人は必ずしも予測できないからというのでは、（特に人間の自由や自立を重視する立場からは）本人の自己決定を無視した国家の過剰なパターナリズムだという批判を受ける恐れがあろう。また、公平（な医療保障）の観点から加入を強制した（保険料負担能力の不十分な）低所得者の医療給付財源を確保するためだとすると、そもそも論として高所得者の費用負担によって低所得者に対して医療給付を行うことが何故正当化できるの

第 2 節　保険者の在り方及び被保険者の範囲を巡る論点

かという問題が改めて問われることになる。

　第三の論点としては、第二の論点とも関連するが、国民皆保険の内容が高所得者をも含む全ての国民に対し過大な医療費負担のリスクを分散するに足るかなり高率の保険給付を行うようなものである場合には、特にリベラリズム或いはリバータリアリズムの立場から、それは政府が本来なすべき役割を超えた計画的再分配システム（＝大きな政府）であり、市場による分配に比べ、給付・サービスの融通性を欠く上、非効率なのではないかとの批判を受ける可能性があるということがある。ハイエクの言葉を借りれば、社会保障制度においては、「自分の生計を立てている大多数の人たちが立てることのできない人たちに与えることに同意する再分配」が「多数者が少数者から、後者の方が富裕であるという理由でとりあげる再分配」に変じてしまうので、統一的政治組織がこのようなサービスを与える場合には、その組織が大多数の人々の相対所得を定め、それは経済活動を全般にわたって支配する手段に急速に移っていってしまうのではないかとの懸念ということになろう[18]。国民皆保険を堅持するというのであれば、こうした批判にも一応は答えなければなるまい[19]。

---

18)　ハイエク303頁。
19)　この第三の論点に係る批判については、国（政府）には憲法第25条に基づき低所得者も含めた全国民の生活を保障する責任があり、その限りで個人の自由（財産処分権等）を制約することは許されるといった実定法レベルの反論や、社会保障システムにおける効率性の組込みや大きな政府への膨張を防ぐための歯止め・基準の設定は技術的に可能であるといった実務レベルの反論をすることは可能と思われる。しかし、理念乃至原理のレベルでこの批判に答えるためには本書における国保の歴史的検討とは別個の検討が必要であるので、今後の課題とし、ここでは、①自由が何故「最重視」されなければならない価値なのか、（筆者は何となく生物学的理由に行き着くような予感もするが）ハイエクの主張も含め、改めてその理由を検証する必要があること、すなわち、「自由であること」が人間らしい生活の重要な要素であることは否定できないが、その全てというわけではなく、「人間としての善い生活」をするためには他にも様々な条件が充たされなければならないと考えられること、②完全な市場は経済学の教科書の中にしか存在せず、現実の市場は失敗すること、また、仮に完

第6章 これからの国保 ――歴史に学ぶ――

第3節　国保の歴史からの示唆

　保険者の在り方及び被保険者の範囲を検討するに当たっての主な論点は前節で述べたようなものと考えられるが、その中には、保険を成り立たせる上で必要な条件（例えば保険財政の安定性や一部の保険者機能の強度、何らかの強制加入の要素等）と望ましい条件（例えば保険運営の効率性や連帯の強度等）とが混在していることに注意する必要があろう。そして、今回国保の歴史から得た知見は、上記論点の検討を踏まえて2006年改革以降の改革動向の評価を行うに当たり、次のような幾つかの示唆を与えてくれるのではないか。

1　保険運営実務のフィージビリティ

　第一に、国保制度創設時において国保の保険者決定に当たって重視された要素は、①保険者の自治乃至地域的多様性、②相扶共済（隣保相扶、郷土団結）ノ精神、③保険運営実務（被保険者管理、保険料徴収等）の実効性・効率性の３点であったが、その後、戦時中の国民皆保険運動を経て戦後の国保の市町村公営化にいたるプロセスの中で、保険者としての側面ではなく行政組織としての側面が肥大化した結果、①及び②の要素は次第に形骸化していわば建前となり、③の保険運営実務の実効性・効率性のウェイトのみが突出して重くなったということがある。

　③が保険成立の必要条件であることからすると、このことからは、当たり前のことではあるが、医療保険制度の設計に当たっては、制度の理念が如何なるものであれ、被保険者の把握・管理や保険料徴収といった実務面の

全な市場で資源の分配が効率的に行われたとしても、その分配が市場で明示され支持される価値基準とは異なる基準（例えば「人間としての善い生き方」〔新田（2000）1-55頁〕を万人に保障しているかといった基準）から見たときに「公正」であるとは限らないこと、の２点を指摘するに止めたい。

第3節　国保の歴史からの示唆

フィージビリティ（feasibility）が担保されなければ、その制度は上手く機能しないということが導かれよう。特に、地域住民を対象とした強制保険においては、加入者からの確実な保険料徴収を誰がどのように行うかが重要課題となるが、制度のフィージビリティを考えれば、（保険財政収支の管理主体をどのようなものにするにしても）こと保険料徴収事務に関しては、これを市町村以外のものに担当させることは考え難い[20]。そのことは、後期高齢者医療制度[21]においても、運営主体を都道府県単位の広域連合（後期高齢者医療広域連合）としながら、加入者からの保険料徴収は市町村が担当するとしたことが物語っていると言える（高齢者医療確保法第48条及び第104条）[22]。

そうだとすれば、今後国保が都道府県単位の運営を指向したとしても、（或いは、さらに職域保険と統合されて全ての住民が加入する都道府県単位の地域医療保険を指向したとしても、）保険料徴収その他の一定の実務は引き続き市町村が担うことを前提とした上で、複数の多元的運営主体による重層的・協働的な保険運営を円滑に行うための方策を考えていく[23]ということが、現

---

20) 仮に制度の全加入者について保険料の強制引落しシステムを導入できるのであれば話は別であるが、それは財産権の過度の侵害になりかねず、また政治的にも、実務的にも極めて困難と思われる。この他、国税当局が、国税と併せて保険料を徴収することも考えられるが、保険料中に全加入者について徴収すべき応益割（定額保険料部分）が含まれるとすると、国税当局の事務負担が相当程度増大するという問題が生じよう。
21) 後期高齢者医療制度は、75歳以上の者については従来の被用者保険の被扶養者をも含めて加入者（被保険者）としている〔高齢者医療確保法第50条及び第51条〕点で、国保以上に網羅的・包括的な地域医療保険ということができる。
22) この点については、「保険料徴収の問題…［中略］…を考えると、市町村民税、国保税を徴収している市町村にお願いせざるを得ない」との厚生労働省担当者の発言がある〔国保実務2481号（平成17年10月31日）14頁〕。なお、後期高齢者医療が先鞭をつけたという「保険者解体」の意義について論じた江口（2008）159頁-165頁も参照。もっとも、江口のいう「保険者解体」の先鞭をつけたのは、保険料徴収の大部分を医療保険者と年金保険者に委ねた介護保険制度だったのではないか、定義の問題とはいえ保険料徴収という「現業」を行わず管理運営の責任だけを担う主体を「保険者」と呼ぶことが妥当なのかなど、幾つかの論旨には疑問もあることを付言しておく。

第6章　これからの国保——歴史に学ぶ——

実的な制度・政策論としては求められるのではないか。

2　相扶共済ノ精神と社会連帯の連続性の有無

　第二の示唆は、既に述べたとおり、国保における「相扶共済ノ精神」をどのように理解し評価するかから得られるように思われる。その一つは、相扶共済ノ精神と現在の社会連帯との繋がりをどう考えるかということであろう。

　旧国保法第1条の「相扶共済ノ精神」という文言は、昭和33(1958)年に現行国保法が制定されるまで残り、さらにその後も国保制度の解説書などにおいて制度の目的を説明する際に用いられることがあった[24]。そして、この「相扶共済」を巡る問題の一つが、戦後におけるそれが、戦前の前近代的な共同体的性格や家族国家観の持つイデオロギー的特徴を総括し、払拭し得たタームとして、すなわち自覚的に「自立支援のための社会連帯」と同様の意味合いで用いられているのかどうかということになる。

　これに関しては、確かに、敗戦後、川村や清水が「本来最も民主的な精神に基く制度である」国保制度の民主的な運営の必要性を説き[25]、また、相扶共済の精神についても、当時厚生省保険局国民健康保険課にいた小島米吉

---

23)　複数の多元的運営主体による保険運営のデメリットの一つとしては、例えば、運営責任の所在が曖昧になり、その結果事業の効率性等が低下する恐れが増すということが考えられる（例：市町村が財政責任を負わずに保険料徴収事務だけ担当するとしたら収納率は現在の国保よりも低下するのではないか等）。これを防ぎ制度を円滑に動かすためには、市町村ごとの収納率の高低を市町村が受ける何らかの財政的便益の多寡と連動させる（一種のメリットシステムの導入）などの工夫が必要になってこよう。なお、重層的な保険運営に関しては島崎(2005)41-42頁も参照。

24)　現行国保法の解説として、例えば木代28頁を参照。なお、改訂詳解国保149頁では「戦後になり、従来国保の基調をなしてきた相扶共済の精神は、いまやそれのみにととどまらず社会保障の理念が強く打ち出されることとなった」旨を述べるが、相扶共済ノ精神が否定された訳ではないと思われる。

25)　国保小史・序文12頁及び序文17頁。

が「相扶共済の精神を…［中略］…積極的に解し、近代的思潮に合致するものとして、国民健康保険の内容を自由闊達なものに仕上げる必要がある」[26]と述べ、清水が「民主主義の根本である社会連帯の思想を示すものである相扶共済の精神をして、国保制度の運営の中に、見事に開花結実せしめることを望む」旨[27]を述べているのである[28]が、その後「相扶共済」の具体的な意味・機能・効果等について詳細な検討や自覚的な解釈の変更が行われたかどうかと言えば、それは疑わしいと言わざるを得ない[29]。そうだとすれば、相扶共済という言葉を（その外面的形態に着目し）単なる相互扶助の置き換えの意味で使うのはまだしも、社会連帯と連続する同義語として、安易にかつ無批判に使用することには慎重でなければなるまい[30]。すなわち、現代の我が国における社会連帯の意味については、「相扶共済ノ精神」以来の歴史に留意しつつも、改めて探究し直される必要がある。

---

26) 小島（1948a）45頁。
27) 清水（1951）3頁。
28) この他、当時保険局の厚生事務官であった蔵田直躬も、相扶共済という中世的なゲマインシャフト的考えを止揚して、近代的なヒューマニズム、即ち社会連帯と社会組織の力による社会保障がこれに代わるべき旨を述べている〔蔵田（1951b-2）7頁〕。
29) なお、旧国保法時代の最高裁の判決（最大判昭和33年2月12日民集12巻2号190頁）において、「国民健康保険は、相扶共済の精神に則り、国民の疾病、負傷、分娩又は死亡に関し保険給付をすることを目的とする」、「相扶共済の保険の性質上保険事故より生ずる個人の経済的損害を加入者相互において分担すべき」というように「相扶共済」の文言が引かれた例があるが、判決の文脈から見てイデオロギー性等を捨象した単なる「相互扶助」の意味で用いられているように思われる。また、同判決の解説には「相扶共済」を「相互扶助」と捉えるもの〔宮崎71頁〕の他、保険原理・相互扶助原理と述べるもの〔前田徹生17頁〕や、「相扶共済の保険の性質」を「〔保険原理を扶助原理によって修正した〕社会保険の本来的性格」と解するもの〔菊池（2008）13頁〕などがある。しかし、いずれも旧国保法制定時の「相扶共済ノ精神」との異同に明示的に触れているわけではない。
30) この点については新田（2008）94-95頁も参照されたい。

第6章 これからの国保──歴史に学ぶ──

3 現在の我が国における社会連帯の評価と保険者の在り方

　それでは、現在の我が国の国民の認識乃至意識のレベルで社会連帯の意味内容はどのように理解され、それはどの程度定着しているのであろうか。その如何により、今後の医療保険の保険者（或いは医療サービスの保障主体）の設定の方向性が異なってくる可能性がある。これについては、本書でも何回か触れ、また、別稿[31]でも論じているので、要点のみを再度掲げると、我が国の国民の認識乃至意識のレベルにおいては、村落共同体を前提とした相扶共済の精神は既に衰退し、他方で、個人の自立を前提とした社会連帯（自立支援のための社会連帯）は未だ成熟していないと見るかどうかということがある。そして、仮にそうだとするならば、今後の国保（或いはそれに代わる地域医療保険）の保険者の設定の考え方としては、①大いなるフィクションであっても、（従来からの）社会連帯（或いはより古い相扶共済の精神）の存在を理由として市町村保険者を基本的に維持する、②社会連帯の要素を考慮せずに保険運営の安定性や効率性という要素のみに着目して妥当な保険者を設定する、③基盤となり得る新たな社会連帯（おそらくは自立支援のための社会連帯）の理念を早急に確立し、それを定着させる上で最適と思われる保険者を設定する、④社会保険システムによる医療（費）保障を断念し、国家による生存権保障といった別の理念をより前面に押し出した医療（費）保障システムに切り替える、といった選択肢のうちのいずれを選ぶことが適切かということがある。

　社会連帯の現状についての上記認識が正しいとし、かつ、社会保険に体現された自治や自立・自律といった価値を尊重するとの立場に立つならば、あるべき論としては上記選択肢のうちの③を選ぶべきであろう。だが、現実には、政策当局は、連帯やそれと密接に関わる保険者自治の要素よりも保険運営の効率性や保険財政の安定性を重視した②を目指しつつあるというのが、

---

31)　新田(2008)を参照。

都道府県単位の保険運営を打ち出した2006年改革も含めた近年の医療保険制度改革の方向性のように思われる。そして、当局がそうした方向を目指すことに抵抗感を覚えない一因は、少なくとも地域医療保険たる国保事業については、本書で見たとおり、それを「(社会)保険」ではなく「行政(施策)」と捉えていることにあるのではないか。

しかし、筆者自身は、自治と自律という価値をできる限り尊重するという立場から、行政主導的性格の強すぎる我が国の医療保険制度運営を改めていく上では、国保(或いはそれに代わる地域医療保険)を単なる行政施策ではなく(社会)保険事業として運営しつつ、保険料負担者による民主的決定の貫徹、決定プロセスへの参加を通じての新たな連帯の醸成、分権的な複数保険者の競争による給付管理の効率化といった社会保険ならではのメリットを追求していくことが、望ましいのではないかと考える。したがって、保険者は行政庁よりも組合の方が、その数は単一ではなく複数の方が、また、各保険者の規模はそうしたメリットを最大化できる程度の規模であることが望ましい。そして、そうした制度枠組みを基本的前提とした上で、国民全員に対する適切な医療保障実現のために必要な最小限の国家の関与(＝扶助原理による保険原理の修正)とは何かを、改めて一から検討し直すべきであろう[32]。

4 皆保険体制の是非

国民皆保険体制を維持すべきかどうか、それに関連して、低所得者或いは高所得者の加入強制についてどう考えるかという問題に関しては、直接的には昭和36(1961)年に達成された国民皆保険・皆年金について論じるものでは

---

[32] 国保組合が、第2次改正を契機に「厚生行政の綜合的下部組織」として国の行政端末に完全に組み込まれてしまったことからすれば、たとえ制度的には組合形式の保険者を採用したとしても、運用面も含めて国家統制を強めていけば、その実質は行政主体と大差なくなる恐れがある。その意味からも、運営主体論の検討に当たっては、国の統制の具体的な内容・程度も併せて検討される必要がある。

第6章　これからの国保 ──歴史に学ぶ──

あるが、保坂哲哉による「普遍化」と「一般化」の議論が参考になろう。保坂4頁は、社会保障の国民への普及につき、イギリスや北欧諸国が単一の普遍的制度による適用の普遍化を原則とした[33]のに対し、フランスやドイツなどのヨーロッパ大陸諸国の多くは職業集団ごとの複数の社会保険制度（それは、農民や自営業者のための特別制度を含む）の適用人口範囲の拡大という一般化を原則とした[34]と述べる。そして、日本の医療においては、ヨーロッパ諸国と同様の一般化でもまた普遍化でもなく、複数の被用者保険制度とそれ以外の全ての者（零細企業の被用者、自営業者及び非就業者）のための単一制度、すなわち国保制度との組合せによる独自の普遍化が目指された点で他に例を見ない普及の仕方であったと指摘する[35]。

　この保坂の指摘を念頭に置きつつ本書での検討を振り返ると、同じ社会保険制度を採用している国としてともすれば同列に論じられがちなフランスやドイツと比べたときの我が国の国保の特徴として、国保は、制度創設当初から、農業者或いは自営業者のみのための医療保険（一般化の考え方に立つ保険）ではなく、地区内の全住民の加入を目指す医療保険（普遍化の考え方に立つ保険）であったことが挙げられるのではないか。しかも、既に述べたとおり、旧国保法の検討当初は社会保険の理論に忠実に多額収入者と貧困者を強制加入の対象外としていたものが、最終的に成立した旧国保法においては、任意加入の建前でありながら、事実上の全住民加入を目指す方向に変わったのである。それは、社会保険の理論的整合性よりも、郷土団結や農村内の協和による地域共同体の安定をより重視したためであった。そこには、当時の農業中心の社会（村落共同体）を背景として、集団内の一部の者を除外すること

---

[33]　ただし、実際には、普遍化を原則とする国々においても、普遍的制度が基礎的給付を提供し、それを職業単位の制度が補足する二層構造が採られるようになるのが通常である〔保坂5頁〕。

[34]　一般化の範囲を超える保障は、社会扶助や無拠出給付、被扶養者としての保障、或いは任意加入制の導入・拡大等により行われることになる〔保坂4頁及び20頁〕。

[35]　保坂3頁及び5頁。

第3節　国保の歴史からの示唆

により集団にマイナス面やデメリットが発生する可能性があるのならば、(多少不合理であっても) それらの者も除外せずに同じように取り扱おうという意味でのいわば消極的な平等志向意識が当局や地域住民の間に存在していたことが窺える。そして、このような平等志向意識は特に医療の分野においては現在もなお根強く残っている可能性があることに注意しなければならない[36]。皆保険を維持するか否かの検討・議論においては、この消極的な平等志向意識による皆保険を維持する方向でのバイアスを考慮する必要があろう。

　次に、第1次国民皆保険 (運動) は、あくまでも、健兵健民の育成、さらには大東亜戦争の勝利という上位目的達成のための手段であったことに端的に示されるように、皆保険はより上位の何らかの目的のための手段であって、それ自体が目的ではないことを改めて確認しておく必要がある。手段である以上、目的達成のためにより効果的・効率的な手段があれば、皆保険も変更され得べきものでなければなるまい。そうした観点からは、2006年改革における「将来にわたる皆保険体制の堅持」の方針についても、それが皆保険自体を絶対的な目的とする弊 (皆保険維持自体の自己目的化) に陥っている恐れがないか、そしてそのことが改正に当たっての柔軟な制度設計を妨げている恐れはないか (例：皆保険維持のための医療費適正化に急なあまり、必要な医療の提供までもがおろそかになるなど) の自省的検討が必要ではないかと思われる。

　皆保険体制の堅持の意義は、以上を踏まえた上で、改めて問われるべきであろう。すなわち、皆保険は、皆保険の目的を明らかにした上で、その目的実現が大多数の国民の賛同を得られるかどうか、また当該目的実現の必要か

---

[36] 田村誠は、医療格差導入に関して行われた幾つかの調査結果を分析して、「医療格差導入に関して、一般市民と患者には否定的な意見の人が多い、という結果が全ての調査に一貫してみられ」、それは「相当根深いものがある」とし、「[一般市民には] 医療に関するいわば平等絶対主義があり、それに反する制度改革は、少々のプラス効果があっても反対する」と結論付けている〔田村 6-11頁〕。

第6章　これからの国保 ——歴史に学ぶ——

ら見て個人の自由制約（≒扶助原理による保険原理の制約）が必要最小限のものとなっているかどうかという観点から、それを維持する妥当性が問われなければなるまい。現在の皆保険の目的が憲法第25条に基づく国の医療保障の責務の実現手段として医療の機会均等を確保することであるとすると、我が国の強い平等志向意識を考慮したとしても、自力で医療を十分に確保できると認められる一定の額以上の高所得者については、（民間医療保険への加入を条件に）公的医療保険への強制加入を緩和する方向で見直してもよいのではないか[37]。また、一方で、一定の要件に該当する（生活保護受給要件該当者（要保護者）より広範囲の）低所得者については、（保険料を払う旨の）申出のない限り「保険料免除プラス一部負担の免除又は軽減」という形で公的保険への加入を認めてはどうか。この低所得者についての取扱いは、社会扶助方式による別立ての低所得者向け医療制度の創設よりも理論的にはすっきりしない嫌いはあるが、我が国の強い平等志向意識を前提とすると、国民の合意をより得やすいのではないかと思われる[38]。もとより、こうした見直しを行うのであれば、その具体的内容をさらに詰めていく必要があるが、要は、今後の医療保険制度改革に当たっては、「国民皆保険の堅持」についても、これを徒らに聖域視することなく、改革の目的としての正当性・妥当性を常に問い直していく必要があるということである。

---

[37]　強い平等志向や公的医療保険加入の実際的メリットを考慮すれば、実際には、高所得者でも公的医療保険から脱退する者はそれほど多くはないと思われる。したがって、こうした見直しは、加入できる医療保険の選択の幅（自由度）が広がったという意識を高所得者に持たせることに、その主たる意義が見出されるべきであろう。

[38]　もっとも、こうした低所得者向けの取扱いがフィージビリティのある制度として構成できるかどうかについては、財源論も含めさらに検討する必要があろう。その場合には、1999年にフランスで創設された普遍的医療保障（couverture maladie universelle）が参考になるかもしれない〔同制度については取り敢えず笠木20-21頁を参照〕。

第3節　国保の歴史からの示唆

5　残された課題

　本書においては、制度創設から市町村公営に至るまでの10年間を中心とした国保制度の歴史について、主として保険者及び加入者に焦点を当てて分析・検討を行うことにより、2006年改革で示された都道府県単位での保険者再編の方向性が妥当かどうかを判断する手がかりを得るべく努めてみた。その結果前述のような幾つかの示唆を導くことができたのではないかと考えるが、それらが示す先の課題を突き詰めると、結局、社会扶助と異なるところの社会保険の特徴は何か、或いは一般行政主体とは違う保険者の意義は何かという問題に帰着するように思われる。本書は、そうした一般的命題の解答を組合時代の国保制度という個別的領域の中で探ろうとしたささやかな試みである。

　もとより分析の時期も対象も限定されたものであるため、分析結果から得られた示唆も暫定的なものに止まる可能性がある。これらの示唆がより一般的な妥当性を持つか否かを明らかにするためには、少なくとも昭和36(1961)年の国民皆保険達成時までの国保制度の通時的な分析・研究が必要であろう。そして、それは、2006年改革も含め常に医療保険制度改革の中心的課題であり続けてきた国保の行く末を考える上でも重要な作業と考える。今後の課題としたい。

資　料　編

資料編

資料1：任意国民健康保険制度要綱
　　　（昭和8（1933）年6月18日東京朝日新聞朝刊掲載版）〔出典：同朝刊2頁〕
1．本保険は任意加入の保険とす
2．被保険者　健康保険又は職員保険の被保険者たる以外の者にして加入当時健康状態にある者は何人といへども被保険者たり得ること
3．保険給付　被保険者に対しては疾病又は負傷の初日から1年間医療給付（歯科補綴を除く）をなすこと、但しこの場合医療費の2割を被保険者に負担せしめ被保険者をして直接保険医に支払はしむること
4．財源　本保険に要する費用は被保険者の負担する保険料並に国庫補助金を以て支弁することとし雇用関係にある労働者にして健康保険の被保険者たらざる者、家庭使用人、小作農、小作兼自作農、又は小商工、水産、交通その他の事業主その他一般少額所得者たる被保険者に対する保険料はこれを軽減すること
5．本保険の保険者は政府とす
6．初年度において本保険の被保険者たるべき者の見込概数111万人、これに要する費用670万円、内国庫補助金100万円の見込

資料2：任意国民健康保険制度要綱案
　　　（昭和8（1933）年6月27日付社会局事務当局私案）（要綱案①）〔出典：朝倉氏資料5〕
　　第1　保険ノ性質
1．本保険ハ任意保険トスルコト
　　第2　保険事故
1．被保険者ノ疾病及負傷ヲ保険事故トスルコト
　　第3　被保険者
（イ）被保険者タリ得ベキ者
　　1．健康保険又ハ職員健康保険ノ被保険者及法令ニ依ル共済組合ノ組合員ニ非サル者ハ男女、国籍ヲ問ハス本保険ニ加入スルコトヲ得ルコト但シ左ノ各号ノ一ニ該当スル者ヲ除クコト
　　　1　満3年ニ達セサル者
　　　2　加入ノ当時疾病ニ罹リ又ハ負傷セル者
　　　3　直接国税10円以上ヲ納ムル者（被保険者又ハ被保険者タラムトスル者ノ世帯主ガ直接国税10円以上ヲ納ムル場合亦同シ）
　　1．本保険ニ於テハ他人ノ為ニスル保険契約ヲモ認ムルコト

資 料 編

(ロ) 被保険者タル資格ノ発生及消滅
  1．被保険者タル資格ハ第1回ノ保険料ヲ払込ミタル時（即契約成立ノ時）ヨリ発生スルコト
  1．被保険者タル資格ハ左ニ掲クル場合ニ於テ其ノ翌日ヨリ消滅スルコト
    1　契約ノ解除ヲ為シタルトキ
    2　保険料ノ滞納2ケ月分ニ及フトキ
    3　同一ノ疾病又ハ負傷及之ニ因リ発シタル疾病ニ付給付ヲ受ケ得ル1年ノ期間ヲ満了シタルトキ
    4　被保険者死亡シ又ハ失踪ノ宣告ヲ受ケタルトキ
    5　被保険者又ハ其ノ世帯主カ直接国税10円以上ヲ納ムルニ至リタルトキ
  1．左ノ場合ニ於テハ契約ノ解除ヲ為スコトヲ得ルコト
    1　保険契約ノ当時保険契約者ガ被保険者タルベキ者ノ健康状態ニ関シ悪意又ハ重大ナル過失ニ因リ重要ナル事実ヲ告ゲズ又ハ重要ナル事項ニ付不実ノ事ヲ告ゲタルトキ
    2　詐欺其ノ他不正行為アリタルトキ
  第4　保　険　者
1．保険者ハ政府トスルコト
1．本保険ノ事務ハ当分ノ内現在ノ健康保険課ヲシテ之ヲ取扱ハシムルコト（東京、大阪、福岡、愛知、兵庫及長野ノ各府県ニハ出張所ヲ設クル予定トス）
1．健康保険課ニ於テハ左ノ事項ニ関スル事務ヲ掌ルコト
    1　被保険者証ノ交付及同台帳ノ整備
    2　保険料ノ徴収
    3　療養費ノ支払
    4　入院及20円以上ノ処置手術ノ承認
    5　診療報告書（被保険者負担額ヲ記入セシム）ノ点検
    6　保健施設ノ実施
1．社会局ニ於テハ左ノ事項ニ関スル事務ヲ掌ルコト
    1　特別会計ノ経理
    2　医療契約及保健施設
  第5　財　源
(イ) 財源ノ負担者及負担額
  1．本保険ノ財源ハ被保険者ノ負担スル保険料及国庫補助金ヨリ成ルコト
  1．保険料ハ被保険者ノ現在年齢階級別ニ依リ之ヲ定ムルコト

1．国庫補助金ハ年額200万円ヲ超エザル限度ニ於テ被保険者一人当年額50銭トスルコト

(ロ) 保険料ノ払込
1．保険料ハ毎月前払ニテ之ヲ払込ムコト但シ若干月分ヲ一時ニ前納スル者ニ対シテハ保険料ヲ相当割引スルコト
1．保険料ノ毎月ノ払込日ハ第1回保険料払込日トスルコト
1．保険料ノ徴収ハ都市ニ在リテハ集金人ヲ、其ノ他ノ地方ニ在リテハ料金加入者負担ノ振替貯金制度ヲ利用スルコト（振替用紙ハ毎月払込期日ノ数日前ニ之ヲ保険者ヨリ郵送スルコト）
1．集金制度ニ在リテハ被保険者ニ交付セラレタル保険料払込票（署名セラレタルモノナルコトヲ要ス）ノ相当欄ニ集金人捺印スルコト
　振替制度ニ在リテハ最近ノ振替用紙ノ受領票ヲ保存セシムルコト

(ハ) 払戻金
1．1事業年度内ニ1回モ保険給付ヲ受クルコトナカリシ者ニ対シテハ本人ニ関シ該年度内ニ払込マレタル保険料ノ4分ノ1程度ヲ払戻スコト
　尚此ノ払戻金ハ之ヲ翌年度ノ保険料ニ充当スルコトヲ得ルコト

第6　保険給付

(イ) 療養ノ給付
1．被保険者ノ疾病又ハ負傷ニ関シテハ療養ノ給付ヲ為スコト
　療養ノ給付ノ範囲ハ大体現在ノ健康保険ニ於ケルト同範囲トスルコト但シ歯科補綴ハ之ヲ含マザルコト
　療養上必要アリト認ムルトキハ保険者ハ被保険者ヲ病院ニ収容スルコトヲ承認スルコト
1．契約成立後3ケ月間ハ保険給付ヲ為サザルコト
1．療養ノ給付ハ同一ノ疾病又ハ負傷及之ニ因リ発シタル疾病ニ付療養ノ給付開始ノ日ヨリ1年ヲ超エテ之ヲ為サザルコト
1．療養ノ給付ニ代ヘテ療養費ヲ支給スルコトアルコト

(ロ) 一部負担
1．被保険者ヲシテ医療費ノ一部負担ヲ為サシムルコト其ノ程度ハ左ノ如クスルコト

　　　　　　　　　被保険者負担率
　　　加入後第4月ヨリ第6月迄　80％
　　　　〃　　第7月ヨリ第9月迄　60％

資　料　編

　　　　　　　　〃　第10月ヨリ第12月迄　40%
　　　　　爾　　　　　　　後　20%
　1．被保険者ノ医療費負担部分ハ前記ノ率ニ従フト雖モ便宜上別表ヲ作製シ（内務省告示ノ形式ニ依ル）点数又ハ金額ニ依リ之ヲ表示スルコト
　　　此ノ負担額ハ被保険者ヲシテ直接ニ医師、歯科医師又ハ薬剤師ニ支払ハシムルコト
㈢　医療組織
　1．政府ハ医師会、歯科医師会及薬剤師会ト契約ヲ締結スルコト
　1．医師会及歯科医師会トノ契約ハ人頭式ニ依リ薬剤師会トノ契約ハ定額式ニ依ルコト
　1．契約不成立ノ場合ハ現金給付ヲ為スコト
㈡　給付請求権ノ制限
　1．被保険者左ノ各号ノ一ニ該当スルトキハ保険給付ヲ全部又ハ一部支給セザルコト
　　　1　闘争、泥酔若ハ著シキ不行跡ニ因リ又ハ故意ニ保険事故ヲ生ゼシメタルトキ
　　　2　陸海軍ニ徴集、召集又ハ配属セラレタルトキ
　　　3　本法施行区域外ニ去リタルトキ
　　　4　感化院等ニ入院セシメラレ又ハ監獄等ニ拘禁又ハ留置セラレタルトキ
　　　5　正当ノ理由ナクシテ療養ノ指揮ニ従ハザルトキ
　　　6　詐欺其ノ他不正行為ニ依リ保険給付ヲ受ケ又ハ受ケムトシタルトキ
　　　7　他ノ法令又ハ契約等ニ基キ現物給付ヲ受ケ得ルトキ
㈣　保健施設
　1．保険者ハ保健施設ヲ為スコトヲ得ルコト
㈥　手　続
　1．契約ヲ締結セムトスル者ハ申込書ニ所定ノ事項（氏名、年齢、健康状態、保険料払込日等）ヲ記入シ之ヲ保険者ニ提出スルコト
　1．保険者ハ申込ヲ適当ト認メタルトキハ第1回保険料ヲ払込マシムルコト
　1．第1回ノ保険料ノ払込アリタルトキハ保険者ハ被保険者証ヲ交付スルコト
　　　被保険者証ニハ番号ヲ附シ第1回保険料払込日ヲ記入シ尚署名欄ヲ設クルコト
　1．保険事故発生シタルトキハ被保険者証及保険料払込証明書（集金制度ニ在リテハ集金人ノ檢印アル保険料払込票　振替制度ニ在リテハ振替用紙ノ受領票ノ裏面ニ署名シタルモノ）ヲ保険医ニ提示スルコト

第7　紛争ノ解決
1．本保険ニ関シ争アルトキハ通常裁判所ニ出訴スル前ニ国民健康保険審査会ノ裁決ヲ経ルヲ要スルコト
1．右審査会ハ官吏其ノ他学識経験アル者ヲ以テ之ヲ構成スルコト
　　　第8　本保険ニ関スル時効及特典
1．保険給付ヲ受クル権利及之ニ関連スル権利ハ2年ノ時効ニ因リ消滅スルコト
1．本保険ニ関スル書類ニハ印紙税ヲ課セザルコト
1．戸籍等ニ関シ無償ニテ証明ヲ求ムルコトヲ得ルコト

資料3：国民健康保険制度要綱案（未定稿）

（昭和9（1934）年7月20日非公式発表版）（要綱案②）〔出典：医海時報2083号（昭和9年7月28日）14頁〕

　　　第1　総　説
1．本保険は多額の収入ある者及出捐能力なき者を除き原則として一般国民の健康を保険することを以て目的とすること
2．本保険は被保険者の疾病及負傷を以て保険事故と為すも其の他被保険者の分娩及死亡をも保険事故と為すことを得るものとすること
3．本保険は国民健康保険組合を以て其の保険者とすること
　　　第2　国民健康保険組合
1．総　則
　(1)　組合は被保険者たる組合員及組合員の属する世帯の世帯員にして被保険者たる者の保険を行ふことを以て目的とすること
　(2)　組合は一般国民健康保険組合と特別国民保険組合の二種とすること
　(3)　組合は之を法人とすること
　(4)　国、道府県及市町村は予算の範囲内に於て組合に対し補助金を交付することを得ること
2．組　織
　(1)　一般国民健康保険組合は其の地区内に在る世帯の世帯主又は其の管理者を以て組合員とすること
　(2)　一般国民健康保険組合の地区は市町村の区域に依ること但し特別の事由あるときは此の区域に依らざることを得ること
　(3)　特別国民健康保険組合は同一道府県内に於て同種の業務に従事する者其の他利害関係を同じくする者を以て組合員とすること

(4)　特別国民健康保険組合の組合員と為りたる者は一般国民健康保険組合の組合員と為らざることを得ること
　(5)　被保険者と為ることを得ざる者は組合員と為ることを得ざること但し其の属する世帯の世帯員の為めに組合員と為る場合は此の限に在らざること
3．設　立
　(1)　組合を設立せむとするときは発起人は規約を作成し組合員と為るべき者一定数以上の同意を得て行政官庁の認可を受くることを要すること
　(2)　一般国民健康保険組合設立の場合の発起人中には関係市町村長又は其の指定したる者を加ふることを要すること
　(3)　一般国民健康保険組合成立したるときは其の地区内の組合員たる資格を有する者は総て之を組合員とすること
　(4)　特別国民健康保険組合の設立は一般国民健康保険組合の設立及存立を害せざる範囲に於て之を認むること
4．被保険者
　(1)　組合員は同時に被保険者たるものとすること
　(2)　組合員は其の属する世帯の世帯員を包括して被保険者と為すことを得ること但し特別国民健康保険組合に在りては別段の定めを為し得ること
　(3)　左に掲ぐる者は前2項に拘らず被保険者と為ることを得ざること
　　(1)　多額の収入ある者及其の同居家族
　　(2)　法令の規定に依り公の扶助を受くる者
　　(3)　下士官以下の現役軍人
　　(4)　健康保険の被保険者
　　(5)　法令に依る共済組合の組合員
　　(6)　其の他組合規約を以て定めたる者
5．保険給付及保健施設
　(1)　組合は被保険者の疾病又は負傷に対し療養の給付を為すものとすること
　(2)　組合は療養の給付の外被保険者の分娩又は死亡に対し助産の給付又は埋葬の給付を為すことを得ること
　(3)　組合は療養又は助産の為必要あるときは被保険者を病院又は産院に収容することを得ること
　(4)　組合は療養の給付助産の給付又は埋葬の給付に代へて療養費、助産費又は埋葬費を支給することを得ること
　(5)　組合は監督官庁の認可を得て其の他の給付を為すことを得ること

(6) 保険給付の範囲、期間、程度及受給条件は組合之を定むること
  (7) 組合は保険給付に要したる費用の一部を其の保険給付を受けたる者に負担せしむることを原則とすること
  (8) 組合は被保険者の健康を保持する為必要なる施設を為すことを得ること
6．費　用
  (1) 組合は組合員より保険料を徴収することを得ること
  (2) 保険料の算定及徴収の方法は組合之を定むること
  (3) 組合に保険料其他の徴収金の強制徴収権を認むること
  (4) 一定期間以上継続して保険給付を受けざりし者に対しては組合は其の期間に払込みたる保険料の一部を払戻すことを得ること
7　管　理
  (1) 組合に組合会又は総会を置き組合の重要事項を議決せしむること
  (2) 組合に理事若干名を置き組合事務を執行せしむること
  (3) 理事中1名を理事長とすること
  (4) 一般国民健康保険組合に於ては理事中に関係市町村長又は其の指定したる者を加へ特別の事情なき限り之を以て理事長に充つること
  (5) 組合は規約を以て其他の役員を置くことを得ること
  (6) 特別国民健康保険組合は前各項の事項に付別段の定めを為すことを得ること
  (7) 組合の役員は原則として名誉職とすること
8　分合解散
  (1) 組合は監督官庁の認可を受け其の分割、合併、地域の変更及解散を為すことを得る事
  (2) 一般国民健康保険組合解散したるときは其の権利及義務は関係市町村に帰属すること

　　　　第3　国民健康保険組合連合会
1．同一道府県内に於ける国民健康保険組合は其の連絡事業の改善其の他共同の目的を達する為国民健康保険組合連合会を組織することを得ること
2．連合会は之を法人とすること
　　　　第4　監　督
1．国民健康保険組合及国民健康保険組合連合会は第一次に地方長官之を監督し第二次に内務大臣之を監督すること

資料編

第5 審査調停訴願及訴訟
1. 保険給付又は被保険者資格に関する決定に不服ある者の為に審査機関を設くること
2. 国民健康保険組合又は国民健康保険組合連合会と医療機関との間に起りたる医療契約に関する紛争の為に調停機関を設くること
3. 保険料其の他の徴収金の賦課徴収に不服ある者の為に訴願又は行政訴訟を為し得る途を拓くこと

資料4：国民健康保険制度要綱案（未定稿）
（昭和9 (1934) 年8月18日内務省省議附議版）（要綱案③）〔出典：医海時報2089号（昭和9年9月8日）17頁〕

第1 総 説
1. 本保険ハ原則トシテ多額ノ収入アル者及保険料負担能力ナキ者ヲ除キ一般国民ノ健康保険ヲ目的トスルコト
2. 本保険ハ被保険者ノ疾病及負傷ヲ以テ保険事故トスルモ其ノ他被保険者ノ分娩及死亡ヲモ保険事故トスルコトヲ得ルコト
3. 本保険ハ国民健康保険組合ヲ以テ其ノ保険者トスルコト

第2 国民健康保険組合
1. 総 則
    1. 組合ハ被保険者タル組合員及組合員ノ属スル世帯ノ世帯員ニシテ被保険者タル者ノ健康保険ヲ行フコトヲ以テ目的トスルコト
    2. 組合ハ一般国民健康保険組合ト特別国民健康保険組合ノ二種トスルコト
    3. 組合ハ之ヲ法人トスルコト
    4. 国道府県及市町村ハ予算ノ範囲内ニ於テ組合ニ対シ補助金ヲ交付スルコト
2. 組 織
    1. 一般国民健康保険組合ハ其ノ地区内ニ居住スル世帯主ヲ以テ組合員トスルコト但シ被保険者タルベキ者ナキ世帯ノ世帯主ニ付テハ此ノ限ニ在ラザルコト
    2. 一般国民健康保険組合ノ地区ハ市町村ノ区域ニ依ルコト但シ特別ノ事由アルトキハ此ノ区域ニ依ラザルコトヲ得ルコト
    3. 特別国民健康保険組合ハ同一道府県内ニ於テ同種ノ業務ニ従事スル者同一ノ事業ニ使用セラルル者其ノ他利害関係ヲ同ジクスル者ニシテ組合ニ加入シタル者ヲ以テ組合員トスルコト

3. 設　立
    1. 組合ヲ設立セムトスルトキハ発起人ハ規約ヲ作成シ組合員ト為ルベキ者一定数以上ノ同意ヲ得テ行政官庁ノ認可ヲ受クルコト
    2. 一般国民健康保険組合設立ノ場合ノ発起人中ニハ関係市町村長又ハ其ノ指定シタル者ヲ加フルコト
    3. 一般国民健康保険組合成立シタルトキハ其ノ地区内ノ組合員タル資格ヲ有スル者ハ総テ之ヲ組合員トスルコト
    4. 特別国民健康保険組合ノ設立ハ一般国民健康保険組合ノ成立及存立ヲ害セザル範囲ニ於テ之ヲ認ムルコト
4. 被保険者
    1. 一般国民健康保険組合ハ組合員及其ノ世帯ニ属スル者ヲ以テ被保険者トスルコト但シ組合ハ監督官庁ノ認可ヲ得タルトキハ組合規約ヲ以テ定メタル者ヲ被保険者ト為サザルコトヲ得ルコト
    2. 特別国民健康保険組合ハ組合員及組合規約ノ定ムル所ニ依リ組合員ノ世帯ニ属スル者ヲ以テ被保険者トスルコト
    3. 左ニ掲グル者ハ組合ノ被保険者ト為ルコトヲ得ザルコト
        (1) 多額ノ収入アル者及其ノ同居家族
        (2) 法令ニ依リ公ノ救護ヲ受クル者
        (3) 他ノ法令ニ依リ業務外ノ疾病及負傷ニ付療養ニ関スル給付ヲ受クル者
    4. 特別国民健康保険組合ノ被保険者ト為リタル者ハ一般国民健康保険組合ノ被保険者ト為ルコトヲ得ザルコト
5. 保険給付及保健施設
    1. 組合ハ被保険者ノ疾病又ハ負傷ニ対シ療養ノ給付ヲ為スモノトスルコト
    2. 組合ハ療養ノ給付ノ外被保険者ノ分娩又ハ死亡ニ対シ助産ノ給付又ハ埋葬ノ給付ヲ為スコトヲ得ルコト
    3. 組合ハ療養又ハ助産ノ為必要アルトキハ被保険者ヲ病院又ハ産院ニ収容スルコトヲ得ルコト
    4. 組合ハ療養ノ給付、助産ノ給付又ハ埋葬ノ給付ニ代ヘテ療養費、助産費又ハ埋葬費ヲ支給スルコトヲ得ルコト
    5. 組合ハ監督官庁ノ認可ヲ得テ其ノ他ノ給付ヲ為スコトヲ得ルコト
    6. 保険給付ノ範囲、期間、程度及受給条件ハ組合之ヲ定ムルコト
    7. 組合ハ療養ノ給付ニ要シタル費用ノ一部ヲ其ノ給付ヲ受ケタル者ニ負担セシムルコトヲ原則トスルコト

8．組合ハ被保険者ノ健康ヲ保持スル為必要ナル施設ヲ為スコトヲ得ルコト
6．費　用
　　1．組合ハ組合員ヨリ保険料ヲ徴収スルコト
　　2．保険料ノ算定及徴収ノ方法ハ組合之ヲ定ムルコト
　　3．組合ニ保険料其ノ他ノ徴収金ノ強制徴収権ヲ認ムルコト
　　4．一定期間以上継続シテ保険給付ヲ受ケザリシ者ニ対シテハ組合ハ其ノ期間ニ払込ミタル保険料ノ一部ヲ払戻スコトヲ得ルコト
7．管　理
　　1．組合ニ組合会又ハ総会ヲ置キ組合ノ重要事項ヲ議決セシムルコト
　　2．組合ニ理事若干名ヲ置キ組合事務ヲ執行セシムルコト
　　3．理事中1名ヲ理事長トスルコト
　　4．一般国民健康保険組合ニ於テハ理事中ニ関係市町村長又ハ其ノ指定シタル者ヲ加ヘ特別ノ事情ナキ限リ之ヲ以テ理事長ニ充ツルコト
　　5．組合ハ規約ヲ以テ其ノ他ノ役員ヲ置クコトヲ得ルコト
　　6．特別国民健康保険組合ハ前各項ノ事項ニ付別段ノ定メヲ為スコトヲ得ルコト
　　7．組合ノ役員ハ原則トシテ名誉職トスルコト

　　　第3　国民健康保険組合連合会
1．国民健康保険組合ハ其ノ連絡事業ノ改善其ノ他共同ノ目的ヲ達スル為国民健康保険組合連合会ヲ組織スルコトヲ得ルコト
2．連合会ハ之ヲ法人トスルコト

　　　第4　監　督
1．国民健康保険組合及国民健康保険組合連合会ハ地方長官及内務大臣之ヲ監督スルコト

　　　第5　審査、調停、訴願及訴訟
1．保険給付又ハ被保険者資格ニ関スル決定ニ不服アル者ノ為ニ審査機関ヲ設クルコト
2．国民健康保険組合又ハ国民健康保険組合連合会ト医療機関トノ間ニ起リタル医療契約ニ関スル紛争ノ為ニ調停機関ヲ設クルコト
3．保険料其ノ他ノ徴収金ノ賦課徴収ニ不服アル者ノ為ニ訴願又ハ行政訴訟ヲ為シ得ル途ヲ拓クコト

資料5：国民健康保険制度要綱案

（昭和9（1934）年11月2日版）（要綱案④）〔出典：朝倉氏資料9〕

　　　　　目　　次
　　第1　総　説
　　第2　国民保険組合
　　　1　総　則
　　　2　組　織
　　　3　設　立
　　　4　被保険者
　　　5　保険給付及保健施設
　　　6　費　用
　　　7　管　理
　　　8　分合解散
　　第3　国民健康保険組合連合会
　　第4　監　督
　　第5　審査、調停及訴願

　　第1　総　説
1　本保険ハ原則トシテ多額ノ収入アル者及保険料負担能力ナキ者ヲ除キ一般国民ノ健康保険ヲ目的トスルコト
2　本保険ハ被保険者ノ疾病及負傷ヲ以テ保険事故トスルモ其ノ他被保険者ノ分娩及死亡ヲモ保険事故トスルコトヲ得ルコト
3　本保険ハ国民保険組合ヲ以テ其ノ保険者トスルコト
　　第2　国民保険組合
1　総　則
　(1)　組合ハ普通国民保険組合ト特別国民保険組合ノ二種トスルコト
　(2)　組合ハ之ヲ法人トスルコト
　(3)　国、道府県及市町村ハ予算ノ範囲内ニ於テ組合ニ対シ補助金ヲ交付スルコトヲ得ルコト
2　組　織
　(1)　普通国民保険組合ハ其ノ地区内ニ於テ一戸ヲ構フル者又ハ一戸ヲ構ヘザルモ独立ノ生計ヲ営ム者ヲ以テ組合員トスルコト但シ其ノ世帯ニ被保険者タルベキ者ナキ場合ハ此ノ限ニ在ラザルコト
　　　前項ノ地区ハ市町村ノ区域ニ依ルコト但シ特別ノ事由アルトキハ此ノ区域ニ依ラザルコトヲ得ルコト
　(2)　特別国民保険組合ハ規約ノ定ムル所ニ依リ同種ノ業務ニ従事スル者、同一ノ事業ニ使用セラルル者其ノ他共同ノ利害関係ヲ有スル者ヲ以テ組合員トスルコト

資料編

3　設　立
　(1)　組合ヲ設立セムトスルトキハ発起人ハ規約ヲ作リ組合員トナルベキ者一定数以上ノ同意ヲ得テ監督官庁ノ認可ヲ受クルコト
　(2)　普通国民保険組合設立ノ場合ノ発起人中ニハ関係市町村長又ハ其ノ指定シタル者ヲ加フルコト
　(3)　普通国民保険組合成立シタルトキハ其ノ地区内ノ組合員タル資格ヲ有スル者ハ総テ之ヲ組合員トスルコト
　(4)　特別国民保険組合ノ設立ハ普通国民保険組合ノ設立及存立ヲ害セザル範囲内ニ於テ之ヲ認ムルコト

4　被保険者
　(1)　普通国民保険組合ハ組合員及其ノ世帯ニ属スル者ヲ以テ被保険者トスルコト但シ組合ノ地区内ニ定住セザル者其ノ他特別ノ事由アル者ニ付テハ規約ノ定ムル所ニ依リ被保険者ト為サザルコトヲ得ルコト
　(2)　特別国民保険組合ハ組合員及規約ノ定ムル所ニ依リ組合員ノ世帯ニ属スル者ヲ以テ被保険者トスルコト
　(3)　左ニ掲グル者ハ組合ノ被保険者タルコトヲ得ザルコト
　　(1)　多額ノ収入アル者及其ノ世帯ニ属スル者但シ雇人ヲ除ク
　　(2)　貧困ノ為法令ニ依リ公ノ救護ヲ受クル者
　　(3)　他ノ法令ニ依リ業務外ノ疾病及負傷ニ付療養ニ関スル給付ヲ受クル者
　　(4)　被保険者ハ同時ニ他ノ組合ノ被保険者タルコトヲ得ザルコト同時ニ2以上ノ組合ノ被保険者タリ得ベキ場合ニ於テハ被保険者ハ其ノ中ノ一ヲ自己ノ属スベキ組合トシテ選定スルコトヲ得ルコト

5　保険給付及保健施設
　(1)　組合ハ被保険者ノ疾病又ハ負傷ニ関シ療養ノ給付ヲ為スコト但シ特別ノ事由アル場合ニ於テハ療養ニ要スル費用ヲ支給スルコト
　(2)　組合ハ被保険者ノ分娩又ハ死亡ニ関シ助産又ハ葬祭ノ給付又ハ之ニ要スル費用ノ支給ヲ為スコトヲ得ルコト
　(3)　療養、助産又ハ葬祭ノ給付ヲ為ス組合ニ於テ療養、助産又ハ分娩ノ給付ヲ為スコト困難ナル場合又ハ被保険者ノ申請アリタル場合ニ於テハ之ニ代ヘテ之ニ要スル費用ヲ支給スルコトヲ得ルコト
　(4)　組合ハ療養又ハ助産ノ為必要アルトキハ被保険者ヲ病院又ハ産院ニ収容スルコトヲ得ルコト
　(5)　療養ノ給付ニ付テハ組合ハ特別ノ事情ナキ限リ広ク一般ノ医師、歯科医師、

薬剤師其ノ他ノ医療機関ヲ組合ノ医療機関トシテ指定シ被保険者ニ医療機関選択ノ自由ヲ認ムルコト
(6) 組合ハ監督官庁ノ認可ヲ受ケテ其ノ他ノ給付ヲモ為スコトヲ得ルコト
(7) 組合ニ於テ為ス保険給付ノ種類、範囲、期間、程度及受給条件ハ規約ヲ以テ之ヲ定ムルコト
(8) 組合ハ療養ノ給付ニ要シタル費用ノ一部ヲ其ノ給付ヲ受クル者（給付ヲ受クル者組合員ニ非ザル場合ニ於テハ其ノ属スル世帯ノ組合員）ニ負担セシムルコトヲ得ルコト
(9) 組合ハ被保険者ノ健康ヲ保持スル為必要ナル施設ヲ為スコトヲ得ルコト

6 費 用
(1) 組合ハ組合員ヨリ保険料ヲ徴収スルコト
(2) 保険料ノ算定及徴収ノ方法ハ組合之ヲ定ムルコト
(3) 組合ニ保険料其ノ他ノ徴収金ノ強制徴収権ヲ認ムルコト
(4) 一定期間以上継続シテ保険給付ヲ受ケザリシ者ニ対シテハ組合ハ其ノ期間ニ払込ミタル保険料ノ一部ヲ払戻スコトヲ得ルコト

7 管 理
(1) 組合ニ組合会又ハ総会ヲ置キ組合ノ重要事項ヲ議決セシムルコト
(2) 組合ニ理事若干名ヲ置キ組合事務ヲ執行セシムルコト
(3) 理事中1名ヲ理事長トシ組合ヲ代表セシムルコト
(4) 普通国民保険組合ニ於テハ理事中ニ関係市町村長又ハ其ノ指定シタル者ヲ加ヘ特別ノ事情ナキ限リ之ヲ以テ理事長ニ充ツルコト
(5) 組合ハ規約ヲ以テ其ノ他ノ役員ヲ置クコトヲ得ルコト

8 分合解散
(1) 組合ノ分割、合併又ハ解散ハ組合会又ハ総会ノ議決ヲ得テ監督官庁ノ認可ヲ受クルコト
(2) 組合解散ノ場合清算方法及財産処分ニ付テハ監督官庁ノ認可ヲ受クルコト
(3) 組合ノ地区又ハ組合員ノ範囲ヲ変更セムトスルトキハ変更ニ因リテ組合員トナルベキ者又ハ其ノ資格ヲ喪失スベキ者ノ一定数ノ同意ヲ必要トスルコト

第3 国民健康保険組合連合会
1 組合ハ共同ノ目的ヲ達スル為国民健康保険組合連合会ヲ組織スルコトヲ得ルコト
2 連合会ハ之ヲ法人トスルコト
3 連合会ノ組織、事業、経費及管理ニ関シテハ規約ヲ以テ之ヲ定ムルコト

資料編

4　連合会ノ設立、分合及解散ハ監督官庁ノ認可ヲ受クルコト
　　第4　監　督
1　組合及連合会ハ原則トシテ第一次ニ地方長官第二次ニ内務大臣之ヲ監督スルコト
2　監督官庁ハ組合又ハ連合会ニ対シ監督上必要ナル諸報告ヲ為サシメ、実地検査ヲ為シ規約ノ変更ヲ命ジ其ノ他監督上必要ナル処分ヲ為スコトヲ得ルコト
3　監督官庁ハ一定ノ場合ニ組合又ハ連合会ノ役員ノ職務ヲ官吏其ノ他ノ者ヲシテ執行セシムルコトヲ得ルコト
4　監督官庁ハ一定ノ場合ニ組合又ハ連合会ノ決議ヲ取消シ役員ヲ解職シ及其ノ解散ヲ命ズルコトヲ得ルコト
　　第5　審査、調停及訴願
1　保険給付ニ関スル決定ニ不服アル者ノ為ニ審査ヲ行ヒ組合又ハ連合会ト医療機関トノ間ニ起リタル保険給付ニ関スル契約ニ付テノ紛争ニ関シ調停ヲ行フ為中央及地方ニ国民保険委員会ヲ設置スルコト
2　国民保険委員会ハ官吏、学識経験アル者、組合又ハ連合会ノ役員、組合員、医師、歯科医師及薬剤師等ヲ以テ之ヲ組織スルコト
3　保険料其ノ他ノ徴収金ノ賦課徴収滞納処分又ハ組合員若ハ被保険者ノ資格ニ関スル決定ニ不服アル者ノ為ニ訴願ヲ為シ得ル途ヲ拓クコト

資料6：国民健康保険制度要綱案

（昭和10(1935)年5月31日刷版）（要綱案⑤）〔出典：朝倉氏資料12〕

　　　　　　目　次
　　第1　総　説
　　第2　国民健康保険組合
　　　1　総　則
　　　2　組　織
　　　3　設　立
　　　4　被保険者
　　　5　保険給付及保健施設
　　　6　費　用
　　　7　管　理
　　　8　分合解散
　　第3　監督
　　第4　審査、調停及訴願

　　第1　総　説
1　本保険ハ庶民階級ニ属スル国民ノ健康保険ヲ目的トスルコト
2　本保険ハ被保険者ノ疾病及負傷ヲ以テ保険事故トスルモ其ノ他被保険者ノ分

娩及死亡ヲモ保険事故トスルコトヲ得ルコト
3　本保険ハ国民健康保険組合ヲ以テ其ノ保険者トスルコト
　　第2　国民健康保険組合
1　総　則
　(1)　組合ハ普通国民健康保険組合ト特別国民健康保険組合ノ二種トスルコト
　(2)　組合ハ之ヲ法人トスルコト
　(3)　国、道府県及市町村ハ予算ノ範囲内ニ於テ組合ニ対シ補助金ヲ交付スルコトヲ得ルコト
2　組　織
　(1)　普通国民健康保険組合ハ其ノ地区内ニ於テ一戸ヲ構フル者又ハ一戸ヲ構ヘザルモ独立ノ生計ヲ営ム者ヲ以テ組合員トスルコト但シ其ノ世帯ニ被保険者タルベキ者ナキ場合ハ此ノ限ニ在ラザルコト
　　　前項ノ地区ハ市町村ノ区域ニ依ルコト但シ特別ノ事由アルトキハ此ノ区域ニ依ラザルコトヲ得ルコト
　(2)　特別国民健康保険組合ハ規約ノ定ムル所ニ依リ同種ノ業務ニ従事スル者、同一ノ事業ニ使用セラルル者其ノ他共同ノ利害関係ヲ有スル者ヲ以テ組合員トスルコト
3　設　立
　(1)　普通国民健康保険組合ヲ設立セントスルトキハ発起人ハ規約ヲ作リ組合員トナルベキ者一定数以上ノ同意ヲ得テ監督官庁ノ認可ヲ受クルコト
　(2)　普通国民健康保険組合設立ノ場合ノ発起人中ニハ関係市町村長又ハ其ノ指定シタル者ヲ加フルコト
　(3)　普通国民健康保険組合成立シタルトキハ其ノ地区内ノ組合員タル資格ヲ有スル者ハ総テ之ヲ組合員トスルコト
　(4)　特別国民健康保険組合ヲ設立セントスルトキハ発起人ハ規約ヲ作リ組合員タラントスル者ノ同意ヲ得テ監督官庁ノ認可ヲ受クルコト
4　被保険者
　(1)　組合ハ組合員及規約ノ定ムル所ニ依リ組合員ノ世帯ニ属スル者ヲ以テ被保険者トスルコト
　(2)　組合ノ地区内ニ定住セザル者其ノ他特別ノ事由アル者ニ付テハ規約ノ定ムル所ニ依リ被保険者ト為サザルコトヲ得ルコト
　(3)　貧困ノ為法令ニ依ル救護ヲ受クル者及法令ニ依リ疾病及負傷ニ付療養ニ関スル給付ヲ受クル者ハ被保険者ト為サザルコト

(4)　多額ノ収入アル者及其ノ世帯ニ属スル者ハ被保険者ト為サザルコト但シ特別ノ事情アル組合ニ於テハ之ヲ被保険者ト為スコトヲ得ルコト
5　保険給付及保健施設
　(1)　組合ハ被保険者ノ疾病又ハ負傷ニ関シ療養ノ給付ヲ為スコト但シ特別ノ事情アル組合ニ於テハ療養ニ要スル費用ヲ支給スルコト
　(2)　療養ノ給付ハ左ノ範囲トスルコト
　　(イ)　診察（往診ヲ含ム）
　　(ロ)　薬剤（売薬ヲ含ム）又ハ治療材料ノ支給
　　(ハ)　処置手術其ノ他ノ治療
　　(ニ)　入　院
　　(ホ)　看　護
　　(ヘ)　移　送
　(3)　療養ノ給付ニ付テハ組合ハ特別ノ事情ナキ限リ一般ノ医師、歯科医師、薬剤師其ノ他ノ医療機関ヲ組合ノ医療機関トシテ指定シ被保険者ニ医療機関選択ノ自由ヲ認ムルコト
　(4)　組合ハ被保険者ノ分娩又ハ死亡ニ関シ助産若ハ葬祭ノ給付又ハ之ニ要スル費用ノ支給ヲ為スコトヲ得ルコト
　(5)　療養、助産又ハ葬祭ノ給付ヲ為ス組合ニ於テ其ノ給付ヲ為スコト困難ナル場合其ノ他特別ノ事由アル場合ニ於テハ之ニ代ヘテ之ニ要スル費用ヲ支給スルコトヲ得ルコト
　(6)　組合ハ監督官庁ノ認可ヲ受ケテ其ノ他ノ給付ヲモ為スコトヲ得ルコト
　(7)　組合ニ於テ為ス保険給付ノ種類、範囲、期間、程度及受給条件ハ規約ヲ以テ之ヲ定ムルコト
　(8)　組合ハ療養ノ給付ニ要シタル費用ノ一部ヲ其ノ給付ヲ受クル者（給付ヲ受クル者組合員ニ非ザル場合ニ於テハ其ノ属スル世帯ノ組合員）ニ負担セシムルコトヲ得ルコト
　(9)　組合ハ被保険者ノ健康ヲ保持スル為必要ナル施設ヲ為スコトヲ得ルコト
6　費　用
　(1)　組合ハ組合員ヨリ保険料ヲ徴収スルコト
　(2)　保険料ノ算定及徴収ニ関スル事項ハ規約ヲ以テ之ヲ定ムルコト
　(3)　保険料其ノ他ノ徴収金ノ滞納ニ付テハ組合ハ滞納者ノ居住セル市町村又ハ其ノ者ノ財産ノ在ル市町村ニ対シ之ノ処分ヲ請求スルコトヲ得ルコト
　(4)　一定期間以上継続シテ保険給付ヲ受ケザリシ者ニ対シテハ組合ハ規約ノ定

ムル所ニ依リ其ノ期間ニ払込ミタル保険料ノ一部ヲ払戻スコトヲ得ルコト
7 管理
  (1) 組合ニ組合会ヲ置キ組合ノ重要事項ヲ議決セシムルコト
  (2) 組合ニ理事若干名ヲ置キ組合事務ヲ執行セシムルコト
  (3) 理事中1名ヲ理事長トシ組合ヲ代表セシムルコト
  (4) 普通国民健康保険組合ニ於テハ理事中ニ関係市町村長又ハ其ノ指定シタル者ヲ加ヘ特別ノ事情ナキ限リ之ヲ以テ理事長ニ充ツルコト
  (5) 組合ハ規約ヲ以テ其ノ他ノ役員ヲ置クコトヲ得ルコト
8 分合解散
  (1) 組合ノ分割、合併又ハ解散ハ組合会ノ議決ヲ経テ監督官庁ノ認可ヲ受クルコト
  (2) 組合解散ノ場合ニ於ケル清算方法ニ付テハ監督官庁ノ認可ヲ受クルコト

第3 監督

1 組合ハ内務大臣及地方長官之ヲ監督スルコト
2 監督官庁ハ組合ニ対シ監督上必要ナル諸報告ヲ為サシメ実地検査ヲ為シ規約ノ変更ヲ命ジ其ノ他監督上必要ナル処分ヲ為スコトヲ得ルコト
3 監督官庁ハ一定ノ場合ニ組合ノ役員ノ職務ヲ官吏其ノ他ノ者ヲシテ執行セシムルコトヲ得ルコト
4 監督官庁ハ一定ノ場合ニ組合ノ決議ヲ取消シ、役員ヲ解職シ又ハ組合ノ解散ヲ命ズルコトヲ得ルコト

第4 審査、調停及訴願

1 保険給付ニ関スル決定ニ不服アル者ノ為ニ審査ヲ行ヒ組合ト医療機関トノ間ニ起リタル保険給付ニ関スル契約ニ付テノ紛争ニ関シ調停ヲ行フ為中央及地方ニ国民健康保険委員会ヲ設置スルコト
2 国民健康保険委員会ハ官吏、学識経験アル者、組合ノ役員、組合員、医師、歯科医師及薬剤師等ヲ以テ之ヲ組織スルコト
3 保険料其ノ他ノ徴収金ノ賦課徴収滞納処分又ハ組合員若ハ被保険者ノ資格ニ関スル決定ニ不服アル者ノ為ニ訴願ヲ為シ得ル途ヲ拓クコト

資料編

資料7：国民健康保険制度案要綱

(昭和10(1935)年10月24日社会保険調査会諮問版)（要綱A）〔出典：経過記録・調査会議事録6-12頁〕

　　　　　　　目　　次
　第1　総　　説
　第2　国民健康保険組合
　　1　総　則
　　2　組　織
　　3　設　立
　　4　被保険者
　　5　保険給付及保健施設
　　6　費　用
　　7　管　理
　　8　分合解散
　第3　監　　督
　第4　審査、調停及訴願

　　　　第1　総　　説
1　本保険ハ庶民階級ニ属スル国民ノ健康保険ヲ目的トスルコト
2　本保険ハ被保険者ノ疾病及負傷ヲ以テ保険事故トスルモ其ノ他被保険者ノ分娩及死亡ヲモ保険事故トスルコトヲ得ルコト
3　本保険ハ国民健康保険組合ヲ以テ其ノ保険者トスルコト
　　　第2　国民健康保険組合
1　総　則
　(1)　組合ハ普通国民健康保険組合ト特別国民健康保険組合ノ二種トスルコト
　(2)　組合ハ之ヲ法人トスルコト
　[(3)]　国、道府県及市町村ハ予算ノ範囲内ニ於テ組合ニ対シ補助金ヲ交付スルコトヲ得ルコト
2　組　織
　(1)　普通国民健康保険組合ハ其ノ地区内ニ於テ一戸ヲ構フル者又ハ一戸ヲ構ヘザルモ独立ノ生計ヲ営ム者ヲ以テ組合員トスルコト但シ其ノ世帯ニ被保険者タルベキ者ナキ場合ハ此ノ限ニアラザルコト
　　　　前項ノ地区ハ市町村ノ区域ニ依ルコト但シ特別ノ事由アルトキハ此ノ区域ニ依ラザルコトヲ得ルコト
　(2)　監督官庁必要アリト認ムルトキハ普通国民健康保険組合ノ地区内ニ於テ組合員タル資格ヲ有スル者ヲ総テ組合員タラシムルコトヲ得ルコト
　(3)　特別国民健康保険組合ハ規約ノ定ムル所ニ［依リ］同種ノ業務ニ従事スル

者、同一ノ事業ニ使用セラルル者其ノ他共同ノ利害関係ヲ有スル者ヲ以テ組合員トスルコト
3　設　立
　(1)　組合ヲ設立セントスルトキハ発起人ハ規約ヲ作リ組合員タラントスル者ノ同意ヲ得テ監督官庁ノ許可ヲ得ルコト
　(2)　普通国民健康保険組合設立ノ場合ノ発起人中ニハ関係市町村長又ハ其ノ指定シタル者ヲ加フルコト
4　被保険者
　(1)　組合ハ組合員及規約ノ定ムル所ニ依リ組合員ノ世帯ニ属スル者ヲ以テ被保険者トスルコト
　(2)　組合ノ地区内ニ定住セザル者其ノ他特別ノ事由アル者ニ付テハ規約ノ定ムル所ニ依リ被保険者ト為サザルコトヲ得ルコト
　(3)　貧困ノ為法令ニ依ル救護ヲ受クル者及法令ニ依リ疾病及負傷ニ付療養ニ関スル給付ヲ受クル者ハ被保険者ト為サザルコト
　(4)　多額ノ収入アル者及其ノ［他ノ］世帯ニ属スル者ハ被保険者ト為サザルコト但シ特別ノ事情アル組合ニ於テハ之ヲ被保険者ト為スコトヲ得ルコト
5　保険給付及保健施設
　(1)　組合ハ被保険者ノ疾病又ハ負傷ニ関シ療養ノ給付ヲ為スコト但シ特別ノ事情アル組合ニ於テハ療養ニ要スル費用ヲ支給スルコト
　(2)　療養ノ給付ハ左ノ範囲トスルコト
　　㈤　診察（往診ヲ含ム）
　　㈹　薬剤（売薬ヲ含ム）又ハ治療材料ノ支給
　　㈲　処置、手術其ノ他ノ治療
　　㈡　入　院
　　㈩　看　護
　　㈻　移　送
　(3)　療養ノ給付ニ付テハ組合ハ特別ノ事情ナキ限リ一般ノ医師、歯科医師、薬剤師其ノ他ノ医療機関ヲ組合ノ医療機関トシテ指定シ被保険者ニ医療機関選択ノ自由ヲ認ムルコト
　(4)　組合ハ被保険者ノ分娩又ハ死亡ニ関シ助産若ハ葬祭ノ給付又ハ之ニ要スル費用ノ支給ヲ為スコトヲ得ルコト
　(5)　療養、助産又ハ葬祭ノ給付ヲ為ス組合ニ於テ其ノ給付ヲ為スコト困難ナル場合其ノ他特別ノ事由アル場合ニ於テハ之ニ代ヘテ之ニ要スル費用ヲ支給ス

(6) 組合ハ監督官庁ノ許可ヲ受ケテ其ノ他ノ給付ヲモ為スコトヲ得ルコト
　(7) 組合ニ於テ為ス保険給付ノ種類、範囲、期間、程度及受給条件ハ規約ヲ以テ之ヲ定ムルコト
　(8) 組合ハ療養ノ給付ニ要シタル費用ノ一部ヲ其ノ給付ヲ受クル者（給付ヲ受クル者組合員ニ非ザル場合ニ於テハ其ノ属スル世帯ノ組合員）ニ負担セシムルコトヲ得ルコト
　(9) 組合ハ被保険者ノ健康ヲ保持スル為必要ナル施設ヲ為スコトヲ得ルコト

6　費　用
　(1) 組合ハ組合員ヨリ保険料ヲ徴収スルコト
　(2) 保険料ノ算定及徴収ニ関スル事項ハ規約ヲ以テ之ヲ定ムルコト
　(3) 保険料其ノ他ノ徴収金ノ滞納ニツイテハ組合ハ滞納者ノ居住セル市町村又ハ其ノ者ノ財産ノアル市町村ニ対シ之ガ処分ヲ請求スルコトヲ得ルコト
　(4) 一定期間以上継続シテ保険給付ヲ受ケザリシ者ニ対シテハ組合ハ規約ノ定ムル所ニ依リ其ノ期間ニ払込ミタル保険料ノ一部ヲ払戻スコトヲ得ルコト

7　管　理
　(1) 組合ニ組合会ヲ置キ組合ノ重要事項ヲ決議セシムルコト
　(2) 組合ニ理事若干名ヲ置キ組合事務ヲ執行セシムルコト
　(3) 理事中1名ヲ理事長トシ組合ヲ代表セシムルコト
　(4) 普通国民健康保険組合ニ於テハ理事中ニ関係市町村長又ハ其ノ指定シタル者ヲ加ヘ特別ノ事情ナキ限リ之ヲ以テ理事長ニ充ツルコト
　(5) 組合ハ規約ヲ以テ其ノ他ノ役員ヲ置クコトヲ得ルコト

8　分合解散
　(1) 組合ノ分割、合併又ハ解散ハ組合会ノ議決ヲ経テ監督官庁ノ認可ヲ受クルコト
　(2) 組合解散ノ場合ニ於ケル清算方法ニ付テハ監督官庁ノ認可ヲ受クルコト

　　　第3　監　督
1　組合ハ内務大臣及地方長官之ヲ監督スルコト
2　監督官庁ハ組合ニ対シ監督上必要ナル諸報告ヲ為サシメ、実地検査ヲ為シ、規約ノ変更ヲ命ジ其ノ他監督上必要ナル処分ヲ為スコトヲ得ルコト
3　監督官庁ハ一定ノ場合ニ組合ノ役員ノ職務ヲ官吏其ノ他ノ者ヲシテ執行セシムルコトヲ得ルコト
4　監督官庁ハ一定ノ場合ニ組合ノ決議ヲ取消シ、役員ヲ解職シ又ハ組合ノ解散

第4 審査、調停及訴願
1　保険給付ニ関スル決定ニ不服アル者ノ為ニ審査ヲ行ヒ組合ト医療機関トノ間ニ起リタル保険給付ニ関スル契約ニ付テノ紛争ニ関シ調停ヲ行フ為中央及地方ニ国民健康保険委員会ヲ設置スルコト
2　国民健康保険委員会ハ官吏、学識経験アル者、組合ノ役員、組合員、医師、歯科医師及薬剤師等ヲ以テ之ヲ組織スルコト
3　保険料其ノ他ノ徴収金ノ賦課徴収、滞納処分又ハ組合員若ハ被保険者ノ資格ニ関スル決定ニ不服アル者ノ為ニ訴願ヲ為シ得ル途ヲ拓クコト

資料8：修正後の国民健康保険制度案要綱

（昭和10（1935）年12月10日社会保険調査会答申による修正版）（要綱Ｂ）〔出典：経過記録・調査会議事録75-80頁〕

第1　総　説
1　本保険ハ庶民ノ健康保険ヲ目的トスルコト
2　本保険ハ被保険者ノ疾病、負傷及分娩ヲ以テ保険事故トスルモ被保険者ノ死亡ヲモ保険事故トスルコトヲ得ルコト但シ分娩ニ付テハ特別ノ事情アル組合ニ於テハ保険事故ト為サザルコトヲ得ルコト
3　本保険ハ国民健康保険組合ヲ以テ其ノ保険者トスルコト

第2　国民健康保険組合
1　総　則
(1)　組合ハ普通国民健康保険組合ト特別国民健康保険組合ノ二種トスルコト
(2)　組合ハ之ヲ法人トスルコト
(3)　国、道府県及市町村ハ予算ノ範囲内ニ於テ組合ニ対シ補助金ヲ交付スルコトヲ得ルコト
2　組　織
(1)　普通健康保険組合ハ其ノ地区内ニ於テ一戸ヲ構フル者又ハ一戸ヲ構ヘザルモ独立ノ生計ヲ営ム者ヲ以テ組合員トスルコト
　　　前項ノ地区ハ市町村ノ区域ニ依ルコト但シ特別ノ事由アルトキハ此ノ地域ニ依ラザルコトヲ得ルコト
(2)　監督官庁必要アリト認ムルトキハ普通国民健康保険組合ノ地区内ニ於テ組合員タル資格ヲ有スル者ヲ総テ組合員タラシムルコトヲ得ルコト但シ其ノ世帯ニ被保険者タルベキ者ナキ者ニ付テハ此ノ限ニ在ラザルコト

資　料　編

　　(3) 特別国民健康保険組合ハ規約ノ定ムル所ニ依リ同種ノ業務ニ従事スル者、同一ノ事業ニ使用セラルル者其ノ他共同ノ利害関係ヲ有スル者ヲ以テ組合員トスルコト
　　(4) 組合ハ規約ノ定ムル所ニ依リ其ノ事業ニ賛助スル者ヲ賛助組合員ト為スコトヲ得ルコト
 3　設　立
　　(1) 組合ヲ設立セントスルトキハ発起人ハ規約ヲ作リ組合員タラントスル者ノ同意ヲ得テ監督官庁ノ認可ヲ受クルコト
 4　被保険者
　　(1) 組合ハ組合員及規約ノ定ムル所ニ依リ組合員ノ世帯ニ属スル者ヲ以テ被保険者トスルコト
　　(2) 組合ノ地区内ニ定住セザル者其ノ他特別ノ事由アルモノニ付テハ規約ノ定ムル所ニ依リ被保険者ト為サザルコトヲ得ルコト
　　(3) 貧困ノ為法令ニ依ル救護ヲ受クル者及法令ニ依リ疾病及負傷ニ付療養ニ関スル給付ヲ受クル者ハ被保険者ト為サザルコト
　　(4) 多額ノ収入アル者及其ノ世帯ニ属スル者ハ被保険者ト為サザルヲ例トスルコト
 5　保険給付及保健施設
　　(1) 組合ハ被保険者ノ疾病又ハ負傷ニ関シ療養ノ給付ヲ為スコト但シ特別ノ事情アル組合ニ於テハ療養ニ要スル費用ヲ支給スルコト
　　(2) 療養ノ給付ハ左ノ範囲トスルコト
　　　　㈕ 診察（往診ヲ含ム）
　　　　㈥ 薬剤（売薬ヲ含ム）又ハ治療材料ノ支給
　　　　㈦ 処置、手術其ノ他ノ治療
　　　　㈠ 入院
　　　　㈩ 看護
　　　　㈡ 移送
　　(3) 療養ノ給付ニ付テハ組合ハ特別ノ事情ナキ限リ一般ノ医師、歯科医師、薬剤師其ノ他ノ医療機関ヲ組合ノ医療機関トシテ指定シ被保険者ニ医療機関選択ノ自由ヲ認ムルコト
　　(4) 分娩ヲ保険事故ト為ス組合ニ於テハ被保険者ノ分娩ニ関シ助産ノ給付ヲ為スコト但シ特別ノ事情アル組合ニ於テハ助産ニ要スル費用ノ支給ヲ為スコトヲ得ルコト

(5) 組合ハ被保険者ノ死亡ニ関シ葬祭ノ給付又ハ之ニ要スル費用ノ支給ヲ為スコトヲ得ルコト
(6) 療養、助産又ハ葬祭ノ給付ヲ為ス組合ニ於テ其ノ給付ヲ為スコト困難ナル場合其ノ他特別ノ事由アル場合ニ於テハ之ニ代ヘテ之ニ要スル費用ヲ支給スルコトヲ得ルコト
(7) 組合ハ監督官庁ノ認可ヲ受ケテ其ノ他ノ給付ヲモ為スコトヲ得ルコト
(8) 組合ニ於テ為ス保険給付ノ種類、範囲、期間、程度及受給条件ハ規約ヲ以テ之ヲ定ムルコト
(9) 組合ハ療養ノ給付ニ要シタル費用ノ一部ヲ其ノ給付ヲ受クル者(給付ヲ受クル者組合員ニ非ザル場合ニ於テハ其ノ属スル世帯ノ組合員)ニ負担セシムルコトヲ得ルコト
(10) 組合ハ被保険者ノ健康ヲ保持スル為必要ナル施設ヲ為スコトヲ得ルコト

10 費　用
(1) 組合ハ組合員ヨリ保険料ヲ徴収スルコト
(2) 保険料ノ算定及徴収ニ関スル事項ハ規約ヲ以テ之ヲ定ムルコト
(3) 賛助組合員ノ負担ニ関スル事項ハ規約ヲ以テ之ヲ定ムルコト
(4) 保険料其ノ他ノ徴収金ノ滞納ニ付テハ組合ハ滞納者ノ居住セル市町村又ハ其ノ者ノ財産ノ在ル市町村ニ対シ之ガ処分ヲ請求スルコトヲ得ルコト
(5) 一定期間以上継続シテ保険給付ヲ受ケザリシ者ニ対シテハ組合ハ規約ノ定ムル所ニ依リ其ノ期間ニ払込ミタル保険料ノ一部ヲ払戻スコトヲ得ルコト

7 管　理
(1) 組合ニ組合会ヲ置キ組合ノ重要事項ヲ議決セシムルコト
(2) 組合ニ理事若干名ヲ置キ組合事務ヲ執行セシムルコト
(3) 理事中1名ヲ理事長トシ組合ヲ代表セシムルコト
(4) 組合ハ規約ヲ以テ其ノ他ノ役員ヲ置クコトヲ得ルコト

8 分合解散
(1) 組合ノ分割、合併又ハ解散ハ組合会ノ議決ヲ経テ監督官庁ノ認可ヲ受クルコト
(2) 組合解散ノ場合ニ於ケル清算方法ニ付テハ監督官庁ノ認可ヲ受クルコト

第3 国民健康保険組合連合会

1 組合ハ共同ノ目的ヲ達スル為国民健康保険組合連合会ヲ組織スルコトヲ得ルコト
2 連合会ハ之ヲ法人トスルコト

資料編

第4 監督
1 組合及連合会ハ内務大臣及地方長官之ヲ監督スルコト
2 監督官庁ハ組合及連合会ニ対シ監督上必要ナル諸報告ヲ為サシメ、実地検査ヲ為シ、規約ノ変更ヲ命ジ其ノ他監督上必要ナル処分ヲ為スコトヲ得ルコト
3 監督官庁ハ一定ノ場合ニ組合及連合会ノ役員ノ職務ヲ官吏其ノ他ノ者ヲシテ執行セシムルコトヲ得ルコト
4 監督官庁ハ一定ノ場合ニ組合及連合会ノ決議ヲ取消シ、役員ヲ解職シ又ハ組合及連合会ノ解散ヲ命ズルコトヲ得ルコト

第5 審査、調停及訴願
1 保険給付ニ関スル決定ニ不服アル者ノ為ニ審査ヲ行ヒ組合及連合会ト医療機関トノ間ニ起リタル保険給付ニ関スル契約ニ付テノ紛争ニ関シ調停ヲ行フ為中央及地方ニ国民健康保険委員会ヲ設置スルコト
2 国民健康保険委員会ハ官吏、学識経験アル者、組合ノ役員、組合員、医師、歯科医師及薬剤師等ヲ以テ之ヲ組織スルコト
3 保険料其ノ他ノ徴収金ノ賦課徴収、滞納処分又ハ組合員若ハ被保険者ノ資格ニ関スル決定ニ不服アル者ノ為ニ訴願又ハ行政訴訟ヲ為シ得ル途ヲ拓クコト

資料9：国民健康保険法案（未定稿）
（昭和11(1936)年12月上旬各省配付版）（法案①）〔出典：医事新報744号（昭和11年12月12日）67-68頁〕

第1章 総則
第1条　国民健康保険は互助共済の精神に則り国民の疾病、負傷、分娩又は死亡に関し本法の定むる所に依り保険給付を為すものとす。
第2条　国民健康保険は国民健康保険組合之を管掌す。
第3条　営利を目的とせざる社団法人は命令の定むる所に依り地方長官の許可を受け国民健康保険組合の事業を行ふことを得
　　前項の許可を受けたる法人其の行ふ国民健康保険組合の事業を廃止せんとするときは地方長官の許可を受くべし。
第4条　国庫は予算の範囲内に於て国民健康保険組合及国民健康保険組合の事業を行ふ法人に対し補助金を交付することを得
　　道府県及市町村は国民健康保険組合及国民健康保険組合の事業を行ふ法人に対し補助金を交付することを得

第5条　保険料其の他本法の規定に依る徴収金を徴収し又は其の還付を受くる権利及保険給付を受くる権利は1年を経過したるときは時効に因りて消滅す
　　前項の時効の中断、停止其の他の事項に関しては民法の時効に関する規定を準用す。
　　国民健康保険組合が規約の定むる所に依りて為す保険料其の他本法の規定に依る徴収金の徴収の告知は民法第153条の規定に拘らず時効中断の効力を生ず
第6条　国民健康保険組合に関する書類には印紙税を課せず。
第7条　保険給付として支給を受けたる金品を標準として租税其の他の公課を課せず又課することを得ず。
第8条　保険給付を受くる権利は之を譲渡し又は差押へることを得ず
第9条　国民健康保険組合、国民健康保険組合の事業を行ふ法人又は保険給付を受くべき者は被保険者又は被保険者たりし者の戸籍に関し戸籍事務を管掌する者又は其の代理者に対し無償にて証明を求むることを得
第10条　保険料其の他本法の規定に依る徴収金を滞納する者ある場合に於て国民健康保険組合の請求あるときは市町村は市町村税の例に依り之を処分す此の場合に於ては組合は徴収金額の100分の4を市町村に交付すべし
　　市町村が前項の請求を受けたる日より30日以内に其の処分に着手せず又90日以内に之を結了せざるときは国民健康保険組合は地方長官の認可を得て之を処分することを得此の場合に於ては町村制第111条第1項及第4項の規定を準用す。
　　第1項に規定する徴収金の先取特権の順位は市町村其の他之に準ずべきものの徴収金に次ぎ他の公課に先つものとす。
第11条　本法中地方長官とあるは2以上の道府県に跨る国民健康保険組合、国民健康保険組合の事業を行ふ法人又は国民健康保険組合連合会に付ては之を主務大臣とす但し第61条に付ては此の限に在らず。
第12条　本法中町村とあるは町村制を施行せざる地に在りては之に準ずべきものとす。
　　　第2章　国民健康保険組合
　　　　（第1節　総則）
第13条　国民健康保険組合は左の二種とす。
　1．普通国民健康保険組合
　2．特別国民健康保険組合
第14条　国民健康保険組合は法人とす。

資料編

第15条　普通国民健康保険組合とは其の地区内の世帯主を以て組合員とするものを謂ひ特別国民健康保険組合は規約の定むる所に依り同一の事業に使用せらるる者同種の業務に従事する者又は之に類する共同の利害関係に在る者を以て組合員とするものを謂ふ。
　　前項の地区内市町村の区域に依る但し特別の事由あるときは此の区域に依らざることを得
第16条　国民健康保険組合を設立せんとするときは発起人は規約に依り組合員たらんとする者の同意を得て地方長官認可を受くべし、
　　国民健康保険組合は設立の認可を受けたる時に成立す
第17条　国民健康保険組合の規約とは左の事項を記載すべし。
　1．組合の名称
　2．事務所の所在地
　3．組合の地区又は組合員の範囲
　4．公示方法
　5．組合員の加入脱退に関する事項
　6．被保険者の資格得喪に関する事項
　7．其の他組合に関し重要なる事項
　　国民健康保険組合の規約の変更は地方長官の認可を受くるに非ざれば其の効力を生せず
第18条　地方長官は命令の定むる所に依り普通国民健康保険組合を指定し其の地区内に於ける世帯主を総て組合員たらしむることを得、但し被保険者たるべき者なき世帯の世帯主に付ては此の限に在らず。
第19条　国民健康保険の被保険者は組合員及規約の定むる所に依り組合員の世帯に属する者とす。但し左の各号の一に該当する者は此の限に在らず。
　1．健康保険の被保険者
　2．他の国民健康保険［組合］又は国民健康保険組合の事業を行ふ法人の被保険者
　　前項の規定に拘らず多額の収入ある者及其の世帯に属する者其の他特別の事由ある者は規約の定むる所に依り之を被保険者と為さざることを得。
第20条　国民健康保険組合は規約の定むる所に依り規約違反者より過怠金を徴収することを得
第21条　国民健康保険組合は事業に支障なき場合に限り被保険者に非ざる者をして組合の施設を利用せしむることを得。

前項の利用に付ては利用料を徴収することを得。
第22条　本法に規定するものの外国民健康保険の管理財産の保管及利用方法其の他国民健康保険組合に関し必要なる事項は命令を以て之を定む。
　　　（第2節　事　業）
第23条　国民健康保険組合は被保険者の疾病又は負傷に関しては療養の給付、分娩に関しては助産の給付、死亡に関しては葬祭の給付を為すものとす。但し特別の事情ある組合に於ては之に代へて療養、助産又は葬祭に要する費用を支給する事を得

　特別の事情ある国民健康保険組合は分娩又は死亡に関する給付を為さざることを得

　国民健康保険組合は第1項に定むる給付以外の保険給付を為すことを得
第24条　療養の給付助産の給付又は葬祭の給付を為す国民健康保険組合其の給付を為すこと困難なる場合其の他必要なる場合に於ては之に代つて療養費助産費又は葬祭費を支給することを得。
第25条　国民健康保険組合は規約の定むる所に依り保険給付に要する費用の一部を其の給付を受くる者へ給付を受くる者組合員に非ざる場合に於ては其の属する世帯の組合員に負担せしむることを得
第26条　本法に規定するものの外保険給付の種類、範囲、支給期間支給額其の他保険給付に関し必要なる事項は規約を以て之を定むべし。
第27条　国民健康保険組合は被保険者の健康を保存増進する為左の施設を為すことを得
　1．傷病の予防に関する施設
　2．健康診断に関する施設
　3．保養に関する施設
　4．其の他健康の保持増進に関する施設
第28条　国民健康保険組合は其の事業に要する費用に充つるため組合員より保険料を徴収するものとす

　保険料の額及徴収方法に関し必要なる事項は規約を以て之を定むべし。

　国民健康保険組合は特別の事情ある者に付ては保険料を減免し又は其の徴収を猶予する事を得
第29条　国民健康保険組合は規約の定むる所に依り一定期間保険給付を受けざりし者組合員の世帯に属する者を被保険者とする組合に取りては保険給付を受くる者なかりし世帯の組合員に対し其の期間徴収したる保険料の一部を払戻すこ

とを得
　　　　［(第3節　管理？)］
第30条　国民健康保険組合に組合会を置く組合会議員に於て之を組織する組合会の議長は理事長を以て之に充つ理事長故障あるときは其の代理者議長の職務を行ふ。

第31条　組合会の議決すべき事項左の如し
　1．収入支出の予算
　2．事業報告及決算
　3．収入支出の予算を以て定むるものの外新な義務の負担又は権利の放棄
　4．準備金其の他重要なる財産の処分
　5．組合債
　6．規約の変更
　7．其の他重要なる事項

第32条　組合会は組合の事務に関する書類を検閲し理事の報告を請求し、又は事務の管理、議決の執行及出納を検査することを得
　　組合会は議員中より委員を選挙し前項の組合会の権限に属する事項を行はしむることを得

第33条　国民健康保険組合に理事を置く。
　　理事は組合会に於て組合員中より之を選任す。但し特別の事由あるときは組合員に非ざる者の中より之を選任することを得。
　　普通国民健康保険組合に在りては前項の規定に拘らず特別の事由なき限り理事中に関係市町村長又は其の指定したる者を加ふるものとす。

第34条　理事の中1人を理事長として理事之を互選す但し前条第3項に規定する理事あるときは特別の事情なき限り之を以て理事長に充て其の理事数人ある場合に於ては其の理事中に付理事之を選任す。
　　理事長は組合を代表す。
　　理事長故障あるときは規約の定むる所に依り他の理事其の職務を代理す。

第35条　組合会成立せず又は其の議決すべき事項を議決せざるときは理事は地方長官の指揮を請ひ其の議決すべき事項を処置することを得。

第36条　組合会に於て議決すべき事項に関し臨時急施を要する場合に於て組合会成立せざるとき又は之を招集するの暇なきときは理事之を専決する事を得

第37条　前2条の規定に依り処置を為したるときは理事は次回の会議に於て之を組合会に報告すべし。

第38条　国民健康保険組合は規約の定むる所に依り理事及理事長以外の役員を置くことを得

　　　　（第4節　分合解散）

第39条　国民健康保険組合分割合併又は解散を為さんとするときは組合会に於て之を議決し地方長官の許可を受くべし。

第40条　合併後存続する国民健康保険組合又は合併に因りて成立したる国民健康保険組合は合併に因りて消滅したる組合の権利義務を承継す。

　　分割に因りて成立したる国民健康保険組合は分割に因りて消滅したる組合又は分割後存続する組合の権利義務の一部を承継す

　　前項の規定に依り承継する権利義務の限度は分割の議決と共に之を議決し地方長官の認可を受くべし。

第41条　国民健康保険組合は解散の後と雖も清算の目的の範囲内に於ては仍存続するものと看做す

第42条　国民健康保険組合解散したるときは理事清算人と為る但し組合会に於て選任したる者あるときは此の限に在らず。

　　前項の規定に依りて清算人たる者なきとき又は清算人の缺けたる為損害を生ずる虞あるときは地方長官之を選任す。

　　清算人は国民健康保険組合を代表し清算を為すに必要なる一切の行為を為す権限を有す。

　　清算方法及財産処分に付ては地方長官の認可を受くべし。

　　清算人其の任に適せず又は不正の行為ありと認むるときは地方長官は清算人を解任する事を得

　　　　第3章　国民健康保険組合連合会

第43条　国民健康保険組合及国民健康保険組合の事業を行ふ法人は共同して其の目的を達する為国民健康保険組合〔連合会〕を設立することを得国民健康保険組合連合会は法人とす。

第44条　国民健康保険組合連合会を設立せんとするときは規約を作り地方長官の認可を受くべし。

第45条　国民健康保険組合連合会の規約には左の事項を記載すべし。

　1．連合会の目的及事業。
　2．連合会の名称
　3．事務所の所在地
　4．加入及脱退に関する事項

5．管理に関する事項
　　6．経費に関する事項
　　7．其の他重要なる事項。

第46条　国民健康保険組合連合会には命令の定むる所に依り総会理事及理事長を置く。

第47条　本章に規定するものの外国民健康保険組合連合会に関して同第16条第2項、第7条［「第17条」の誤り？］第2項、第20条乃至第22条、第31条、第32条［、］第34条、第2項第3項乃至第42条の規定を準用す。
ママ

第4章　監　　督

第48条　主務大臣及地方長官は国民健康保険組合、国民健康保険組合連合会の事業を行ふ法人又は国民健康保険組合連合会に対し事業に対する報告を為さしめ事業及財産の状況を検査し規約の変更を命じ其の他監督上必要なる命令又は処分を為すことを得
ママ

　　前項に規約とあるは国民健康保険組合の事業を行ふ法人に在りては同命令の定むる所に依り規約に準ずべきものとす。

第49条　国民健康保険組合［、］国民健康保険組合連合会の事業を行ふ法人又は国民健康保険組合連合会の役員に欠陥若は支障あるとき又は其の役員其の執行すべき職務を執行せざるときは地方長官は官吏又は其の他の者を指定して其の職務を執行せしむることを得
ママ

　　前項の場合に於て其の職務の執行に要する費用は国民健康保険組合、国民健康保険組合の事業を行ふ法人又は国民健康保険組合連合会の負担とす。

第50条　地方長官は国民健康保険組合、国民健康保険組合の事業を行ふ法人又は国民健康保険組合連合会の決議若は役員の行為が法令、規約、地方長官の命令若は処分に違反し又は公益を害し若は害するの虞ありと認むるとき又は其の事業若は財産の状況に依り事業の継続を困難なりと認むるときは決議を取消し役員を解職し又は其の解散を命ずることを得

　　前項に於て解散を命ずとあるは国民健康保険組合の事業を行ふ法人に在りては許可の取消とす

　　第47条第3項の規定は第1項に之を準用す
ママ

第5章　審査、調停、訴願及訴訟

第51条　保険給付に関する決定に不服ある者は国民健康保険委員会に審査を請求し其の決定に不服なる者は通常裁判所に訴を提起することを得

　　前項の審査の請求は時効の中断に関しては裁判上の請求と看做す

第52条　国民健康保険組合、国民健康保険組合の事業を行ふ法人又は国民健康保険組合連合会と医師、歯科医師、薬剤師其の他の者又は其の団体との間に於ける保険給付に関する契約に付紛争を生じたるときは国民健康保険委員会は当事者の請求に依り其の調停を為すことを得

第53条　国民健康保険委員会の組織審査及調停に関し必要なる事項は勅令を以て之を定む

第54条　国民健康保険組合の発したる保険料其の他本法の規定に依る徴収金の賦課若は徴収の処分滞納処分、又は組合員若は被保険者の資格に関する決定に不服ある者は地方長官に訴願し其の裁決に不服ある者は内務大臣に訴願し又は行政裁判所に出訴することを得　2以上の道府県に跨る国民健康保険組合に関するものに就いては内務大臣に訴願し又は行政裁判所に出訴することを得

第55条　審査の請求訴の提起又は訴願若は行政訴訟の提起ﾏﾏは処分又は決定の通知を受けたる日より30日以内に之を為すべし此の場合に於て審査の請求に付ては訴願法第8条第3項の決定を訴の提起に付ては同民事訴訟法第158条第2項及第159条の規定を準用す。

　　　　第6章　罰　　則

第56条　国民健康保険組合［、］国民健康保険組合の事業を行ふ法人又は国民健康保険組合連合会第55条［「第48条」の誤り？］の規定に依る命令に違反し又は処分を拒み若は妨げたるときは其の役員又は清算人を100円以下の科料に処す。

　　前項の科料に付ては非訟事件手続法第206条乃至第208条の規定を準用す。

　　　　附　　則

本法施行の期日は勅令を以て之を定む

資料10：国民健康保険法案要綱

　　　（昭和11(1936)年12月24日刷版）（要綱Ｃ）〔出典：公文雑纂昭和12年〕

　　　　第1　総　　則

　1．目　的

　　本保険ハ相扶共済ノ精神ニ則リ国民ノ疾病、負傷、分娩又ハ死亡ニ関シ保険給付ヲ為スヲ目的トスルコト

　2．保険者

　　本保険ノ保険者ハ国民健康保険組合トスルコト但シ営利ヲ目的トセザル社団法人ハ地方長官ノ許可ヲ受ケテ組合ノ事業ヲ行フコトヲ得ルコト

267

資料編

3．補助金

　　国庫ハ予算ノ範囲内ニ於テ組合及組合ノ事業ヲ行フ法人ニ対シ補助金ヲ交付スルコトトシ道府県及市町村モ之ニ対シ補助金ヲ交付スルコトヲ得ルコト

　　第2　国民健康保険組合

1．総　則

(1) 組合ハ普通国民健康保険組合及特別国民健康保険組合ノ二種トスルコト

(2) 組合ハ之ヲ法人トスルコト

2．組　織

(1) 普通国民健康保険組合ハ其ノ地区内ノ世帯主（被保険者タルベキモノナキ世帯ノ世帯主ヲ除ク）ヲ以テ其ノ組合員トシ其ノ地区ハ原則トシテ市町村ノ区域ニ依ルコト但シ特別ノ事由アルトキハ此ノ区域ニ依ラザル事ヲ得ルコト

(2) 普通国民健康保険組合ニシテ其ノ組合員ノ資格ヲ有スル者ノ3分ノ2以上組合員タル場合監督官庁必要アリト認ムルトキハ其ノ組合ヲ指定シ組合員タル資格ヲ有スル者ヲ総テ其ノ組合員タラシムルコトヲ得ルコト但シ特別ノ事由アル者ニシテ命令ヲ以テ定ムル者ニ付テハ之ヲ組合員タラシムル者ノ範囲ヨリ除クコトヲ得ルコト

(3) 特別国民健康保険組合ハ規約ノ定ムル所ニ依リ同一ノ事業ニ使用セラルル者、同種ノ業務ニ従事スル者又ハ之ニ類スル共同ノ利害関係ニ在ル者ヲ以テ其ノ組合員トスルコト

3．設　立

　　組合ヲ設立セントスルトキハ発起人ハ規約ヲ作リ組合員タラントスル者ノ同意ヲ得テ監督官庁ノ認可ヲ受クルコト

4．被保険者

(1) 組合ハ組合員及組合員ノ世帯ニ属スル者ヲ以テ被保険者トスルコト但シ左ノ各号ノ一ニ該当スル者ハ此ノ限ニ在ラザルコト

　　1．健康保険ノ被保険者

　　2．他ノ組合又ハ組合ノ事業ヲ行フ法人ノ被保険者

(2) 組合ハ規約ノ定ムル所ニ依リ多額ノ収入アル者、其ノ他特別ノ事由アル者及組合員ノ世帯ニ属スル者ヲ被保険者ト為サザルコトヲ得ルコト

5．事　業

(1) 保険給付

　　(イ) 組合ハ被保険者ノ疾病又ハ負傷ニ関シテハ療養ノ給付、分娩ニ関シテハ助産ノ給付、死亡ニ関シテハ葬祭ノ給付ヲ為スコト但シ特別ノ事情アル組

合ニ於テハ助産ノ給付又ハ葬祭ノ給付ヲ為サザルコトヲ得ルコト
- (ロ) 特別ノ必要アル組合ハ前項ノ給付ニ代ヘテ療養費、助産費又ハ葬祭費ヲ支給シ又ハ前項ノ給付以外ノ給付ヲ為スコトヲ得ルコト
- (ハ) 療養、助産又ハ葬祭ノ給付ヲ為ス組合ニ於テ其ノ給付ヲ為スコト困難ナル場合其ノ他必要アル場合ハ之ニ代ヘテ療養費、助産費又ハ葬祭費ヲ支給スルコト
- (ニ) 保険給付ノ種類、範囲、支給費其ノ他保険給付ニ関シ必要ナル事項ハ規定ヲ以テ之ヲ定ムルコト
- (ホ) 組合ハ保険給付ニ要スル費用ノ一部ヲ其ノ給付ヲ受クル者（給付ヲ受クル者組合員ニ非ザル場合ニ於テハ其ノ属スル世帯ノ組合員）ニ負担セシムルコトヲ得ルコト

(2) 保健施設

組合ハ被保険者ノ健康ヲ保持増進スル為必要ナル施設ヲ為スコトヲ得ルコト

(3) 費　用
- (イ) 組合ハ其ノ費用ニ充ツル為組合員ヨリ保険料ヲ徴収スルコト
- (ロ) 保険料ノ額及徴収方法ニ付テハ規約ヲ以テ之ヲ定ムルコト
- (ハ) 組合ハ特別ノ事情アル者ニ対シ規約ノ定ムル所ニ依リ保険料ヲ減免シ又ハ其ノ徴収ヲ猶予スルコトヲ得ルコト
- (ニ) 組合ハ規約ノ定ムル所ニ依リ一定期間保険給付ヲ受ケザリシ者（組合員ノ世帯ニ属スル者ヲ被保険者トナス組合ニ在リテハ保険給付ヲ受クル者ナカリシ世帯ノ組合員）ニ対シ其ノ期間徴収シタル保険料ノ一部ヲ払戻スコトヲ得ルコト

6．管　理
- (1) 組合ニ組合会ヲ置キ組合ノ重要事項ヲ議決セシムルコト
- (2) 組合ニ理事若干名ヲ置キ組合事務ヲ執行セシムルコト
- (3) 理事中1人ヲ理事長トシ組合ヲ代表セシムルコト
- (4) 普通国民健康保険組合ニ在リテハ特別ノ事情ナキ限リ関係市町村長又ハ其ノ指定シタル者ヲ理事中ニ加ヘ之ヲ以テ理事長ニ充ツルコト
- (5) 組合ハ規約ノ定ムル所ニ依リ其ノ他ノ役員ヲ置クコトヲ得ルコト

7．分合解散
- (1) 組合ノ分割、合併又ハ解散ハ組合会ノ議決ヲ経テ監督官庁ノ認可ヲ受クルコト

(2) 組合解散ノ場合ニ於ケル清算方法及財産処分ニ付テハ監督官庁ノ認可ヲ受クルコト

第3 国民健康保険組合連合会
1. 組合及組合ノ事業ヲ行フ法人ハ共同シテ其ノ目的ヲ達スル為国民健康保険組合連合会ヲ組織スルコトヲ得ルコト
2. 組合連合会ハ之ヲ法人トスルコト
3. 組合連合会ヲ設立セントスルトキハ規約ヲ定メ監督官庁ノ認可ヲ受クルコト

第4 監 督
1. 組合、組合ノ事業ヲ行フ法人及組合連合会ハ内務大臣及地方長官之ヲ監督スルコト
2. 監督官庁ハ組合、組合ノ事業ヲ行フ法人及組合連合会ニ対シ其ノ事業及財産ニ関シ報告ヲ為サシメ、其ノ状況ヲ検査シ、規約ノ変更ヲ命ジ其ノ他監督上必要ナル命令又ハ処分ヲ為スコトヲ得ルコト
3. 監督官庁ハ一定ノ場合ニ於テ組合、組合ノ事業ヲ行フ法人及組合連合会ノ役員ノ職務ヲ官吏又ハ其ノ他ノ者ヲシテ執行セシムルコトヲ得ルコト
4. 監督官庁ハ一定ノ場合ニ於テ組合、組合ノ事業ヲ行フ法人又ハ組合連合会ノ決議ヲ取消シ、役員ヲ解職シ又ハ解散ヲ命ズルコト（組合ノ事業ヲ行フ法人ニ在リテハ許可ノ取消）ヲ得ルコト

第5 審査、調停、訴願及訴訟
1. 保険給付ニ関スル決定ニ不服アル者ノ為ニ審査ヲ行ヒ組合、組合ノ事業ヲ行フ法人又ハ組合連合会ト医療機関トノ間ニ起リタル保険給付ニ関スル契約ニ付テノ紛争ニ関シ調停ヲ行フ為国民健康保険委員会ヲ設置スルコト
2. 組合ノ保険料其ノ他ノ徴収金ノ賦課徴収、滞納処分又ハ組合ノ組合員若ハ被保険者ノ資格ニ関スル決定ニ不服アル者ハ訴願又ハ行政訴訟ヲ為シ得ルコト

第6 其ノ他
1. 保険料其ノ他ノ徴収金ノ滞納ニ付テハ組合ハ滞納者ノ居住セル市町村又ハ其ノ者ノ財産ノ在ル市町村ニ対シ之ガ処分ヲ請求スルコトヲ得ルコト
　　市町村ガ前項ノ請求ヲ受ケタル日ヨリ一定期間内ニ処分ニ着手セズ又ハ之ヲ結了セザルトキハ組合ハ監督官庁ノ認可ヲ受ケ之ヲ処分スルコトヲ得ルコト
2. 保険料其ノ他ノ徴収金ヲ徴収シ又ハ其ノ還付ヲ受クル権利及保険給付ヲ受クル権利ハ1年ヲ経過シタルトキハ時効ニ因リテ消滅スルコト
3. 国民健康保険ニ関スル書類ニハ印紙税ヲ課セザルコト
4. 保険給付トシテ支給ヲ受ケタル金品ヲ標準トシテ租税其ノ他ノ公課ヲ課セザ

ルコト
　5．保険給付ヲ受クル権利ハ之ヲ譲渡シ又ハ差押フルコトヲ得ザルコト
　6．組合、組合ノ事業ヲ行フ法人又ハ保険給付ヲ受クベキ者ハ被保険者又ハ被保険者タリシ者ノ戸籍ニ関シ無償ニテ証明ヲ求ムルコトヲ得ルコト

資料11：国民健康保険法案
　　　（昭和12(1937)年3月9日第70回帝国議会提出版）（法案②）〔出典：衆70本19号
　　　（昭和12年3月10日）445-447頁〕

国民健康保険法
　　　第1章　総　則
第1条　国民健康保険ハ相扶共済ノ精神ニ則リ疾病、負傷、分娩又ハ死亡ニ関シ保険給付ヲ為スヲ目的トスルモノトス
第2条　国民健康保険ハ国民健康保険組合（以下組合ト称ス）之ヲ行フ
第3条　保険料其ノ他本法ノ規定ニ依ル徴収金ヲ徴収シ又ハ其ノ還付ヲ受クル権利及保険給付ヲ受クル権利ハ1年ヲ経過シタルトキハ時効ニ因リテ消滅ス
　　前項ノ時効ノ中断、停止其ノ他ノ事項ニ関シテハ民法ノ時効ニ関スル規定ヲ準用ス
　　組合ガ規約ノ定ムル所ニ依リテ為ス保険料其ノ他本法ノ規定ニ依ル徴収金ノ徴収ノ告知ハ民法第153条ノ規定ニ拘ラズ時効中断ノ効力ヲ有ス
第4条　国民健康保険ニ関スル書類ニハ印紙税ヲ課セズ
第5条　保険給付トシテ支給ヲ受ケタル金品ヲ標準トシテ租税其ノ他ノ公課ヲ課セズ
第6条　保険給付ヲ受クル権利ハ之ヲ譲渡シ又ハ差押フルコトヲ得ズ
第7条　組合若ハ組合ノ事業ヲ行フ法人又ハ保険給付ヲ受クベキ者ハ被保険者又ハ被保険者タリシ者ノ戸籍ニ関シ戸籍事務ヲ管掌スル者又ハ其ノ代理者ニ対シ無償ニテ証明ヲ求ムルコトヲ得
第8条　保険料其ノ他本法ノ規定ニ依ル徴収金ヲ滞納スル者アル場合ニ於テ組合ノ請求アルトキハ市町村ハ市町村税ノ例ニ依リ之ヲ処分ス此ノ場合ニ於テハ組合ハ徴収金額ノ100分ノ4ヲ市町村ニ交付スベシ
　　市町村ガ前項ノ請求ヲ受ケタル日ヨリ30日以内ニ其ノ処分ニ着手セズ又ハ90日以内ニ之ヲ結了セザルトキハ組合ハ地方長官ノ認可ヲ受ケ之ヲ処分スルコトヲ得此ノ場合ニ於テハ町村制第111条第1項及第4項ノ規定ヲ準用ス
　　第1項ニ規定スル徴収金ノ先取特権ノ順位ハ市町村其ノ他之ニ準ズベキモノ

ノ徴収金ニ次ギ他ノ公課ニ先ツモノトス
第9条　営利ヲ目的トセザル社団法人ハ命令ノ定ムル所ニ依リ地方長官ノ許可ヲ受ケ組合ノ事業ヲ行フコトヲ得
第10条　本法中地方長官トアルハ2以上ノ道府県ニ跨ル組合若ハ組合ノ事業ヲ行フ法人又ハ国民健康保険組合連合会ニ付テハ之ヲ主務大臣トス
第11条　本法中町村又ハ町村長トアルハ町村制ヲ施行セザル地ニ在リテハ之ニ準ズベキモノトス

第2章　国民健康保険組合

第1節　総則

第12条　組合ハ左ノ二種トス
1　普通国民健康保険組合
2　特別国民健康保険組合
組合ハ法人トス
第13条　普通国民健康保険組合ハ其ノ地区内ノ世帯主ヲ組合員トシ、特別国民健康保険組合ハ同一ノ事業又ハ同種ノ業務ニ従事スル者ヲ組合員トシ之ヲ組織ス
　　第17条第1項但書ノ規定ニ依リ被保険者タル資格ナキ者ハ組合員タルコトヲ得ズ但シ其ノ世帯ニ被保険者タル資格アル者アルトキハ此ノ限ニ在ラズ
　　普通国民健康保険組合ノ地区ハ市町村ノ区域ニ依ル但シ特別ノ事由アルトキハ此ノ区域ニ依ラザルコトヲ得
第14条　組合ヲ設立セントスルトキハ発起人ハ規約ヲ作リ組合員タラントスル者ノ同意ヲ得テ地方長官ノ認可ヲ受クベシ
　　組合ハ設立ノ認可ヲ受ケタル時ニ成立ス
第15条　組合ノ規約ニハ左ノ事項ヲ記載スベシ
1　組合ノ名称
2　事務所ノ所在地
3　組合ノ地区（特別国民健康保険組合ニ在リテハ組合員ノ範囲）
4　組合員ノ加入及脱退ニ関スル事項
5　被保険者ノ資格ノ得喪ニ関スル事項
6　其ノ他重要ナル事項
第16条　普通国民健康保険組合ニ付其ノ組合員タル資格ヲ有スル者ノ3分ノ2以上組合員タル場合ニ於テ地方長官必要アリト認メ其ノ組合ヲ指定シタルトキハ組合員タル資格ヲ有スル者（特別ノ事由アル者ニシテ命令ヲ以テ定ムルモノヲ除ク）ハ総テ組合員ト為ルモノトス

第17条　組合ハ組合員及組合員ノ世帯ニ属スル者ヲ以テ其ノ被保険者トス但シ左ノ各号ノ一ニ該当スル者ハ此ノ限ニ在ラズ
　　1　健康保険ノ被保険者
　　2　他ノ組合又ハ組合ノ事業ヲ行フ法人ノ被保険者
　　3　特別ノ事由アル者ニシテ規約ヲ以テ定ムルモノ
　　　前項ノ規定ニ拘ラズ組合ハ規約ノ定ムル所ニ依リ組合員ノ世帯ニ属スル者ヲ包括シテ被保険者ト為サザルコトヲ得
第18条　組合ハ規約ノ定ムル所ニ依リ規約違反者ヨリ過怠金ヲ徴収スルコトヲ得
第19条　組合ハ事業ニ支障ナキ場合ニ限リ被保険者ニ非ザル者ヲシテ組合ノ施設ヲ利用セシムルコトヲ得
　　　組合ハ前項ノ規定ニ依リ組合ノ施設ヲ利用スル者ニ対シ規約ノ定ムル所ニ依リ利用料ヲ請求スルコトヲ得
第20条　本法ニ規定スルモノノ外組合ノ管理、財産ノ保管及利用方法其ノ他組合ニ関シ必要ナル事項ハ命令ヲ以テ之ヲ定ム
　　　　第2節　事　　業
第21条　組合ハ被保険者ノ疾病又ハ負傷ニ関シテハ療養ノ給付、分娩ニ関シテハ助産ノ給付、死亡ニ関シテハ葬祭ノ給付ヲ為ス但シ特別ノ事由アル組合ハ助産ノ給付又ハ葬祭ノ給付ヲ為サザルコトヲ得
　　　組合ハ命令ノ定ムル所ニ依リ前項ノ給付ニ併セテ其ノ他ノ保険給付ヲ為スコトヲ得
　　　特別ノ事由アル組合ハ規約ノ定ムル所ニ依リ第1項ノ給付ニ代ヘテ療養費、助産費又ハ葬祭費ヲ支給スルコトト為スコトヲ得
第22条　療養ノ給付、助産ノ給付又ハ葬祭ノ給付ヲ為ス組合其ノ給付ヲ為スコト困難ナル場合其ノ他必要アル場合ニ於テハ其ノ都度之ニ代ヘテ療養費、助産費又ハ葬祭費ヲ支給スルコトヲ得
第23条　組合ハ療養ノ給付ニ要スル費用ノ一部ヲ其ノ給付ヲ受クル者（給付ヲ受クル者組合員ニ非ザル場合ニ於テハ其ノ属スル世帯ノ組合員）ヨリ徴収スルコトヲ得
第24条　組合ハ被保険者ノ健康ヲ保持増進スル為左ノ施設ヲ為スコトヲ得
　　1　疾病又ハ負傷ノ予防ニ関スル施設
　　2　健康診断ニ関スル施設
　　3　保養ニ関スル施設
　　4　其ノ他健康ノ保持増進ニ関スル施設

資料編

第25条　組合ハ其ノ事業ニ要スル費用ニ充ツル為組合員ヨリ保険料ヲ徴収ス
　　組合ハ特別ノ事由アル者ニ対シ保険料ヲ減免シ又ハ其ノ徴収ヲ猶予スルコトヲ得
第26条　組合ハ命令ノ定ムル所ニ依リ一定期間保険給付ヲ受クル者ナカリシ世帯ノ組合員（組合員ノミヲ被保険者トスル組合ニ在リテハ保険給付ヲ受ケザリシ組合員）ニ対シ其ノ期間ノ保険料ノ一部ヲ払戻スコトヲ得
第27条　保険給付ノ種類範囲支給期間及支給額、保険料ノ額徴収方法及減免其ノ他保険給付及保険料ニ関シ必要ナル事項ハ規約ヲ以テ之ヲ定ムベシ

　　　　　第3節　管　理

第28条　組合ニ組合会ヲ置ク
　　組合会ハ組合会議長及組合会議員ヲ以テ之ヲ組織ス
　　組合会議長ハ理事長ヲ以テ之ニ充ツ理事長故障アルトキハ其ノ代理者議長ノ職務ヲ行フ
　　組合会議員ハ組合員ニ於テ之ヲ互選ス
第29条　組合会ノ議決スベキ事項左ノ如シ
　1　収入支出ノ予算
　2　事業報告及決算
　3　収入支出ノ予算ヲ以テ定ムルモノノ外新ナル義務ノ負担又ハ権利ノ抛棄
　4　準備金其ノ他重要ナル財産ノ処分
　5　組合債
　6　規約ノ変更
　7　其ノ他重要ナル事項
　　前項第1号及第4号乃至第6号ニ掲グル事項ノ決議ハ地方長官ノ認可ヲ受クルニ非ザレバ其ノ効力ヲ生ゼズ
第30条　組合会ハ組合ノ事務ニ関スル書類ヲ検閲シ、理事ノ報告ヲ請求シ又ハ事務ノ管理、議決ノ執行及出納ヲ検査スルコトヲ得
　　組合会ハ議員中ヨリ委員ヲ選挙シ前項ノ組合会ノ権限ニ属スル事項ヲ行ハシムルコトヲ得
第31条　組合ニ理事数人ヲ置ク
　　理事ハ組合会ニ於テ組合員中ヨリ之ヲ選任ス但シ特別ノ事由アルトキハ組合員ニ非ザル者ノ中ヨリ之ヲ選任スルコトヲ妨ゲズ此ノ場合ニ於テハ其ノ選任ニ付地方長官ノ認可ヲ受クベシ
　　普通国民健康保険組合ニ在リテハ特別ノ事由ナキ限リ前項ノ規定ニ拘ラズ理

事中ニ関係市町村長又ハ其ノ委任ヲ受ケタル吏員ヲ加フルモノトス
第32条　理事ノ中１人ヲ理事長トス
　　　理事長ハ理事ニ於テ之ヲ互選ス但シ前条第３項ノ規定ニ依ル理事アルトキハ特別ノ事由ナキ限リ之ニ付選任ス
　　　理事長ハ組合ヲ代表ス
　　　理事長故障アルトキハ規約ノ定ムル所ニ依リ他ノ理事其ノ職務ヲ代理ス
第33条　組合会成立セズ又ハ其ノ議決スベキ事項ヲ議決セザルトキハ理事ハ地方長官ノ指揮ヲ請ヒ其ノ議決スベキ事項ヲ処置スルコトヲ得
第34条　組合会ニ於テ議決スベキ事項ニ関シ臨時急施ヲ要スル場合ニ於テ組合会成立セザルトキ又ハ之ヲ招集スルノ暇ナキトキハ理事之ヲ専決スルコトヲ得
第35条　前２条ノ規定ニ依リ処置ヲ為シタルトキハ理事ハ次回ノ会議ニ於テ之ヲ組合会ニ報告スベシ
第36条　組合ハ規約ノ定ムル所ニ依リ理事長及理事以外ノ役員ヲ置クコトヲ得
　　　　第４節　分合及解散
第37条　組合分割、合併又ハ解散ヲ為サントスルトキハ組合会ニ於テ之ヲ議決シ地方長官ノ認可ヲ受クベシ
第38条　合併後存続スル組合又ハ合併ニ因リテ成立シタル組合ハ合併ニ因リテ消滅シタル組合ノ権利義務ヲ承継ス
　　　分割ニ因リテ成立シタル組合ハ分割ニ因リテ消滅シタル組合又ハ分割後存続スル組合ノ権利義務ノ一部ヲ承継ス
　　　前項ノ規定ニ依リ承継スル権利義務ノ限度ハ分割ノ議決ト共ニ之ヲ議決シ地方長官ノ認可ヲ受クベシ
第39条　組合ハ解散ノ後ト雖モ清算ノ目的ノ範囲内ニ於テハ仍存続スルモノト看做ス
第40条　組合解散シタルトキハ理事清算人ト為ル
　　　前項ノ規定ニ依リテ清算人タル者ナキトキハ地方長官清算人ヲ選任ス精算人缺ケタルトキ亦同ジ
　　　清算人ハ組合ヲ代表シ清算ヲ為スニ必要ナル一切ノ行為ヲ為ス権限ヲ有ス
　　　清算方法及財産処分ニ付テハ地方長官ノ認可ヲ受クベシ
　　　地方長官必要アリト認ムルトキハ清算方法及財産処分ノ変更ヲ命ジ又ハ清算人ヲ解任スルコトヲ得
　　　第３章　国民健康保険組合連合会
第41条　組合及組合ノ事業ヲ行フ法人ハ共同シテ其ノ目的ヲ達スル為国民健康保

険組合連合会（以下組合連合会ト称ス）ヲ設立スルコトヲ得

組合連合会ハ法人トス

第42条　組合連合会ヲ設立セントスルトキハ規約ヲ作リ地方長官ノ認可ヲ受クベシ

組合連合会ハ設立ノ認可ヲ受ケタル時ニ成立ス

第43条　組合連合会ノ規約ニハ左ノ事項ヲ記載スベシ

1　組合連合会ノ目的及事業
2　組合連合会ノ名称
3　事務所ノ所在地
4　加入及脱退ニ関スル事項
5　経費ノ分賦ニ関スル事項
6　其ノ他重要ナル事項

第44条　組合連合会ニ総会、理事長及理事ヲ置ク

総会ノ組織並ニ理事長及理事ノ選任ニ関スル事項ハ規約ヲ以テ之ヲ定ムベシ

第45条　本章ニ規定スルモノノ外組合連合会ニ関シテハ第18条乃至第20条、第29条、第30条、第32条第3項第4項及第33条乃至第40条ノ規定ヲ準用ス

第4章　監督及補助

第46条　主務大臣及地方長官ハ組合若ハ組合ノ事業ヲ行フ法人又ハ組合連合会ニ対シ其ノ事業及財産ニ関シ報告ヲ為サシメ、其ノ状況ヲ検査シ、規約ノ変更ヲ命ジ其ノ他監督上必要ナル命令又ハ処分ヲ為スコトヲ得

第47条　組合若ハ組合ノ事業ヲ行フ法人又ハ組合連合会ノ役員ニ欠缺若ハ故障アルトキ又ハ其ノ役員其ノ執行スベキ職務ヲ執行セザルトキハ地方長官ハ官吏又ハ其ノ他ノ者ヲ指定シテ其ノ職務ヲ執行セシムルコトヲ得

前項ノ場合ニ於テ其ノ職務ノ執行ニ要スル費用ハ組合若ハ組合ノ事業ヲ行フ法人又ハ組合連合会ノ負担トス

第48条　地方長官ハ組合若ハ組合ノ事業ヲ行フ法人又ハ組合連合会ノ決議又ハ役員ノ行為ガ法令、規約、主務大臣若ハ地方長官ノ命令若ハ処分ニ違反シ又ハ公益ヲ害シ若ハ害スルノ虞アリト認ムルトキ又ハ其ノ事業若ハ財産ノ状況ニ依リ事業ノ継続ヲ困難ナリト認ムルトキハ決議ヲ取消シ、役員ヲ解職シ又ハ組合若ハ組合連合会ノ解散ヲ命ジ若ハ組合ノ事業ヲ行フ法人ニ対シ第9条ノ許可ヲ取消スコトヲ得

第49条　国庫ハ予算ノ範囲内ニ於テ組合及組合ノ事業ヲ行フ法人ニ対シ補助金ヲ交付スルコトヲ得

道府県及市町村ハ組合及組合ノ事業ヲ行フ法人ニ対シ補助金ヲ交付スルコトヲ得

第5章 審査、斡旋、訴願及訴訟

第50条 保険給付ニ関スル決定ニ不服アル者ハ国民健康保険委員会ニ審査ヲ請求シ其ノ決定ニ不服アルトキ民事訴訟ヲ提起スルモノトス
　前項ノ審査ノ請求ハ時効ノ中断ニ関シテハ裁判上ノ請求ト看做ス

第51条 組合若ハ組合ノ事業ヲ行フ法人又ハ組合連合会ト、医師、歯科医師、薬剤師其ノ他ノ者又ハ其ノ団体トノ間ニ於ケル保険給付ニ関スル契約ニ関シ紛争ヲ生ジタルトキハ国民健康保険委員会ハ当事者ノ請求ニ依リ其ノ解決ニ付斡旋ヲ為スコトヲ得

第52条 国民健康保険委員会ノ組織、審査及斡旋ニ関シ必要ナル事項ハ勅令ヲ以テ之ヲ定ム

第53条 組合ノ為シタル保険料其ノ他本法ノ規定ニ依ル徴収金ノ賦課若ハ徴収ノ処分又ハ第8条ノ規定ニ依ル滞納処分ニ不服アル者ハ地方長官ニ訴願シ其ノ裁決ニ不服アル者ハ内務大臣ニ訴願シ又ハ行政裁判所ニ出訴スルコトヲ得但シ2以上ノ道府県ニ跨ル組合ニ関スルモノニ在リテハ内務大臣ニ訴願シ又ハ行政裁判所ニ出訴スルモノトス

第54条 本章ニ規定スル審査ノ請求、訴ノ提起又ハ訴願若ハ行政訴訟ノ提起ハ処分又ハ決定ノ通知ヲ受ケタル日ヨリ30日以内ニ之ヲ為スベシ此ノ場合ニ於テ審査ノ請求ニ付テハ訴願法第8条第3項ノ規定ヲ、訴ノ提起ニ付テハ民事訴訟法第158条第2項及第159条ノ規定ヲ準用ス

第6章 罰則

第55条 組合若ハ組合ノ事業ヲ行フ法人又ハ組合連合会第40条第5項又ハ第46条ノ規定ニ依ル命令ニ違反シ又ハ処分ヲ拒ミ若ハ妨ゲタルトキハ其ノ役員又ハ清算人ヲ100円以下ノ過料ニ処ス
　非訟事件手続法第206条乃至第208条ノ規定ハ前項ノ過料ニ之ヲ準用ス

　　附　則
本法施行ノ期日ハ勅令ヲ以テ之ヲ定ム

資料編

資料12：国民健康保険法案
(昭和13(1938)年1月20日 第73回帝国議会提出版) (法案③) 〔出典：衆73本7号
(昭和13年1月28日) 135-138頁〕

国民健康保険法

第1章 総　則

第1条　国民健康保険ハ相扶共済ノ精神ニ則リ疾病、負傷、分娩又ハ死亡ニ関シ保険給付ヲ為スヲ目的トスルモノトス

第2条　国民健康保険ハ国民健康保険組合（以下組合ト称ス）之ヲ行フ

第3条　保険料其ノ他本法ノ規定ニ依ル徴収金ヲ徴収シ又ハ其ノ還付ヲ受クル権利及保険給付ヲ受クル権利ハ1年ヲ経過シタルトキハ時効ニ因リテ消滅ス

　　前項ノ時効ノ中断、停止其ノ他ノ事項ニ関シテハ民法ノ時効ニ関スル規定ヲ準用ス

　　組合ガ規約ノ定ムル所ニ依リテ為ス保険料其ノ他本法ノ規定ニ依ル徴収金ノ徴収ノ告知ハ民法第153条ノ規定ニ拘ラズ時効中断ノ効力ヲ有ス

第4条　国民健康保険ニ関スル書類ニハ印紙税ヲ課セズ

第5条　保険給付トシテ支給ヲ受ケタル金品ヲ標準トシテ租税其ノ他ノ公課ヲ課セズ

第6条　保険給付ヲ受クル権利ハ之ヲ譲渡シ又ハ差押フルコトヲ得ズ

第7条　組合若ハ組合ノ事業ヲ行フ法人又ハ保険給付ヲ受クベキ者ハ被保険者又ハ被保険者タリシ者ノ戸籍ニ関シ戸籍事務ヲ管掌スル者又ハ其ノ代理者ニ対シ無償ニテ証明ヲ求ムルコトヲ得

第8条　保険料其ノ他本法ノ規定ニ依ル徴収金ヲ滞納スル者アル場合ニ於テ組合ノ請求アルトキハ市町村ハ市町村税ノ例ニ依リ之ヲ処分ス此ノ場合ニ於テハ組合ハ徴収金額ノ100分ノ4ヲ市町村ニ交付スベシ

　　市町村ガ前項ノ請求ヲ受ケタル日ヨリ30日以内ニ其ノ処分ニ着手セズ又ハ90日以内ニ之ヲ結了セザルトキハ組合ハ地方長官ノ認可ヲ受ケ之ヲ処分スルコトヲ得此ノ場合ニ於テハ町村制第111条第1項及第4項ノ規定ヲ準用ス

　　第1項ニ規定スル徴収金ノ先取特権ノ順位ハ市町村其ノ他之ニ準ズベキモノノ徴収金ニ次ギ他ノ公課ニ先ツモノトス

第2章　国民健康保険組合

第1節　総　則

第9条　組合ハ左ノ二種トス

　1　普通国民健康保険組合

資料編

  2 特別国民健康保険組合
 組合ハ法人トス
第10条 普通国民健康保険組合ハ其ノ地区内ノ世帯主ヲ組合員トシ、特別国民健康保険組合ハ同一ノ事業又ハ同種ノ業務ニ従事スル者ヲ組合員トシ之ヲ組織ス
  第14条第1項但書ノ規定ニ依リ被保険者タル資格ナキ者ハ組合員タルコトヲ得ズ但シ其ノ世帯ニ被保険者タル資格アル者アルトキハ此ノ限ニ在ラズ
  普通国民健康保険組合ノ地区ハ市町村ノ区域ニ依ル但シ特別ノ事由アルトキハ此ノ区域ニ依ラザルコトヲ得
第11条 組合ヲ設立セントスルトキハ発起人ハ規約ヲ作リ組合員タラントスル者ノ同意ヲ得テ地方長官ノ認可ヲ受クベシ
  組合ハ設立ノ認可ヲ受ケタル時ニ成立ス
第12条 組合ノ規約ニハ左ノ事項ヲ記載スベシ
  1 組合ノ名称
  2 事務所ノ所在地
  3 組合ノ地区（特別国民健康保険組合ニ在リテハ組合員ノ範囲）
  4 組合員ノ加入及脱退ニ関スル事項
  5 被保険者ノ資格ノ得喪ニ関スル事項
  6 其ノ他重要ナル事項
第13条 普通国民健康保険組合ニ付其ノ組合員タル資格ヲ有スル者ノ3分ノ2以上組合員タル場合ニ於テ地方長官必要アリト認メ其ノ組合ヲ指定シタルトキハ組合員タル資格ヲ有スル者（特別ノ事由アル者ニシテ命令ヲ以テ定ムルモノヲ除ク）ハ総テ組合員ト為ルモノトス
第14条 組合ハ組合員及組合員ノ世帯ニ属スル者ヲ以テ其ノ被保険者トス但シ左ノ各号ノ一ニ該当スル者ハ此ノ限ニ在ラズ
  1 健康保険ノ被保険者
  2 他ノ組合又ハ組合ノ事業ヲ行フ法人ノ被保険者
  3 特別ノ事由アル者ニシテ規約ヲ以テ定ムルモノ
  前項ノ規定ニ拘ラズ組合ハ規約ノ定ムル所ニ依リ組合員ノ世帯ニ属スル者ヲ包括シテ被保険者ト為サザルコトヲ得
第15条 組合ハ規約ノ定ムル所ニ依リ規約違反者ヨリ過怠金ヲ徴収スルコトヲ得
第16条 組合ハ事業ニ支障ナキ場合ニ限リ被保険者ニ非ザル者ヲシテ組合ノ施設ヲ利用セシムルコトヲ得
  組合ハ前項ノ規定ニ依リ組合ノ施設ヲ利用スル者ニ対シ規約ノ定ムル所ニ依

リ利用料ヲ請求スルコトヲ得
第17条　本法ニ規定スルモノノ外組合ノ管理、財産ノ保管及利用方法其ノ他組合ニ関シ必要ナル事項ハ命令ヲ以テ之ヲ定ム

　　　　　第2節　事　　業

第18条　組合ハ被保険者ノ疾病又ハ負傷ニ関シテハ療養ノ給付、分娩ニ関シテハ助産ノ給付、死亡ニ関シテハ葬祭ノ給付ヲ為ス但シ特別ノ事由アル組合ハ助産ノ給付又ハ葬祭ノ給付ヲ為サザルコトヲ得

　組合ハ命令ノ定ムル所ニ依リ前項ノ給付ニ併セテ其ノ他ノ保険給付ヲ為スコトヲ得

　特別ノ事由アル組合ハ規約ノ定ムル所ニ依リ第1項ノ給付ニ代ヘテ療養費、助産費又ハ葬祭費ヲ支給スルコトト為スコトヲ得

第19条　療養ノ給付、助産ノ給付又ハ葬祭ノ給付ヲ為ス組合其ノ給付ヲ為スコト困難ナル場合其ノ他必要アル場合ニ於テハ其ノ都度之ニ代ヘテ療養費、助産費又ハ葬祭費ヲ支給スルコトヲ得

第20条　組合ハ療養ノ給付ニ要スル費用ノ一部ヲ其ノ給付ヲ受クル者（給付ヲ受クル者組合員ニ非ザル場合ニ於テハ其ノ属スル世帯ノ組合員）ヨリ徴収スルコトヲ得

第21条　組合ハ被保険者ノ健康ヲ保持増進スル為左ノ施設ヲ為スコトヲ得
　1　疾病又ハ負傷ノ予防ニ関スル施設
　2　健康診断ニ関スル施設
　3　保養ニ関スル施設
　4　其ノ他健康ノ保持増進ニ関スル施設

第22条　組合ハ其ノ事業ニ要スル費用ニ充ツル為組合員ヨリ保険料ヲ徴収ス

　組合ハ特別ノ事由アル者ニ対シ保険料ヲ減免シ又ハ其ノ徴収ヲ猶予スルコトヲ得

第23条　組合ハ命令ノ定ムル所ニ依リ一定期間保険給付ヲ受クル者ナカリシ世帯ノ組合員（組合員ノミヲ被保険者トスル組合ニ在リテハ保険給付ヲ受ケザリシ組合員）ニ対シ其ノ期間ノ保険料ノ一部ヲ払戻スコトヲ得

第24条　保険給付ノ種類範囲支給期間及支給額、保険料ノ額徴収方法及減免其ノ他保険給付及保険料ニ関シ必要ナル事項ハ規約ヲ以テ之ヲ定ムベシ

　　　　　第3節　管　　理

第25条　組合ニ組合会ヲ置ク
　組合会ハ組合会議長及組合会議員ヲ以テ之ヲ組織ス

組合会議長ハ理事長ヲ以テ之ニ充ツ理事長故障アルトキハ其ノ代理者議長ノ職務ヲ行フ
　　　組合会議員ハ組合員ニ於テ之ヲ互選ス
第26条　組合会ノ議決スベキ事項左ノ如シ
　　1　収入支出ノ予算
　　2　事業報告及決算
　　3　収入支出ノ予算ヲ以テ定ムルモノノ外新ナル義務ノ負担又ハ権利ノ抛棄
　　4　準備金其ノ他重要ナル財産ノ処分
　　5　組合債
　　6　規約ノ変更
　　7　其ノ他重要ナル事項
　　　前項第1号及第4号乃至第6号ニ掲グル事項ノ決議ハ地方長官ノ認可ヲ受クルニ非ザレバ其ノ効力ヲ生ゼズ
第27条　組合会ハ組合ノ事務ニ関スル書類ヲ検閲シ、理事ノ報告ヲ請求シ又ハ事務ノ管理、議決ノ執行及出納ヲ検査スルコトヲ得
　　　組合会ハ議員中ヨリ委員ヲ選挙シ前項ノ組合会ノ権限ニ属スル事項ヲ行ハシムルコトヲ得
第28条　組合ニ理事数人ヲ置ク
　　　理事ハ組合会ニ於テ組合員中ヨリ之ヲ選任ス但シ特別ノ事由アルトキハ組合員ニ非ザル者ノ中ヨリ之ヲ選任スルコトヲ妨ゲズ此ノ場合ニ於テハ其ノ選任ニ付地方長官ノ認可ヲ受クベシ
　　　普通国民健康保険組合ニ在リテハ特別ノ事由ナキ限リ前項ノ規定ニ拘ラズ理事中ニ関係市町村長又ハ其ノ委任ヲ受ケタル吏員ヲ加フルモノトス
第29条　理事ノ中1人ヲ理事長トス
　　　理事長ハ理事ニ於テ之ヲ互選ス但シ前条第3項ノ規定ニ依ル理事アルトキハ特別ノ事由ナキ限リ之ニ付選任ス
　　　理事長ハ組合ヲ代表ス
　　　理事長故障アルトキハ規約ノ定ムル所ニ依リ他ノ理事其ノ職務ヲ代理ス
第30条　組合会成立セズ又ハ其ノ議決スベキ事項ヲ議決セザルトキハ理事ハ地方長官ノ指揮ヲ請ヒ其ノ議決スベキ事項ヲ処置スルコトヲ得
第31条　組合会ニ於テ議決スベキ事項ニ関シ臨時急施ヲ要スル場合ニ於テ組合会成立セザルトキ又ハ之ヲ招集スルノ暇ナキトキハ理事之ヲ専決スルコトヲ得
第32条　前2条ノ規定ニ依リ処置ヲ為シタルトキハ理事ハ次回ノ会議ニ於テ之ヲ

組合会ニ報告スベシ

第33条　組合ハ規約ノ定ムル所ニ依リ理事長及理事以外ノ役員ヲ置クコトヲ得

第4節　分合及解散

第34条　組合分割、合併又ハ解散ヲ為サントスルトキハ組合会ニ於テ之ヲ議決シ地方長官ノ認可ヲ受クベシ

第35条　合併後存続スル組合又ハ合併ニ因リテ成立シタル組合ハ合併ニ因リテ消滅シタル組合ノ権利義務ヲ承継ス

　　分割ニ因リテ成立シタル組合ハ分割ニ因リテ消滅シタル組合又ハ分割後存続スル組合ノ権利義務ノ一部ヲ承継ス

　　前項ノ規定ニ依リ承継スル権利義務ノ限度ハ分割ノ議決ト共ニ之ヲ議決シ地方長官ノ認可ヲ受クベシ

第36条　組合ハ解散ノ後ト雖モ清算ノ目的ノ範囲内ニ於テハ仍存続スルモノト看做ス

第37条　組合解散シタルトキハ理事清算人ト為ル

　　前項ノ規定ニ依リテ清算人タル者ナキトキハ地方長官清算人ヲ選任ス清算人缺ケタルトキ亦同ジ

　　清算人ハ組合ヲ代表シ清算ヲ為スニ必要ナル一切ノ行為ヲ為ス権限ヲ有ス

　　清算方法及財産処分ニ付テハ地方長官ノ認可ヲ受クベシ

　　地方長官必要アリト認ムルトキハ清算方法及財産処分ノ変更ヲ命ジ又ハ清算人ヲ解任スルコトヲ得

第3章　国民健康保険組合連合会

第38条　組合及組合ノ事業ヲ行フ法人ハ共同シテ其ノ目的ヲ達スル為国民健康保険組合連合会（以下組合連合会ト称ス）ヲ設立スルコトヲ得

　　組合連合会ハ法人トス

第39条　組合連合会ヲ設立セントスルトキハ規約ヲ作リ地方長官ノ認可ヲ受クベシ

　　組合連合会ハ設立ノ認可ヲ受ケタル時ニ成立ス

第40条　組合連合会ノ規約ニハ左ノ事項ヲ記載スベシ

　1　組合連合会ノ目的及事業
　2　組合連合会ノ名称
　3　事務所ノ所在地
　4　加入及脱退ニ関スル事項
　5　経費ノ分賦ニ関スル事項

6　其ノ他重要ナル事項
第41条　組合連合会ニ総会、理事長及理事ヲ置ク
　　総会ノ組織並ニ理事長及理事ノ選任ニ関スル事項ハ規約ヲ以テ之ヲ定ムベシ
第42条　第15条乃至第17条、第26条、第27条、第29条第3項第4項及第30条乃至第37条ノ規定ハ組合連合会ニ之ヲ準用ス

第4章　監督及補助

第43条　主務大臣及地方長官ハ組合若ハ組合ノ事業ヲ行フ法人又ハ組合連合会ニ対シ其ノ事業及財産ニ関シ報告ヲ為サシメ、其ノ状況ヲ検査シ、規約ノ変更ヲ命ジ其ノ他監督上必要ナル命令又ハ処分ヲ為スコトヲ得
第44条　組合若ハ組合ノ事業ヲ行フ法人又ハ組合連合会ノ役員ニ欠缺若ハ故障アルトキ又ハ其ノ役員其ノ執行スベキ職務ヲ執行セザルトキハ地方長官ハ官吏又ハ其ノ他ノ者ヲ指定シテ其ノ職務ヲ執行セシムルコトヲ得
　　前項ノ場合ニ於テ其ノ職務ノ執行ニ要スル費用ハ組合若ハ組合ノ事業ヲ行フ法人又ハ組合連合会ノ負担トス
第45条　地方長官ハ組合若ハ組合ノ事業ヲ行フ法人又ハ組合連合会ノ決議又ハ役員ノ行為ガ法令、規約、主務大臣若ハ地方長官ノ命令若ハ処分ニ違反シ又ハ公益ヲ害シ若ハ害スルノ虞アリト認ムルトキ又ハ其ノ事業若ハ財産ノ状況ニ依リ事業ノ継続ヲ困難ナリト認ムルトキハ決議ヲ取消シ、役員ヲ解職シ又ハ組合若ハ組合連合会ノ解散ヲ命ジ若ハ組合ノ事業ヲ行フ法人ニ対シ第54条ノ許可ヲ取消スコトヲ得
第46条　組合又ハ組合ノ事業ヲ行フ法人ノ被保険者ニ対シ診療又ハ薬剤ノ支給ヲ為ス医師、歯科医師又ハ薬剤師ノ範囲ハ地方長官ノ認可ヲ受クベシ
第47条　国庫ハ予算ノ範囲内ニ於テ組合及組合ノ事業ヲ行フ法人ニ対シ補助金ヲ交付スルコトヲ得
　　道府県及市町村ハ組合及組合ノ事業ヲ行フ法人ニ対シ補助金ヲ交付スルコトヲ得

第5章　国民健康保険委員会、訴願及訴訟

第48条　保険給付ニ関スル決定ニ不服アル者ハ国民健康保険委員会ニ審査ヲ請求シ其ノ決定ニ不服アルトキハ民事訴訟ヲ提起スルモノトス
　　前項ノ審査ノ請求ハ時効ノ中断ニ関シテハ裁判上ノ請求ト看做ス
第49条　第46条ノ規定ニ依ル認可ノ申請アリタルトキハ地方長官ハ国民健康保険委員会ノ意見ヲ徴シ之ガ処分ヲ為スベシ
第50条　組合若ハ組合ノ事業ヲ行フ法人又ハ組合連合会ト医師、歯科医師、薬剤

師其ノ他ノ者又ハ其ノ団体トノ間ニ於ケル保険給付ニ関スル契約ニ関シ紛争ヲ生ジタルトキハ国民健康保険委員会ハ当事者ノ請求ニ依リ其ノ解決ニ付斡旋ヲ為スコトヲ得

第51条　本法ニ規定スルモノノ外国民健康保険委員会ニ関シ必要ナル事項ハ勅令ヲ以テ之ヲ定ム

第52条　組合ノ為シタル保険料其ノ他本法ノ規定ニ依ル徴収金ノ賦課若ハ徴収ノ処分又ハ第8条ノ規定ニ依ル滞納処分ニ不服アル者ハ地方長官ニ訴願シ其ノ裁決ニ不服アル者ハ主務大臣ニ訴願シ又ハ行政裁判所ニ出訴スルコトヲ得但シ2以上ノ道府県ニ跨ル組合ニ関スルモノニ在リテハ主務大臣ニ訴願シ又ハ行政裁判所ニ出訴スルモノトス

　前項ノ規定ニ依ル訴願ニ関シテハ組合ヲ訴願法ノ規定ニ依ル行政庁ト看做ス

第53条　本章ニ規定スル審査ノ請求、訴ノ提起又ハ訴願若ハ行政訴訟ノ提起ハ処分又ハ決定ノ通知ヲ受ケタル日ヨリ30日以内ニ之ヲ為スベシ此ノ場合ニ於テ審査ノ請求ニ付テハ訴願法第8条第3項ノ規定ヲ、訴ノ提起ニ付テハ民事訴訟法第158条第2項及第159条ノ規定ヲ準用ス

　　　　第6章　雑　　則

第54条　営利ヲ目的トセザル社団法人ニシテ其ノ社員ノ為ニ医療ニ関スル施設ヲ為スモノハ命令ノ定ムル所ニ依リ地方長官ノ許可ヲ受ケ組合ノ事業ヲ行フコトヲ得

第55条　本法中地方長官トアルハ2以上ノ道府県ニ跨ル組合若ハ組合ノ事業ヲ行フ法人又ハ組合連合会ニ付テハ之ヲ主務大臣トス

第56条　本法中町村又ハ町村長トアルハ町村制ヲ施行セザル地ニ在リテハ之ニ準ズベキモノトス

第57条　組合若ハ組合ノ事業ヲ行フ法人又ハ組合連合会第37条第5項又ハ第43条ノ規定ニ依ル命令ニ違反シ又ハ処分ヲ拒ミ若ハ妨ゲタルトキハ其ノ役員又ハ清算人ヲ100円以下ノ過料ニ処ス

　非訟事件手続法第206条乃至第208条ノ規定ハ前項ノ過料ニ之ヲ準用ス

　　　　附　　則

本法施行ノ期日ハ勅令ヲ以テ之ヲ定ム

資料13：国保法改正案

(医事新報1000号（昭和16年11月１日）掲載版)〔出典：同紙51頁〕

1. 国民健康保険組合を設立せんとするときは法第11条により発起人が規約を作り組合員たらんとする者の同意を得て『地方長官の認可を受くべし』となつてゐるが、この外に地方長官が必要ありと認めた場合は命令の定めるところによつて組合員たる資格を有する者に対して組合設立を命ずることを得ることとし、若し設立命令を受けても組合設立の認可申請を行はぬときは地方長官は規約の作成其の他設立に関する必要な措置を取ることが出来得るやうにすること
1. 組合規約中に組合員の加入及び脱退に関する事項の記載を行はぬこと
1. 普通国保組合に就いては組合成立と同時にその組合員たる資格を有する者（特別の事由あるもので命令を以て定むるものは除く）は総て組合員となることとすること
1. 国保組合の被保険者から除外され得るものは健康保険の被保険者以外に職保、船保の被保険者をも加へること
1. 国保組合の事業中法第18条により被保険者に対する保険給付のうち助産葬祭の給付は特別の事由ある組合は行はなくてもよいことになつてゐるが、助産給付は療養給付同様必ず行ふこととすること
1. 組合又は組合の事業を行ふ法人は特別の事由ある者にして命令を以て定むるものに対しては保険給付の支給期間を制限することを得ざることとすること
1. 法第21条に於ける組合の保健施設に関しては、地方長官は必要ありと認むるときは組合又は組合の事業を行ふ法人に対して被保険者の健康を保持増進する為に必要な施設を指定し之を行ふべきことを命ずる事を得ることとすること
1. 国庫は組合及び組合の事業を行ふ法人に対して命令を以つて定むる被保険者１人に付き１年×円×銭の割合で計算したる補助金を交付し、道府県も同様命令を以て定むる被保険者１人に付き１年×円×銭の割を以て計算したる補助金を交付し、又市町村も命令を以て定むる被保険者に付き補助金を交付すること
1. 国保診療又は薬剤の支給を担当すべき医師、歯科医師、又は薬剤師の範囲は地方長官に申請し、地方長官は国民健康保険委員会の意見を徴した上認可を与へることとなつてゐるが、法第49条を削除して国保委員会に諮るが如き手続は省略すること
1. 医師、歯科医師又は薬剤師は命令の定むるところに依り被保険者の疾病又は負傷に付きその診療をなし又はその薬剤を投与することを拒むことを得ざることとすること

資料編

資料14：国民健康保険法中改正法律案

(昭和17(1942)年1月19日第79回帝国議会提出版)〔出典：衆79本5号（昭和17年1月24日）84-85頁〕

国民健康保険法中左ノ通改正ス

第11条第2項ヲ削ル

第11条ノ2　地方長官必要アリト認ムルトキハ命令ヲ定ムル所ニ依リ普通国民健康保険組合ノ組合員タル資格ヲ有スル者ニ就キ設立委員ヲ選任シ普通国民健康保険組合ヲ設立スベキコトヲ命ズルコトヲ得

　前項ノ設立委員ハ命令ノ定ムル所ニ依リ規約ヲ作リ普通国民健康保険組合ノ組合員タル資格ヲ有スル者ノ2分ノ1以上ノ同意ヲ得テ其ノ設立ニ付地方長官ノ認可ヲ受クベシ

　設立委員地方長官ノ定ムル期間内ニ設立ノ認可ヲ申請セザルトキハ地方長官ハ規約ノ作成其ノ他設立ニ関シ必要ナル処分ヲ為スコトヲ得

第11条ノ3　組合ハ設立ノ認可ヲ受ケタル時又ハ前条第3項ノ規定ニ依リ規約ノ作成アリタル時ニ成立ス

第13条　第11条ノ規定ニ依ル組合ニ付其ノ組合員タル資格ヲ有スル者ノ2分ノ1以上組合員タル場合ニ於テ地方長官必要アリト認メ其ノ組合ヲ指定シタルトキハ組合員タル資格ヲ有スル者ハ総テ組合員ト為ルモノトス

　第11条ノ2ノ規定ニ依リ普通国民健康保険組合ノ設立アリタルトキハ其ノ組合員タル資格ヲ有スル者ハ総テ組合員ト為ルモノトス

　特別ノ事由アル者ニシテ命令ヲ以テ定ムルモノハ前2項ノ規定ニ拘ラズ組合員ト為ラザルモノトス

第19条ノ2　療養ノ給付ヲ受ケントスル者ハ命令ノ定ムル所ニ依リ保険医及保険薬剤師並ニ組合ノ指定スルモノ中自己ノ選定シタル者ニ就キ診療又ハ薬剤ノ支給ヲ受クルモノトス

第19条ノ3　保険医又ハ保険薬剤師ハ勅令ノ定ムル所ニ依リ医師、歯科医師又ハ薬剤師ニ就キ地方長官之ヲ指定ス

　医師、歯科医師又ハ薬剤師ハ正当ノ理由ナクシテ保険医又ハ保険薬剤師タルコトヲ拒ムコトヲ得ズ

　医師、歯科医師又ハ薬剤師ヲ使用スル者ハ正当ノ理由ナクシテ其ノ医師、歯科医師又ハ薬剤師ガ保険医又ハ保険薬剤師タルコトヲ妨グルコトヲ得ズ

第19条ノ4　保険医及保険薬剤師ガ療養ノ給付ヲ担当スルニ関シ必要ナル事項ハ命令ヲ以テ之ヲ定ム

第19条ノ5　保険医若ハ保険薬剤師又ハ之ヲ使用スル者ガ療養ノ給付ニ関シ組合又ハ組合ノ事業ヲ行フ法人ニ請求スベキ費用ノ額ハ勅令ノ定ムル所ニ依ル

第21条　組合ハ被保険者ノ疾病若ハ負傷ノ療養又ハ被保険者ノ健康ノ保持増進ノ為必要ナル施設ヲ為シ又ハ之ニ必要ナル費用ノ支出ヲ為スコトヲ得

第28条ノ2　第11条ノ2第3項ノ場合ニ於テハ前条第2項ノ規定ニ拘ラズ地方長官ニ於テ普通国民健康保険組合ノ理事ヲ命ズ

第40条ノ2　地方長官ハ組合又ハ組合ノ事業ヲ行フ法人ニ対シ組合連合会ニ加入スベキコトヲ命ズルコトヲ得

第42条中「第17条、」ノ下ニ「第21条、」ヲ加ヘ「及第30条乃至第37条」ヲ、「第30条乃至第37条及第46条」ニ改ム

第46条　主務大臣及地方長官ハ組合又ハ組合ノ事業ヲ行フ法人ニ対シ命令ノ定ムル所ニ依リ第21条ノ施設ヲ為スベキコトヲ命ジ又ハ之ニ必要ナル費用ノ支出ヲ命ズルコトヲ得

第49条　削除

第52条第2項ヲ左ノ如ク改ム

　前項ノ規定ニ依ル訴願又ハ行政訴訟ニ関シテハ組合ハ之ヲ行政庁ト看做ス

第54条中「ニシテ其ノ社員ノ為ニ医療ニ関スル施設ヲ為スモノ」ヲ削ル

第54条ノ2　前条ノ許可ヲ受ケ普通国民健康保険組合ノ事業ヲ行フ法人ニ付其ノ地区内ニ於テ普通国民健康保険組合ノ組合員タル資格ヲ有スル者ノ2分ノ1以上其ノ法人ノ社員タル場合ニ於テ地方長官必要アリト認メ其ノ法人ヲ指定シタルトキハ其ノ地区内ニ於テ普通国民健康保険組合ノ組合員タル資格ヲ有スル者及其ノ世帯ニ属スル者ハ総テ被保険者ト為ルモノトス但シ命令ヲ以テ定ムル者ハ此ノ限ニ在ラズ

　　第20条、第22条及23条ノ規定ハ前項ノ規定ニ依ル被保険者ノ属スル世帯ノ世帯主ニ関シ之ヲ準用ス

第54条ノ3　主務大臣及地方長官保険給付ニ関シ必要アリト認ムルトキハ命令ノ定ムル所ニ依リ当該官吏ヲシテ診療録其ノ他ノ帳簿書類ヲ検査セシムルコトヲ得

第56条ノ2　当該官吏又ハ其ノ職ニ在リタル者故ナク第54条ノ3ノ規定ニ依ル診療録ノ検査ニ関シ知得シタル医師若ハ歯科医師ノ業務上ノ秘密又ハ個人ノ秘密ヲ漏洩シタルトキハ6月以下ノ懲役又ハ500円以下ノ罰金ニ処ス

　　職務上前項ノ秘密ヲ知得シタル他ノ公務員又ハ公務員タリシ者故ナク其ノ秘密ヲ漏洩シタルトキ亦前項ニ同ジ

資料編

　　　第54条ノ3ノ規定ニ依ル当該官吏ノ検査ヲ拒ミ、妨ゲ又ハ忌避シタル者ハ500円以下ノ罰金又ハ科料ニ処ス
　第57条第2項ヲ削ル
　　　　附　則
　　本法施行ノ期日ハ各規定ニ付勅令ヲ以テ之ヲ定ム

資料15：国民健康保険法の「改正の要点」
　　　（昭和23年2月12日保発第183号都道府県民生部長宛厚生省保険局国民健康保険課長通牒）（2/12要点）〔出典：社保大900562〕
　　改正の要点
1．国民健康保険は地方公共団体においてもなし得ることとすること。
2．世帯主以外の成年者も組合員とすること。
　── 世帯主及び世帯主以外の成年者はすべて選挙を通じて組合の管理に参加する。
　── 所得のある組合員はすべて組合費を負担するが、その納付義務者は世帯主たる組合員にある。
3．健康保険と国民健康保険と地域的調整をなし得る途を開くこと。
　── 統合により組合員となつた者に対する保険給付及び保険料は、健康保険と同一の取扱とする。
4　組合の地区を1又は2以上の市町村とすること。
5　組合員たる資格のある者が3分の2以上組合員となつたときは、当然未加入組合員の加入が義務づけられること。
　── 必要ありと認めるときはこれまでのように知事が指定することができる。
6　組合の支払う診療報酬額は組合が関係診療担当者と協議の上、都道府県知事の認可を受けて定めることとすること。
　── 知事は算定協議会の審議した標準診療報酬額をもつて認可方針とすることとなる。
7　一部負担金の額は決定を知事の認可事項とすること。
8　組合会議員の定数及び任期を規定すること
9　組合の設立、合併、解散、加入義務の指定等重要事項に関する都道府県知事の諮問機関として国民健康保険委員会を設けること。
10　理事に医師又は歯科医師を加えること
11　市町村長を理事長とする原則を削ること。

12　社会保険審査会を国民健康保険審査会と改称すること
13　代行法人に対する義務加入の指定をやめること。
14　その他、他の法令の改廃等に伴ひ改正すること。

資料16：国民健康保険法改正案要綱案

(昭和23(1948)年2月19日社会保険制度調査会諮問版）（2/19要綱案）〔出典：社保大5850〕

1．保険者
　保険者は組合（代行法人を含む）又は地方公共団体とすること。
　地方公共団体は主務大臣又は都道府県知事の認可を受けて国民健康保険を行い得ること。
2．組合員の資格
　1．普通国民健康保険組合の組合員たるの資格を地区内の世帯主及び、その世帯に属する成年者とすること。
　2．健康保険法の改正に伴ひ、健康保険の被保険者も組合員となし得ること。此の場合における保険料及び保険給付は健康保険に準ずること。
3．組合の地区
　普通国民健康保険組合の地区は原則として1又は2以上の市町村の区域とすること。
4．組合員の加入義務
　任意設立の組合に付其の組合員たる資格を有する者が3分の2以上組合員となりたる時は組合員たる資格を有する者はすべて組合員とすること。
5．療養給付の担当者
　療養の給付を担当する者は被保険者が通常利用する範囲のものに付其の者の申出に依り之を定めること。
6．診療報酬
　療養の給付を担当する者に支払うべき診療報酬額は保険者と療養の給付を担当する者とが協議の上、都道府県知事の認可を受けて之を定めること。
7．組合の管理
　1．組合会議員の定数及任期を定めること。
　2．理事中に医師又は歯科医師を加えること。
8．其の他
　1．代行法人における強制加入の規定を削ること。

2．他の法令の改正等に伴い必要なる改正を行うこと。

資料17：国民健康保険法改正案要綱
(昭和23(1948)年4月26日局議附議版)（4/26要綱）〔出典：社保大910108〕

1．保険者
　1．保険者は原則として市町村（特別区を含む）又は市町村組合とすること。
　2．国民健康保険組合又は営利を目的とせざる社団法人にして一定の要件を具備するものは関係市町村の承認を得たる上都道府県知事の認可を受け保険者となり得ること。
2．被保険者
　市町村が国民健康保険を行うとき又は普通国民健康保険組合が設立されたとき、若は社団法人に対し国民健康保険を行うことの許可があったときは、其の地区内の世帯主及其の世帯に属する者（健康保険其の他の被保険者を除く）はすべてこれを被保険者とすること。
3．市町村
　1．国民健康保険を行う市町村に、国民健康保険に関する重要事項を審議するため国民健康保険運営委員会を設けること。
　2．市町村が国民健康保険を行うに必要な規定（条例の制定、特別会計の設置等）を設けること。
4．組合
　1．組合員の資格　普通国民健康保険組合の組合員たる資格を地区内の世帯主及其の世帯に属する成年者とすること。
　2．組合の設立　普通国民健康保険組合を設立せんとする時は組合員たる資格を有する者の2分の1以上の同意を要すること。
　3．組合の地区　普通国民健康保険組合の地区は原則として1又は2以上の市町村の区域とすること。
　4．組合の管理　組合会議員及理事の定数及任期を定め、理事中に医師又は歯科医師を加えること。
5．社団法人
　社団法人が国民健康保険を行うに必要な規定（規程の制定、特別会計の設置等）を設けること。
6．事業
　1．療養給付の担当者　療養の給付を担当する者は被保険者が通常利用する範

囲の医師、歯科医師、薬剤師、其の他の者に就き其の者の申出により之を定めること。
2．診療報酬　診療報酬額は保険者と療養の給付を担当する者とが協議の上之を定めること。
3．診療報酬の標準額を審議するため、都道府県に国民健康保険診療報酬算定協議会を設置すること。
7．其の他
他の法令の改正等に伴い必要なる改正を行うこと。

参考文献

【参考文献】

　本文中で引用・紹介した文献・資料の名称は原則として略称又は著者の姓で表記したが、同姓の者が複数いる場合は名前も加えた。また、同一著者の著作が複数ある場合には、当該著作の発行年を加えるなどして区別した。

○相澤：相澤與一（1994）「1930年代日本農村の医療利用組合運動と国民健康保険法の成立」九州大学経済学会『経済学研究』59巻5・6合併号。
○朝倉氏資料：社会保険大学校社会保険文庫所蔵資料364.42-1-1772-1935「国民健康保険制度案関係資料（朝倉氏資料）昭和十年」（「社保大1772」と略す）。同資料は、昭和10（1935）年から社会局保険部に属として勤務しその後厚生理事官となった朝倉幸治〔中静356頁、丹木（1953）2頁の他大塚253頁も参照〕が後に社会保険大学校社会保険文庫に寄贈した資料の綴りである。同資料に綴じ込まれた「朝倉幸治氏寄贈　53.10.20整理」との記載がある整理表は、受贈した社会保険文庫側が同資料に綴じ込まれた個々の資料に便宜的に通しの整理番号（1から16まで。ただし以下のとおり「11.5」という番号が付された資料が含まれている。）を付けたものの整理表であるが、本書における資料番号はそれに従った。本書で使用した朝倉氏資料は次のとおりである。
・朝倉氏資料1：「国民健康保険ノ保険者ニ就テ」（「秘」の押印あり）。
・朝倉氏資料5：「任意国民健康保険制度要綱案（昭、八・六・二七）」（「秘」の押印あり）。
・朝倉氏資料8：「国民健康保険制度立案ニ関スル原則　社会局保険部（昭和九年五月刷）」（「秘」の押印あり）。
・朝倉氏資料9：「国民健康保険制度要綱案　九、一一、二」（「秘」の押印あり）。
・朝倉氏資料11：「国民健康保険制度要綱立案理由説明資料　一〇、五、二七刷」（「秘」の押印あり）。
・朝倉氏資料11.5：「国民健康保険制度ニ対スル地方長官ノ意見」。朝倉氏資料11に続く形で綴られている。
・朝倉氏資料12：「国民健康保険制度要綱案　一〇、五、三一刷」。
・朝倉氏資料15：「医療公営ノ利害得失」。社会局と印刷されたタイプ用紙にタイプ打ちされた資料で、最初に医療公営の利害得失を述べた後、「一、保険制度ノ利益」以下12項目の検討項目と「（一〇、五、二七）」の日付が印字された「目次」が掲げられ、それ以降で各項目についての検討を行っている。
・朝倉氏資料16：「昭和九年七月　国民健康保険制度要綱立案理由説明資料」（「秘」の押印あり）。
○阿部：阿部泰隆（2000）「国民健康保険審査会の裁決の取消訴訟と保険者の原告適格」佐藤進他編『別冊ジュリスト第153号　社会保障判例百選〔第三版〕』有斐閣。
○荒木：荒木和成（1946）「国民健康保険組合の現状とその経営対策」社会保険時報20巻7・8号（昭和21年8月発行）。
○伊賀：伊賀光屋（1984）「方面委員による家族調整活動──カード階級の家族生活と方面委員の家理念──」『季刊社会保障研究』20巻3号。
○医海時報：医海時報社『医海時報』。医海時報は、明治26（1893）年に刊行された医事専

参考文献

門の週刊新聞である。昭和15(1940)年8月に医界週報に統合。
○医界週報：医界週報社『医界週報』。医界週報は、昭和15(1940)年8月に医海時報など3紙を統合して、昭和18(1943)年まで発刊された医事専門の週刊新聞である。
○池本：池本美和子（1999）『日本における社会事業の形成——内務行政と連帯思想をめぐって——』法律文化社。
○医事衛生：日本医事衛生通信社『医事衛生』。医事衛生は昭和6(1931)年7月に刊行された医事専門の週刊誌である（1巻1号から4巻26号までの雑誌名は『医業と社会』）。昭和15(1940)年8月に医事新報に吸収統合。
○医事新報：日本医事新報社『日本医事新報』。医事新報は、大正10(1921)年2月に刊行された医事専門の週刊新聞（当初は旬刊）である。
○石田：石田雄（1989）『日本の政治と言葉　上　「自由」と「福祉」』東京大学出版会。
○石森：石森久広（2006）「国民健康保険事業の保険者の地位」小早川光郎他編『別冊ジュリスト第181号　行政判例百選Ⅰ［第5版］』有斐閣。
○泉田：泉田信行（2003）「国保制度における保険者の規模」山崎泰彦・尾形裕也編著『医療制度改革と保険者機能』東洋経済新報社。
○医政調査資料：日本医師会（1934年12月）『医政調査資料第十輯　国民健康保険ニ関スル資料』日本医師会（宮崎県立図書館所蔵）。
○医制百年史資料編：厚生省医務局編（1976）『医制百年史　資料編』ぎょうせい。
○伊藤：伊藤好一（1987）「五人組」大石慎三郎編『日本史小百科10　農村（第4版）』近藤出版社。
○伊奈川：伊奈川秀和（2000）『フランスに学ぶ社会保障改革』中央法規出版。
○井上(1979)：井上隆三郎（1979）『健保の源流——筑前宗像の定礼』西日本新聞社。
○井上(1982)：井上隆三郎（1982）「定礼」西日本新聞社福岡県百科事典刊行本部『福岡県百科事典　上巻』西日本新聞社972頁。
○医療保険半世紀：厚生省保険局・社会保険庁医療保険部監修（1974）『医療保険半世紀の記録』社会保険法規研究会。
○岩手国保40年史：岩手県国民健康保険団体連合会編（1978）『岩手の国保40年史』岩手県国民健康団体連合会。
○碓井：碓井光明（2006）「財政法学の視点よりみた国民健康保険料——旭川市国民健康保険料事件判決を素材として」『法学教室』309号（2006年6月号）。
○江口(1996)：江口隆裕（1996）『社会保障の基本原理を考える』有斐閣。
○江口(2008)：江口隆裕（2008）『変貌する世界と日本の年金——年金の基本原理から考える——』法律文化社。
○栄畑：栄畑潤（2007）『医療保険の構造改革　平成18年改革の軌跡とポイント』法研。
○遠藤(1975)：遠藤興一（1975）「方面委員活動の史論的展開について・(上)」『明治学院論叢231号　社会学・社会福祉学研究43』。
○遠藤(1976)：遠藤興一（1976）「方面委員活動の史論的展開について・(下)」『明治学院論叢235号　社会学・社会福祉学研究44』。
○大石：大石嘉一郎（1990）『近代日本の地方自治』東京大学出版会。
○大内：大内兵衛編（1961）『戦後における社会保障の展開』至誠堂。
○大河内：大河内一男（1952）『社会政策（各論）（五版）』有斐閣。初版は1950年発行。

参 考 文 献

○太田:太田匡彦(1998)「社会保険における保険性の在処をめぐって——ドイツを手掛かりとした基礎的考察——」『社会保障法』13号。
○大塚:大塚要(1956)『社会保険の夜話 第一巻』日本労働問題研究会。本書は、戦前から社会保険行政に携わってきた著者による社会保険事業関係者の紹介を中心とした著作である。
○小笠原:小笠原慶彰(2001)「日本における地域福祉の歴史的展開」井岡勉・成清美治編著『地域福祉概論』学文社。
○岡田:岡田純夫(1951)「国民健康保険税等解説」『財政経済弘報』253号(昭和26年5月7日)。
○尾形:尾形裕也(2005)「保険者機能強化論の経済・政策学」池上直己・遠藤久夫編著『講座 医療経済・政策学 第2巻 医療保険・診療報酬制度』勁草書房。
○改訂詳解国保:厚生省保険局国民健康保険課編(1972)『改訂 詳解国民健康保険』国民健康保険調査会。
○賀川・山崎:賀川豊彦・山崎勉治(1936)『国民健康保険と産業組合』成美堂書店。
○笠木:笠木映里(2007)「特集:フランス社会保障制度の現状と課題/医療制度——近年の動向・現状・課題——」『海外社会保障研究』161号。
○金子:金子宏(2008)『租税法〔第13版〕』弘文堂。
○川上:川上武(1965)『現代日本医療史——開業医制の変遷——』勁草書房。
○川西:川西實三(1934)「国民健康保険制度に就て」『斯民』29編10号。川西は当時社会局保険部長。
○川村(1934a):川村秀文(1934)「国民健康保険制度に就て(一)」医海時報2088号(昭和9年9月1日)23-25頁。旧国保法立案担当者の一人であった川村秀文が昭和9(1934)年8月11日に日本医師会役員会で行った説明の速記録である。同説明は医政調査資料12-23頁及び蓮田82-90頁にも所収されているが、医海時報と後2者の間には言い回しの微妙な相違がある。本書の引用は原則として医海時報に拠った。川村は当時社会局事務官、後に社会局保険部規画課長、保険院総務局企画課長等。
○川村(1934b):川村秀文(1934)「国民健康保険制度に就て(二)」医海時報2089号(昭和9年9月8日)18-19頁。前記川村(1934a)の続きである。医政調査資料23-32頁及び蓮田90-96頁にも所収。
○川村(1934c):川村秀文(1934)「国民健康保険の趣旨目的に就て」。医政調査資料33-56頁及び蓮田96-111頁に所収。川村が昭和9(1934)年10月19日に東京府医師会医政調査部総会において行った演説の速記録である。
○川村(1937):川村秀文述(1937)『農村医療問題解決の鍵 国民健康保険の話』、健康保険医報社出版部。同書は、菅沼隆監修(2006)『日本社会保障基本文献集 第Ⅰ期 戦時体制における社会保険 第1巻』日本図書センターに復刻版が所収されており、本書の引用頁はこれに拠っている。
○川村(1938):川村秀文(1938)『医療費と医療内容の問題を解決すべき 国民健康保険法の話(増補改訂第五版)』健康保険医報社出版部。上記川村(1937)の増補改訂版である。同書は社保前史・3巻147-166頁にも所収されている。
○川村(1953):川村秀文・談(1953)「立案のころ」『国民健康保険』4巻11号(昭和28年11月号)。

参 考 文 献

○川村・石原・簗：川村秀文・石原武二・簗誠（1939）『国民健康保険法詳解』巌松堂書店。
○貴族院国保資料：貴族院事務局調査課（1938）「国民健康保険法案に関する資料」。法案審議の参考資料として、貴族院事務局調査課が「法案に関し衆議院事務局調査部に於て調査、編纂のものを其の儘印刷に付したもの」〔同資料中扉〕である。
○貴70委：第七十回帝国議会貴族院国民健康保険法案特別委員会議事速記録。
○貴70本：第七十回帝国議会貴族院議事速記録。
○貴73委：第七十三回帝国議会貴族院国民健康保険法案特別委員会議事速記録。
○貴79委：第七十九回帝国議会貴族院国民体力法中改正法律案特別委員会議事速記録。
○貴79本：第七十九回帝国議会貴族院議事速記録。
○菊池評釈：菊池馨実（2006）「社会保障法判例」『季刊・社会保障研究』42巻3号。
○菊池（2008）：菊池馨実（2008）「国民健康保険条例の合憲性──国保への強制加入と憲法19条・29条」西村健一郎・岩村正彦編『別冊ジュリスト191号　社会保障判例百選［第4版］』有斐閣。
○木代：木代一男（1959）『逐条解説国民健康保険法』帝国地方行政学会。
○北場：北場勉（2000）「国民健康保険の導入の背景・過程について──『社会保険拡充か農家負担軽減か』──1934（昭和9）年7月未定稿までを中心に」『日本社会事業大学研究紀要』47集。
○木村：木村忠二郎著・木村忠二郎先生記念出版編集刊行委員会編（1980）『木村忠二郎日記』財団法人社会福祉研究所。
○倉田：倉田聡（1999）「社会保険財政の法理論──医療保険法を素材にした一考察──」『北海学園大学法学研究』35巻1号。
○蔵田(1951a)：蔵田直躬（1951）「国民健康保険法の一部を改正する法律案の大要」『国民健康保険』2巻4号（昭和26年4月号）。蔵田は当時厚生省保険局の事務官。
○蔵田(1951b-1)：蔵田直躬（1951）「国民健康保険制度の改正（一）」社会保険旬報284号（1951年5月11日）。
○蔵田(1951b-2)：蔵田直躬（1951）「国民健康保険制度の改正（二）」社会保険旬報285号（1951年5月21日）。
○蔵田(1951b-3)：蔵田直躬（1951）「国民健康保険制度の改正（三）」社会保険旬報287号（1951年6月11日）。
○蔵田(1951c)：蔵田直躬（1951）「国保の運営面強化の狙い　三年の宿願達す法改正」『国民健康保険』2巻5号（昭和26年5月号）。
○経過記録：社会保険文献調査会編『国民健康保険法経過記録（上巻）』。「一、第七十三回帝国議会国民健康保険法案議事速記録（昭和十三年）」（「経過記録・議会議事録」と略す）、「二、社会保険調査会総会議事速記録（昭和十年）」（「経過記録・調査会議事録」と略す）のそれぞれにつき通し頁を付したものを収録している。非売品とされ、発行年も不明であるが、所収資料からみて昭和13（1938）年の旧国保法成立後まもなく社会局保険部の関係者（編者の所在地は一応社会保険新報社（東京都台東区）内とされているが、おそらく保険院の職員）により編集されたものと推測される。
○健康保険関係施行文書・昭和18年：国立公文書館所蔵「健康保険関係施行文書・昭和18年（1～12月分）」（請求番号：本館-3B-023-00・昭53社00001100）。

参 考 文 献

○健康保険関係施行文書・昭和21年：国立公文書館所蔵「健康保険関係施行文書・昭和21年（1〜2月分、4〜12月分）」（請求番号：本館-3B-023-00・昭53社00006100）。
○健康保険関係施行文書・昭和23年（1〜3月分）：国立公文書館所蔵「健康保険関係施行文書・昭和23年（1〜3月分）」（請求番号：本館-3B-023-00・昭53社00009100）。
○健康保険関係施行文書・昭和23年（7〜8月分）：国立公文書館所蔵「健康保険関係施行文書・昭和23年（7〜8月分）」（請求番号：本館-3B-023-00・昭53社00011100）。
○健康保険関係施行文書・昭和23年（9〜10月分）：国立公文書館所蔵「健康保険関係施行文書・昭和23年（9〜10月分）」（請求番号：本館-3B-023-00・昭53社00012100）。
○健保三十年史（上）：厚生省保険局編（1958）『健康保険三十年史（上巻）』社団法人全国社会保険協会連合会。
○健保二十五年史：厚生省保険局編（1953）『健康保険二十五年史』社団法人全国社会保険協会連合会。
○小池：小池義海（1953）「青天井の保険者大会」『国民健康保険』4巻11号（昭和28年11月号）。
○小泉座談会：「小泉親彦先生を語る――座談会――」医事新報1651号（昭和30年12月17日）21-49頁。
○厚生省五十年史：厚生省五十年史編集委員会編（1988）『厚生省五十年史（記述編）』財団法人厚生問題研究会。
○厚生省20年史：厚生省20年史編集委員会（1960）『厚生省20年史』厚生問題研究会。
○公文雑纂昭和12年：国立公文書館所蔵「公文雑纂・昭和十二年・第七十二巻・未決並撤回法律案一・内閣・内務省」（請求番号：本館-2A-014-00・纂02319100）。
○公文別録昭和16年：国立公文書館所蔵「公文別録・内閣（企画院上申書類）・昭和十五年〜昭和十八年・第二巻・昭和十六年」（請求番号：本館-2A-001-00・別00245100）中の「人口政策確立要綱ニ関スル件」。
○公文類聚昭和17年：国立公文書館所蔵「公文類聚・第六十六編・昭和十七年・第百一巻・衛生・人類衛生・獣畜衛生」（請求番号：本館-2A-012-00・類02661100）中の「結核対策要綱ヲ定ム」。
○公文類聚昭和23年：国立公文書館所蔵「公文類聚・第七十三編・昭和二十三年・第五十七巻・社会二・共済保険一」（請求番号：本館-2A-028-02・類03221100）。
○国保三十年史：厚生省保険局国民健康保険課編（1969）『国民健康保険三十年史』社団法人国民健康保険中央会。
○国保実務：社会保険実務研究所『週刊国保実務』。国保実務は昭和33（1958）年に刊行された国保を中心とした医療保険実務専門の週刊誌である。
○国保実務提要(1938)：河合庄平・曽我力三・杉本博太郎（1938）『国民健康保険実務提要』河合庄平（保険院社会保険局国民健康保険課内）発行。著者はいずれも当時の国保課職員。
○国保実務提要(1944)：杉本博太郎（1944）『国民健康保険実務提要』栄養の日本社。
○国保小史：財団法人国民健康保険協会編（1948）『国民健康保険小史』財団法人国民健康保険協会。同書は、菅沼隆監修（2007）『日本社会保障基本文献集　第Ⅱ期　被占領下の社会保障構想　第16巻』日本図書センターに復刻版が所収されている。
○国保全国大会報告書：江口清彦編（1941）『紀元二千六百年記念　第一回国民健康保険

参 考 文 献

全国大会報告書』財団法人国民健康保険協会（国立国会図書館所蔵）。
○国保二十年史：全国国民健康保険団体中央会編（1958）『国民健康保険二十年史』全国国民健康保険団体中央会。同書は、菅沼隆監修（2008）『日本社会保障基本文献集　第Ⅲ期　国民皆保険・皆年金体制の形成　第25巻』日本図書センターに復刻版が所収されている。
○国保の十年：保険局国民健康保険課（1948）「国民健康保険の十年」社会保険時報22巻8号（昭和23年8月発行）。
○国保法案経緯：神戸市医師協会編（1937）『国民健康保険法案の経緯』神戸市医師協会。
○国保法令と解説：週刊「医事衛生」編輯部編（1938）『国民健康保険法令と解説（増補第二版）』日本医事衛生通信社。
○国保四十年史：厚生省保険局国民健康保険課・社団法人国民健康保険中央会編（1979）『国民健康保険四十年史』ぎょうせい。
○越ヶ谷順正会事業要覧：埼玉県越ヶ谷順正会編（1936）『国民健康保険組合越ヶ谷順正会事業要覧』越ヶ谷順正会事務所（国立国会図書館所蔵）。同要覧は、社保前史・3巻124-132頁に所収されている。
○小島（1943）：小島砂人（1943）『社会保険の発達』黄河書院。小島砂人は小島米吉のペンネーム。小島は当時厚生省保険局の属、後に保険局国民健康保険課理事官、大阪府保険課長、保険局社会保険監察参事官等。
○小島(1948a)：小島米吉（1948）『改正国民健康保険法の逐条解説』社会保険法規研究会。
○小島(1948b-1)：小島米吉（1948）「国民健康保険法の改正に対する批判（一）」『社会保険情報』2巻10号（昭和23年10月号）。
○小島(1948b-2)：小島米吉（1948）「国民健康保険法の改正に対する批判（二）」『社会保険情報』2巻12号（昭和23年12月号）。
○古瀬：古瀬安俊（1938）『国民健康保険法解説』金原商店。同書は、旧国保法立案の際の社会局保険部医療課長であった古瀬（講演時は厚生技師）が医師・医学生を主たる対象として行った講演の速記録である。同書は、菅沼隆監修（2006）『日本社会保障基本文献集　第Ⅰ期　戦時体制における社会保険　第2巻』日本図書センターに復刻版が所収されており、本書の引用頁はこれに拠っている。なお古瀬の経歴については大塚116-117頁も参照。
○五訂実務国保税：市町村税務研究会編（1995）『五訂　実務解説　国民健康保険税』ぎょうせい。
○近藤剛三：近藤剛三（1953）「刷新連盟の革命的運動」『国民健康保険』4巻11号（昭和28年11月号）。
○近藤文二(1937)：近藤文二（1937）「国民健康保険と農山漁村」『エコノミスト』15巻9号（昭和12年3月21日）。
○近藤文二(1958)：近藤文二（1958）「日本における医療保障制度の成立――社会保障の本質をめぐって――」大阪市立大学経済研究会『経済学雑誌』38巻2号。
○近藤文二(1963)：近藤文二（1963）『社会保険』岩波書店。
○埼玉国保史：埼玉県国民健康保険団体連合会編（1954）『埼玉県国民健康保険史』埼玉県国民健康保険団体連合会。
○財津：財津吉文（1944）「健康保険の新使命と保険医への要望」社会保険時報18巻3号

参 考 文 献

(昭和19年3月発行)。財津は執筆当時厚生書記官。
○佐口(1964)：佐口卓（1964）『医療の社会化―医療保障の基本問題―』勁草書房。
○佐口(1977)：佐口卓（1977）『日本社会保険制度史』勁草書房。
○佐口(1995)：佐口卓（1995）『国民健康保険――形成と展開――』光生館。
○座談会：『国民健康保険』2巻1号（昭和26年1月号）10-12頁に「座談会　国保生い立ちの記」と題して掲載された座談会記録（発行は昭和25(1950)年12月）。出席者は、社会局保険部で国保制度立案に携わった川西實三、川村秀文、小泉梧朗、平井章等。
○参2委：第二回国会参議院厚生委員会会議録。
○参2本：第二回国会参議院会議録。
○参10地行委：第十回国会参議院地方行政委員会会議録。
○参10本：第十回国会参議院会議録。
○産業組合：産業組合中央会『産業組合』。『産業組合』は産業組合中央会の月刊機関誌。
○GHQ日本占領史・22巻：竹前栄治・中村隆英監修（1996）『GHQ日本占領史　第22巻　公衆衛生』日本図書センター。
○GHQ日本占領史・24巻：竹前栄治・中村隆英監修（1996）『GHQ日本占領史　第24巻　社会保障』日本図書センター。
○塩野(1989)：塩野宏（1989）『公法と私法　行政法研究第二巻』有斐閣。
○塩野(2006)：塩野宏（2006）『行政法Ⅲ［第三版］行政組織法』有斐閣。
○島崎(1994)：島崎謙治（1994）「保険集団論からみた国民健康保険制度の沿革と課題①～⑬」『国保新聞』1366号（1994年1月20日）～1380号（1994年6月20日）。
○島崎(1995)：島崎謙治（1995）「国民健康保険の原型」『週刊社会保障』49巻1842号（1995年6月12日）。
○島崎(2005)：島崎謙治（2005）「わが国の医療保険制度の歴史と展開」池上直己・遠藤久夫編著『講座　医療経済・政策学　第2巻　医療保険・診療報酬制度』勁草書房。
○清水(1936)：清水玄（1936）「国民健康保険制度案に就て」『社会政策時報』185号（昭和11年2月号）。清水は当時社会局保険部規画課長、後の社会局保険部長、保険院社会保険局長。
○清水(1938)：清水玄（1938）『国民健康保険法』羽田書店。
○清水(1940)：清水玄（1940）『社会保険論』有光社。同書は、菅沼隆監修（2006）『日本社会保障基本文献集　第Ⅰ期　戦時体制における社会保険　第5巻』日本図書センターに復刻版が所収されている。
○清水(1942)：清水玄（1942）「国民健康保険の思ひ出」国民健康保険協会編『国民健康保険』4巻1号。
○清水(1951)：清水玄（1951）「随想」『国民健康保険』3巻1号（昭和27年1月号）（発行は1951年12月）。
○清水(1955)：清水玄（1955）「相扶共済の文字」『国民健康保険』7巻1号（昭和31年1月号）（発行は1955年12月）。国保二十年史229-230頁にも所収。
○社会局概要：社会局（1934）「国民健康保険制度案の概要」医海時報2083号（昭和9年7月28日）13頁。国民健康保険制度要綱案（未定稿）（昭和9(1934)年7月20日非公式発表版）（要綱案②）と同時に社会局から公表された説明文である。
○社会局保険部：社会局保険部（1936）「国民健康保険制度案立案の趣旨と其の解説」

参 考 文 献

（「立憲民政党政務調査館」と「11.7.9」の印あり）（国立国会図書館所蔵）。同資料は、昭和11（1936）年当時に保険部が作成した対外的な説明用資料である〔医海時報2182号（昭和11年6月20日）15頁を参照〕。なお、同一資料と思われる資料が、公文雑纂昭和12年にも所収されている。
○社会政策時報：財団法人協調会『社会政策時報』。
○社会保険時報：『社会保険時報』は、社会保険行政当局（社会局保険部、保険院社会保険局、厚生省保険局）が昭和2（1927）年から昭和45（1970）年まで発行していた広報誌。時期により内容は異なるが、論説、法令解説、通牒、連絡会議の模様等が掲載された。
○社会保険旬報：社会保険研究所『社会保険旬報』。社会保険旬報は昭和16（1941）年に刊行された社会保険専門の旬刊誌である。
○社会保険制度調査会官制ヲ定ム：「社会保険制度調査会官制ヲ定ム」（国立公文書館所蔵「公文類聚・第七十編・昭和二十一年・第二十二巻・官職十三・官制十三・厚生省一」（請求番号：本館-2A-027-11・類02977100）に所収）。
○社会保障制度改革：国立社会保障・人口問題研究所編（2005）『社会保障制度改革 日本と諸外国の選択』東京大学出版会。
○社保前史・3巻：社会保障研究所編（1981）『日本社会保障前史資料 第3巻』至誠堂。
○社保大：本書では「社会保険大学校社会保険文庫所蔵資料」の略称として用いる。同資料については、各資料（綴）ごとに分類番号（例：364.42-1-1772-1935）が貼付されており、本書では、原則として、その中の1資料1番号となっている登録番号（例：1772）を示すことで資料（綴）を区別することとした。
○社保大1772：朝倉氏資料を参照。
○社保大5794：社会保険大学校社会保険文庫所蔵資料364.90-1-5794-1951「社会保障制度参考資料 昭和26年」。国保税創設当時厚生省職員（おそらくは国保課長補佐）であった栃本重雄の手持ち資料をまとめたもの。
○社保大5850：社会保険大学校社会保険文庫所蔵資料364.90-1-5850-1946「社会保険制度調査会庶務綴 昭和二十一年」。
○社保大5851：社会保険大学校社会保険文庫所蔵資料364.90-1-5851-1946「社会保険制度調査会関係綴 昭和二十一年度」。
○社保大5859：社会保険大学校社会保険文庫所蔵資料364.90-1-5859-1949「社会保障基本要綱関係資料 昭和二十五年」。
○社保大900562：社会保険大学校社会保険文庫所蔵資料311.00-0-900562-1951「地方要望等に対する回答綴 昭和二十六年」
○社保大910108：社会保険大学校社会保険文庫所蔵資料364.42-1-910108-1948「国民健康保険法の一部を改正する法律案に関する資料 昭和二十三年 1／2」。
○社保大910112：社会保険大学校社会保険文庫所蔵資料364.42-1-910112-1948「国民健康保険関係資料 昭和二十三年」。
○衆2委：第二回国会衆議院厚生委員会議録。
○衆2予算委：第二回国会衆議院予算委員会第二分科会議録。
○衆10地行委：第十回国会衆議院地方行政委員会議録。
○衆63本：第六十三回帝国議会衆議院議事速記録。
○衆69本：第六十九回帝国議会衆議院議事速記録。

参考文献

○衆70委：第七十回帝国議会衆議院国民健康保険法案外二件委員会議録。
○衆70本：第七十回帝国議会衆議院議事速記録。
○衆73委：第七十三回帝国議会衆議院国民健康保険法案委員会議録。
○衆73本：第七十三回帝国議会衆議院議事速記録。
○衆79委：第七十九回帝国議会衆議院国民体力法中改正法律案外四件委員会議録。
○衆79本：第七十九回帝国議会衆議院議事速記録。
○鍾：鍾家新（1998）『日本型福祉国家の形成と「十五年戦争」』ミネルヴァ書房。
○詳解国保：厚生省保険局国民健康保険課編（1960）『詳解国民健康保険』国民健康保険調査会。
○白岩：白岩晃（1941）「健康保険法の法律的性格」社会保険時報昭和16年12月号。白岩は執筆当時保険院属。
○菅谷：菅谷章（1976）『日本医療制度史』原書房。
○杉田：杉田米行（2004）「戦後日本医療保険制度の変遷──転換点としてのドッジ＝ライン、一九四五──一九六一年──」マーク・カプリオ、杉田米行編著『アメリカの対日占領政策とその影響──日本の政治・社会の転換』明石書店。
○須崎：須崎慎一編（1989）『大政翼賛運動資料集成　第2集　第4巻』柏書房。同書は、大政翼賛会（1943）『第三回中央協力会議総常会会議録（全）』を所収・解題したもの。本書の引用頁はこれに拠っている。
○制度審五十年：総理府社会保障制度審議会事務局監修（2000）『社会保障制度審議会五十年の歩み』法研。
○制度審十年：総理府社会保障制度審議会事務局編纂（1961）『社会保障制度審議会十年の歩み』社会保険法規研究会。
○戦後医療証言：小山路男編著（1985）『戦後医療保障の証言』総合労働研究所。
○全国厚生連：全国厚生農業協同組合連合会編（1968）『協同組合を中心とする日本農民医療運動史　前編・通史』全国厚生農業協同組合連合会。
○戦時緊急対策ニ関スル件：「戦時緊急対策ニ関スル件」（国立公文書館所蔵「厚生省（厚生一般・会計関係）・収受文書（内閣関係）・第十三冊」（請求番号：本館-3A-002-01・昭47厚生00030100）に所収）。
○戦史叢書：防衛庁防衛研修所戦史室（1973）『戦史叢書　大本営陸軍部大東亜戦争開戦経緯〈1〉』朝雲新聞社。
○戦前期社会事業史料集成：社会福祉調査研究会編（1985）『戦前期社会事業史料集成　第17巻』日本図書センター。
○添田報告：「国民健康保険法案に関する国民健康保険法案委員会添田敬一郎委員長報告（昭和13（1938）年2月15日）」衆73本13号（昭和13年2月16日）258-259頁。同報告は、経過記録・委員会議事録409-415頁、清水（1938）56-63頁、川村・石原・簗33-37頁、社保前史・3巻133-136頁にも所収。
○副田：副田義也（2007）『内務省の社会史』東京大学出版会。
○副田他：副田義也他（1993）『戦後日本における社会保障制度の研究──厚生省史の研究』（平成3・4年度科学研究費補助金（総合A）研究成果報告書──研究代表者・副田義也）厚生省官房政策課。
○第3次改正解説：保険局国民健康保険課（1948）「国民健康保険法の改正について」社

参 考 文 献

会保険時報22巻6号（昭和23年6月発行）。
○第3次改正参考資料：「国民健康保険の改正法施行に伴う参考資料送付について」（昭和23年9月13日保険発第59号道府県民生部長・東京都民生局保険課長宛厚生省保険局国民健康保険課長通牒）〔健康保険関係施行文書・昭和23年（9〜10月分）所収〕中の別紙として送付された各都道府県における質疑事項の解説。
○第5次改正解説：「国民健康保険法の一部改正について」社会保険時報25巻4号（昭和26年4月発行）。厚生省保険局当局による改正内容の解説である。
○第十回国際労働総会採択条約案に対する処理案：「第十回国際労働総会ニ於テ採択セラレタル条約案ニ対スル処理案」（国立公文書館所蔵「公文類聚・第五十四編・昭和五年・第十六巻・外事四・雑載」（請求番号：本館-2A-012-00・類01713100）に所収）。
○第十回国際労働総会採択条約案に付き執るべき措置：「第十回国際労働総会ニ於テ採択セラレタル条約案ニ付帝国ノ執ルヘキ措置ニ関スル件ヲ定ム」（国立公文書館所蔵「公文類聚・第五十二編・昭和三年・第十三巻・外事三・国際三・通商一・雑載」（請求番号：本館-2A-012-00・類01648100）に所収）。
○高嶋（2005）：高嶋裕子（2005）「国民健康保険制度形成過程における医療利用組合運動の歴史的位置——岐阜県小鷹利村を事例として」『大原社会問題研究所雑誌』564号。
○高嶋（2006a）：高嶋裕子（2006）「医療利用組合運動の歴史的性格——国民健康保険制度形成過程との関連で——」社会環境研究編集委員会編『社会環境研究』11号、金沢大学大学院社会環境科学研究科発行。
○高嶋（2006b）：国立国会図書館関西館所蔵・高嶋裕子（2006）「戦時国民健康保険制度普及の歴史的位置」（金沢大学・博士（経済学）論文）。
○田子：田子一民（1922）『社会事業』帝国地方行政学会。同書は『戦前期社会事業基本文献集26　社会事業』日本図書センター（1996年発行）に復刻版が所収されており、本書の引用頁はこれに拠っている。
○田中：田中治（2001）「国民健康保険税と国民健康保険料との異同」『税法学』545号（2001年5月発行）。
○田村：田村誠（2003）「なぜ多くの一般市民が医療格差導入に反対するのか——実証研究の結果をもとに——」社会保険旬報2192号（平成15年12月11日）。
○丹木（1952）：丹木政一（1952）「希望探訪　清水玄博士に聴く」『国民健康保険』3巻10号（昭和27年10月号）。丹木は、戦前から社会局保険部の属、保険院社会保険理事官、厚生省保険局理事官等を歴任し、当時は厚生省調査員〔大塚110頁も参照〕。
○丹木（1953）：丹木政一（1953）「国保誕生以前」『国民健康保険』4巻11号（昭和28年11月号）。
○丹木（1954）：丹木政一（1954）「終戦直後」『国民健康保険』5巻5号（昭和29年5月号）。
○地税解説：財団法人地方財務協会編（1951）『地方税財政制度解説』財団法人地方財務協会。
○千葉国保五十年史：千葉県国民健康保険団体連合会編（1988）『千葉県国民健康保険五十年史』千葉県国民健康保険団体連合会。
○栃本：栃本重雄（1955）『国民健康保険の運営の実際』、清水倉男発行（恭和印刷）。栃本は、厚生省保険局国民健康保険課課長補佐を経て、当時兵庫県民生部保険課長、後に

参考文献

厚生省保険局厚生年金保険課長。
○内閣法制局・法令案審議録：国立公文書館所蔵「内閣法制局・法令案審議録・第２回国会・公衆保健局、保険局関係法律案」（請求番号：本館-4A-029-00・平14法制00644100）。
○内務省史・１巻：大霞会内務省史編集委員会（1971）『内務省史　第一巻』大霞会。
○内務省史・２巻：大霞会内務省史編集委員会（1970）『内務省史　第二巻』大霞会。
○内務省史・３巻：大霞会内務省史編集委員会（1971）『内務省史　第三巻』大霞会。
○内務省史・４巻：大霞会内務省史編集委員会（1971）『内務省史　第四巻』大霞会。
○中静：中静未知（1998）『医療保険の行政と政治――1895～1954――』吉川弘文館。
○長瀬(1938)：長瀬恒蔵（1938）『国民健康保険組合設立と運営の実際』健康保険医報社出版部。同書は、菅沼隆監修（2006）『日本社会保障基本文献集　第Ｉ期　戦時体制における社会保険　第１巻』日本図書センターに復刻版が所収されており、本書の引用頁はこれに拠っている。長瀬は社会保険数理の専門家で、内務省社会局保険部技師を経て、当時は厚生技師兼保険院技師。
○長瀬(1941)：長瀬恒蔵（1941）『職員健康保険法釈義』健康保険医報社。同書は、菅沼隆監修（2006）『日本社会保障基本文献集　第Ｉ期　戦時体制における社会保険　第２巻』日本図書センターに復刻版が所収されており、本書の引用頁はこれに拠っている。
○仲田：仲田良夫（1948）「社会保険の改正にみる社会保障えの動き」『社会保険情報』２巻10号（昭和23年10月号）。仲田は当時厚生省保険局事務官。
○中野：中野青四郎［半吾］（1956）『社会保険遍歴』社会保険法規研究会。
○新潟国保四十年誌：新潟県民生部国民健康保険課編（1978）『新潟県国民健康保険四十年誌』新潟県国民健康保険団体連合会。
○西村：西村万里子（1995）「国保制度成立過程における地方の役割と社会保障の萌芽――国保・社会福祉構造の地域的基盤と社会保険機能――」『季刊社会保障研究』30巻４号。
○新田(2000)：新田秀樹（2000）『社会保障改革の視座』信山社。
○新田(2006)：新田秀樹（2006）「制度創設時の国民健康保険の保険者」大正大学社会福祉学会『鴨台社会福祉学論集』15号。
○新田(2008)：新田秀樹（2008）「自立支援のための『社会連帯』」菊池馨実編著『自立支援と社会保障――主体性を尊重する福祉、医療、所得保障を求めて――』日本加除出版。
○日本史大事典：『日本史大事典　第三巻（全七巻）』平凡社（1993）。
○ハイエク：F.A.ハイエク著、気賀健三・古賀勝次郎訳（1997）『福祉国家における自由――自由の条件III〈新装版ハイエク全集第７巻〉』春秋社。
○蓮田：蓮田茂編（1960）『国民健康保険史』日本医師会。
○原：原泰一（1941）『社会事業叢書第八巻　方面事業』常磐書房。同書は『戦前期社会事業基本文献集⑪』（日本図書センター、1995）として復刻されており、本書の引用頁はこれに拠っている。
○原田：原田尚彦（2005）『行政法要論（全訂第六版）』学陽書房。
○広田伝記：広田弘毅伝記刊行会編（1966）『広田弘毅』広田弘毅伝記刊行会。
○廣瀬：廣瀬治郎（1952）「国民健康保険税の改正について」『国民健康保険』３巻４号（昭和27年４月号）。廣瀬は当時厚生事務官。
○藤井：藤井良治（2003）「医療保険制度抜本改革の現状と課題」『週刊社会保障』2232号。

参 考 文 献

○藤田：藤田省三（1966）『天皇制国家の支配原理』未来社。
○保険院パンフ：保険院（1938）『国民健康保険制度案の要旨』。なお、このパンフレットを所蔵している国会図書館では、その刊行年を1937年としているが、保険院が設置されたのは昭和13（1938）年1月であるから、正確には1938年の刊行と整理すべきであろう。ちなみに、同パンフレットには「衆議院図書館［昭和］13.1.20［受贈］」の旨を示す印が押されている。
○保坂：保坂哲哉（1984）「皆保険・皆年金政策の展開と課題」大熊一郎・地主重美編『福祉社会への選択』勁草書房。
○堀：堀勝洋（2004）『社会保障法総論　第2版』東京大学出版会。
○前川：前川尚美（1985）『国民健康保険』ぎょうせい。
○前田徹生：前田徹生（1991）「国民健康保険条例の合憲性──国保への強制加入と憲法19条・29条」『別冊ジュリスト113号　社会保障判例百選〈第二版〉』有斐閣。
○前田信雄：前田信雄（1963）「国民健康保険制度成立前史──農民の窮乏化とその医療事情に関する史的分析──」東北大学経済学会『研究年報経済学』24巻3・4号。
○丸山：丸山真男（1961）『日本の思想』岩波新書。
○水野：水野忠恒（2007）『租税法〔第3版〕』有斐閣。
○美濃部：美濃部達吉（1936）『日本行政法　上巻』有斐閣。
○宮崎：宮崎定美（1977）「国民健康保険条例の合憲性」『別冊ジュリスト56号　社会保障判例百選』有斐閣。
○宮下：宮下和裕（2006）『国民健康保険の創設と筑前（宗像・鞍手）の定礼──日本における医療扶助活動の源流を探る──』自治体研究社。
○宗像市史・2巻：宗像市史編纂委員会編（1999）『宗像市史　通史編　第二巻　古代・中世・近世』宗像市。
○宗像市史・3巻：宗像市史編纂委員会編（1999）『宗像市史　通史編　第三巻　近現代』宗像市。
○村井：村井龍彦（1977）「社会保険事業の保険者としての地方公共団体の法的地位」『愛媛法学会雑誌』第4巻第1号。
○村上：村上貴美子（1987）『占領期の福祉政策』勁草書房。
○百瀬：伊藤隆監修・百瀬孝著（1990）『事典　昭和戦前期の日本　制度と実態』吉川弘文館。
○森(1999)：森武麿（1999）『戦時日本農村社会の研究』東京大学出版会。
○森(2005)：森武麿（2005）『戦間期の日本農村社会──農民運動と産業組合──』日本経済評論社。
○山崎：山崎泰彦（2003）「保険者機能と医療制度改革」山崎泰彦・尾形裕也編著『医療制度改革と保険者機能』東洋経済新報社。
○山中：山中永之佑（1999）『日本近代地方自治制と国家』弘文堂。
○山本昇：山本昇（1951）「保険料か保険税か？」『国民健康保険』3巻1号（昭和27年1月号）（発行は1951年12月）。
○山本正淑(1951a)：山本正淑（1951）「目的税と平衡交付金」社会保険旬報273号（昭和26年1月21日）。
○山本正淑(1951b)：山本正淑（1951）「二十六年度の指導方針に寄せて」『国民健康保

303

参考文献

険』2巻4号（昭和26年4月号）。
○山本正淑(1951c)：山本正淑（1951）「国民健康保険の現状とその展望」『自治時報』4巻6号（昭和26年6月発行）。
○山本幸雄：山本幸雄（1942）「国民健康保険法の改正」社会保険時報昭和17年5月号。山本は執筆当時保険院事務官。
○山本隆司：山本隆司（2003）「国民健康保険の保険者としての市の地位」磯部力他編『別冊ジュリスト第168号　地方自治判例百選［第三版］』有斐閣。
○吉井(1951a)：吉井正博（1951）「国民健康保険税の創設及びその内容」『税経通信』6巻8号（昭和26年8月号）。吉井は当時地方財政委員会税務部職員。
○吉井(1951b)：吉井正博（1951）「新しく創設された国民健康保険税」『税』6巻9号（昭和26年9月号）。
○吉田：吉田秀夫（1960）「国保と年金制の時代——日中戦争期より終戦まで——」大内兵衛他監修『講座社会保障3　日本における社会保障制度の歴史』至誠堂。
○吉原・和田：吉原健二・和田勝（1999）『日本医療保険制度史』東洋経済新報社。
○労災補償行政30年史：労働省労働基準局編（1978）『労災補償行政30年史』財団法人労働法令協会。
○亘理：亘理格（2008）「国民健康保険審査会の裁決の取消訴訟と保険者の原告適格」西村健一郎・岩村正彦編『別冊ジュリスト191号　社会保障判例百選［第4版］』有斐閣。
○ワンデル勧告邦訳：厚生省（1948）『社会保障制度えの勧告　米国社会保障制度調査団報告書　Report OF The Social Security Mission』厚生省。
○ワンデル勧告要旨：「連合軍最高司令部の社会保障制度に関する日本国政府に対する勧告書の要旨（速報）」〔健康保険関係施行文書・昭和23年（7～8月分）所収〕。この勧告要旨は、「連合軍最高司令部の社会保障制度に関する日本国政府に対する勧告書の要旨（速報）配付の件」（昭和23年7月28日保険発第19号保険局庶務課長通牒）により都道府県その他の国保関係者に配付されたようである。

○以上の他、法令及び閣議決定に関する資料については国立国会図書館議会官庁資料室のホームページ（http://www.ndl.go.jp/horei_jp/index.htm）を、また、政府当局者の役職・履歴については各種人名辞典や職員録（主として国立国会図書館所蔵のもの）を適宜参照した。

事項索引

あ 行

赤字保険者 …………………………… *214*
アメリカ社会保障制度調査団 …… *177*
委員会等ノ整理等ニ関スル法律 … *136*
一般化 ………………………………… *230*
一般化の考え方に立つ保険 ……… *230*
一般国保組合 …………………………… *21*
医療供給面との関連性 …………… *216*
医療組合看護婦設置奨励規程……… *80*
医療互助組合 …………………………… *87*
医療の特性 …………………………… *215*
医療普及奨励規程……………………… *79*
医療保険制度体系及び診療報酬体
　系に関する基本方針 ………………… *7*
医療利用組合 ……………… *35, 123*
衛生行政………………………………… *71*
衛生局…………………………………… *30*
応益原則 ……………………………… *204*
応益税 ………………………………… *204*
応能原則 ……………………………… *204*
公法人 ………………………………… *108*

か 行

皆保険 ………………… *152, 159, 221*
「カード」階級 ………………………… *87*
学務部社会課 ………… *107, 137, 142*
感化救済事業 ………………………… *117*
間接民主制 …………………………… *194*
間接民主制における代表の同質性
　………………………………… *193, 220*
企画院 ………………………………… *134*
規模と連帯意識の相関 …………… *218*
基本国策要綱 ………………………… *133*
救療事業………………………………… *56*

強制加入制強化の正当性の根拠 … *198*
強制加入制強化の理由 …………… *197*
強制指定制 …………………………… *141*
行政村…………………………………… *62*
協同偕和ノ美風……………… *33, 100*
共同施設税 …………………………… *204*
郷土団結 ……………………………… *101*
郷土的団結 …………………… *60, 211*
漁業組合 ……………………… *125, 140*
組合員 ………………………… *42, 108*
組合自治 ……………………… *114, 191*
組合主義 ……………………………… *158*
警察部 ………………………… *71, 190*
警察部健康保険課 ………… *107, 137*
形式的意味での皆保険 …………… *221*
軽費診療事業…………………………… *56*
結核対策要綱 ……………… *143, 149*
結核撲滅対策の徹底強化に関する
　具体策 …………………… *145, 150*
決戦非常措置要綱 ………………… *147*
現行社会保険制度の改善方策 …… *170*
健康保険課 …………………… *18, 72*
健康保険署……………………………… *72*
健康保険制度拡充試案要綱 ……… *135*
健兵健民 ……………………………… *147*
健民育成 ……………………………… *159*
健民運動 ……………………………… *148*
健民懇話会 …………………………… *148*
健民修練所 …………………………… *150*
けん連性 ……………………………… *206*
高額医療費共同事業 …………… *3, 214*
後期高齢者医療広域連合 ……… *4, 226*
後期高齢者医療制度 …………… *4, 226*
工業及び商業における労働者並び
　に家庭使用人のための疾病保険

に関する条約……………………74
公共団体 ……………………219
公衆衛生福祉局 ……………………173
公的責任に基づく社会保障 ………213
国際労働機関（ILO）……………74
国際労働機関帝国事務所……………75
国保組合の一般行政組織化 …………213
国保組合の規約例………………43, 111
国保組合の普及計画 ……………131
国保事業の一般行政化 ……………208
国保主務課長会議 ……………145, 154
国保税創設の制度的理由 …………203
国保税の性格 ……………………204
国保税の導入 ……………………213
国保と健保の調整問題 ……………161
国保の運営単位 ……………………191
国保の本質 ……………………105
国保類似組合……………………91
国民健康保険委員会 ……………136
国民健康保険運営協議会 ……185, 192
国民健康保険課 ……………………172
国民健康保険協会 ……………………131
国民健康保険組合………………21
国民健康保険組合九州連絡会 ……168
国民健康保険組合指導方針 ……167
国民健康保険組合普及協力中央協
 議会 ……………………145
国民健康保険組合保健施設実施要
 綱 ……………………160
国民健康保険組合連合会……………23
国民健康保険組合連合会協議会 …168
国民健康保険国庫補助金交付規則…44
国民健康保険実施ニ関スル基礎調
 査………………………78
国民健康保険制度ニ対スル地方長
 官ノ意見……………………85
国民健康保険全国大会 ……………131
国民健康保険ノ保険者ニ就テ………64
国民健康保険普及協力委員代表者
 協議会 ……………………145, 159
国民健康保険普及協力各種団体懇
 談会 ……………………143
国民健康保険法改正案要綱
 （4/26要綱）……………184, 196
国民保険課 ……………………172
国民皆働 ……………………154
国民皆兵 ……………………154
国民皆保険………3, 142, 144, 145, 151,
 197, 212, 223, 229, 231
越ヶ谷順正会………………………91
国家による生存権保障 ……………228
五人組 ……………………116

さ 行

産業組合法……………………35, 122
賛助組合員……………………32
GHQ ………172, 173, 175, 184, 190, 213
時局匡救事業 ……………………118
自然村………………………………62
思想対策協議委員（思対協）………19
市町村公営原則 ……………181, 187, 213
実質的意味での皆保険 ……………221
私法人………………………………109
シャウプ勧告……………………202
社会局………………………………15
社会局参与会議……………………28
社会事業調査会 ……………34, 120
社会政策……………………………106
社会扶助方式………………………53
社会保険制度拡充要綱案……78, 135
社会保険制度調査会 ……170, 174, 183
社会保険（短期給付）構成基本要綱
 ……………………………134
社会保険調査会 ……………29, 40
社会保険の保険的性格 ……………220
社会保険方式………………53, 191, 217
社会保険料と租税の異同 …………206
社会保障研究会 ……………………177

社会保障税 …………………… *202*
社会保障制度 …………… *197, 208*
社会保障制度研究試案要綱 …… *178*
社会保障制度審議会 ………… *178*
社会保障制度に関する勧告 …… *178, 189, 207*
社会保障制度要綱 …………… *171*
社会連帯 …………… *117, 218, 228*
自由主義 ……………………… *158*
住民自治 ……………………… *218*
出捐能力なき者 ………………… *21*
醇風美俗 ……………………… *117*
消極的な平等志向意識 ……… *231*
定礼 …………………………… *87*
職員健康保険法 ………………… *19*
直接民主制 …………………… *194*
庶政一新の大政綱 ……………… *13*
自立支援のための社会連帯 …… *122, 226, 228*
人口国策 ……………………… *133*
人口政策確立要綱 …………… *134*
診療報酬の公定 ……………… *141*
水利地益税 …………………… *204*
政党人事 ……………………… *72*
制度の弾力性 ………………… *113*
世帯主 ………………………… *27*
選挙粛清運動 ………………… *119*
全国国民健康保険団体中央会 … *169*
全国国民健康保険組合連合会主事会議 ………………………… *168*
全国国民健康保険制度刷新連盟 … *169*
全国都市国民健康保険局部課長大会 ………………………… *201*
戦時緊急対策 ………………… *148*
相互扶助 …………… *115, 120, 227*
相扶共済 …… *36, 59, 101, 115, 120, 121, 159, 192, 211, 219, 226, 227*

事項索引

た 行

代行法人 ……………………… *128*
代行問題 …………………… *39, 41*
大東亜戦争 ………… *138, 151, 159*
多額収入者 …………………… *38*
多元的運営主体による重層的・協働的な保険運営 …………… *225*
団体契約の法文化問題 …… *39, 41*
団体自治 ……………………… *218*
地方改良事業 ………………… *117*
地方自治 …………… *113, 191, 218*
地方社会保険審査会 ………… *136*
中央協力会議総常会 …… *143, 153*
デンマークの国民健康保険制度 …… *76*
東京都制 ……………………… *71*
当然強制加入 ………………… *196*
特別国保組合 ………………… *21*
都市国民健康保険組合設立準備要綱 ………………………… *146*

な 行

内政部 …………………… *71, 190*
内政部厚生課 ………………… *142*
内務省法令審査会 ……………… *28*
内務部 ………………………… *71*
日本医師会 …………………… *83*
日本国憲法第25条 … *189, 221, 223, 232*
日本式社会事業 ……………… *118*
日本社会保障に関する調査団報告 ………………………… *177*
人間としての善い生き方 …… *223*
農業労働者のための疾病保険に関する条約 ……………………… *74*
農山漁村経済更生運動 ……… *119*
農村ニ於ケル国民保険ニ関スル実地調査 ……………………… *85*

307

事項索引

は 行

パターナリズム …………………222
PHW……………………………173
非常時匡救医療制度ニ関スル質問
　趣意書………………………20
被保険者…………………… 43, 108
扶助原理…………94, 221, 227, 229, 232
普通国民健康保険組合（普通国保
　組合）………………………26, 211
普遍化……………………………230
　──の考え方に立つ保険………230
普遍的医療保障（couverture
　maladie universelle）…………232
部落会・町内会 …………………119
部落会町内会等整備要領 ………119
方面委員令 ………………………118
保険院……………………………41
保険運営実務の実効性・効率性…224
保険運営の効率性 ………………215
保険給付請求権の権利性 ………108
保険給付標準………………46, 111
保健共済制度 ……………………124
保険局……………………………142
保険組合…………………………219
保険原理…………94, 221, 227, 229, 232
保健国策……………………13, 147

保険財政共同安定化事業 ………3, 214
保険財政の安定性 ………………214
保健施設………………44, 159, 212
保険者機能 ………………………216
保険者自治………………114, 217
　──の喪失 ……………………213
保険者の設定の考え方 …………228
保健所法 …………………………190
保険料徴収事務 …………………225
保険料負担能力ナキ者……………24
補助診療組合 ……………………78

ま 行

村上木履工場仕上職工共済会……91
目的税 ……………………………204

ら 行

リバータリアニズム ……………223
リベラリズム ……………………223
隣保共助……………………115, 119
隣保相扶…………60, 101, 115, 211
隣保団結 …………………………120
連合軍最高司令部（GHQ）………172

わ 行

ワンデル勧告 ……………177, 200

〈著者紹介〉

新田秀樹（にった ひでき）

　1958年東京都生まれ。東京大学法学部卒業後、厚生省に入省。名古屋大学助教授、厚生労働省室長、内閣参事官等を経て、2003年より大正大学教授。専攻は社会保障法・社会保障政策論。

〈主な著書〉
『福祉を考えるヒント──関係論の視座から──』（近代文藝社、1995年）
『社会保障改革の視座』（信山社、2000年）
『福祉国家の医療改革』（共著、東信堂、2003年）
『［改訂第3版］精神保健福祉士養成セミナー／第10巻　社会保障論』（共著、へるす出版、2005年）
『やさしい社会福祉法制』（共著、嵯峨野書院、2005年）
『現代看護キーワード事典』（共著、桐書房、2005年）
『福祉契約と利用者の権利擁護』（共著、日本加除出版、2006年）
『トピック社会保障法』（編著、不磨書房、2006年）
『三訂　介護支援専門員基本テキスト第1巻　介護保険制度と介護支援』（共著、㈶長寿社会開発センター、2006年）
『社会福祉マニュアル』（共著、南山堂、2006年）
『社会保障論』（共著、法律文化社、2007年）
『トピック社会保障法［第2版］』（編著、不磨書房、2007年）
『人間っていいな　社会福祉原論Ⅰ』（共著、大正大学出版会、2007年）
『四訂　介護支援専門員基本テキスト第1巻　介護保険制度と介護支援』（共著、㈶長寿社会開発センター、2007年）
『三訂　介護支援専門員実務研修テキスト』（共著、㈶長寿社会開発センター、2007年）
『しなやかに、凛として―今、「福祉の専門職」に伝えたいこと（橋本泰子退任記念論文集）』（共著、中央法規出版、2008年）
『自立支援と社会保障─主体性を尊重する福祉、医療、所得保障を求めて─』（共著、日本加除出版、2008年）
『精神保健福祉士・社会福祉士養成基礎セミナー／第7巻　社会保障論』（共著、へるす出版、2008年）
『障がいと共に暮らす──自立と社会連帯──』（共著、㈶放送大学教育振興会、2009年）
『トピック社会保障法［第3版］』（編著、不磨書房、2009年）
『社会福祉原論Ⅱ』（共著、大正大学出版会、2009年予定）

学術選書
26
社会保障法

❀ ❀ ❀

国民健康保険の保険者

2009年(平成21年)4月10日 第1版第1刷発行
5426-6:P328 ¥6800E-012:050-015

著 者 新 田 秀 樹
発行者 今井 貴 渡辺左近
発行所 株式会社 信山社

〒113-0033 東京都文京区本郷 6-2-9-102
Tel 03-3818-1019 Fax 03-3818-0344
henshu@shinzansha.co.jp
エクレール後楽園編集部 〒113-0033 文京区本郷 1-30-18
笠間才木支店 〒309-1611 茨城県笠間市笠間 515-3
笠間来栖支店 〒309-1625 茨城県笠間市来栖 2345-1
Tel 0296-71-0215 Fax 0296-72-5410
出版契約 2009-5426-6-01010 Printed in Japan

Ⓒ新田秀樹, 2009   印刷・製本／松澤印刷(カ亜)・渋谷文泉閣
ISBN978-4-7972-5426-6 C3332 分類328.65-a005 社会保障法
5426-0101:012-050-015《禁無断複写》

広中俊雄 編著

日本民法典資料集成1
第1部　民法典編纂の新方針
４６倍判変形　特上製箱入り1,540頁　本体20万円

① **民法典編纂の新方針**　発売中　直販のみ
② 修正原案とその審議：総則編関係　近刊
③ 修正原案とその審議：物権編関係　近刊
④ 修正原案とその審議：債権編関係上
⑤ 修正原案とその審議：債権編関係下
⑥ 修正原案とその審議：親族編関係上
⑦ 修正原案とその審議：親族編関係下
⑧ 修正原案とその審議：相続編関係
⑨ 整理議案とその審議
⑩ 民法修正案の理由書：前三編関係
⑪ 民法修正案の理由書：後二編関係
⑫ 民法修正の参考資料：入会権資料
⑬ 民法修正の参考資料：身分法資料
⑭ 民法修正の参考資料：諸他の資料
⑮ 帝国議会の法案審議
　　―附表　民法修正案条文の変遷

碓井光明 著　政府経費法精義　4,000円
碓井光明 著　公共契約法精義　3,800円
碓井光明 著　公的資金助成法精義　4,000円

◇国際私法学会編◇
国際私法年報 1（1999） 3,000円
国際私法年報 2（2000） 3,200円
国際私法年報 3（2001） 3,500円
国際私法年報 4（2002） 3,600円
国際私法年報 5（2003） 3,600円
国際私法年報 6（2004） 3,000円
国際私法年報 7（2005） 3,000円
国際私法年報 8（2006） 3,200円
国際私法年報 9（2007） 3,500円

◇香城敏麿著作集◇
1 憲法解釈の法理　12,000円
2 刑事訴訟法の構造　12,000円
3 刑法と行政刑法　12,000円

メイン・古代法　安西文夫 訳
MAINE'S ANCIENT LAW-POLLOCK 版 原著
刑事法辞典　三井誠・町野朔・曽根威彦
吉岡一男・西田典之 編
スポーツ六法2009　小笠原正・塩野宏・松尾浩也 編
標準六法'09　石川明・池田真朗・三木浩一他 編　1,280円
法学六法'09　石川明・池田真朗・三木浩一他 編　1,000円
家事審判法　第2刷　佐上善和 著　4,800円
ドイツにおける刑事訴追と制裁
ハンス・ユルゲン・ケルナー 著　小川浩三 訳　3,200円
憲法訴訟論　新正幸 著　6,300円
民事訴訟と弁護士　那須弘平 著　6,800円

◇学術選書◇

1	太田勝造	民事紛争解決手続論（第2刷新装版）	6,800円
2	池田辰夫	債権者代位訴訟の構造（第2刷新装版）	続刊
3	棟居快行	人権論の新構成（第2刷新装版）	8,800円
4	山口浩一郎	労災補償の諸問題（増補版）	8,800円
5	和田仁孝	民事紛争交渉過程論（第2刷新装版）	続刊
6	戸根住夫	訴訟と非訟の交錯	7,600円
7	神橋一彦	行政訴訟と権利論（第2刷新装版）	8,800円
8	赤坂正浩	立憲国家と憲法変遷	12,800円
9	山内敏弘	立憲平和主義と有事法の展開	8,800円
10	井上典之	平等権の保障	続刊
11	岡本詔治	隣地通行権の理論と裁判（第2刷新装版）	9,800円
12	野村美明	アメリカ裁判管轄権の構造	続刊
13	松尾 弘	所有権譲渡法の理論	続刊
14	小畑 郁	ヨーロッパ人権条約の構想と展開〈仮題〉	続刊
15	岩田 太	陪審と死刑	続刊
16	安藤仁介	国際人権法の構造（仮題）	続刊
17	中東正文	企業結合法制の理論	8,800円
18	山田 洋	ドイツ環境行政法と欧州（第2刷新装版）	5,800円
19	深川裕佳	相殺の担保的機能	8,800円
20	徳田和幸	複雑訴訟の基礎理論	11,000円
21	貝瀬幸雄	普遍比較法学の復権	5,800円
22	田村精一	国際私法及び親族法	9,800円
23	鳥谷部茂	非典型担保の法理	8,800円
24	並木 茂	要件事実論概説	続刊
25	椎橋隆幸	刑事訴訟法の理論的展開	続刊
26	新田秀樹	国民健康保険の保険者	6,800円

◇総合叢書◇

1	甲斐克則・田口守一編	企業活動と刑事規制の国際動向	11,400円
2	栗城壽夫・戸波江二・古野豊秋編	憲法裁判の国際的発展Ⅱ	続刊
3	浦田一郎・只野雅人編	議会の役割と憲法原理	7,800円

◇法学翻訳叢書◇

1	R.ツィンマーマン	佐々木有司訳 ローマ法・現代法・ヨーロッパ法	6,600円
2	L.デュギー	赤坂幸一・曽我部真裕訳 一般公法講義	続刊
3	D.ライポルド	松本博之編訳 実効的権利保護	12,000円
4	A.ツォイナー	松本博之訳 既判力の客観的範囲	続刊
9	C.シュラム	布井要太郎・滝井朋子訳 特許侵害訴訟	6,600円

価格は税別